承認欲望の社会変革

ワークキャンプにみる若者の連帯技法

西尾雄志・日下 渉・山口健一 著

目　次

序章　承認欲望の社会変革
　　── ワークキャンプにおける親密性の公共機能
　　　　　　　　　　　　　　　〔日下　渉・西尾雄志・山口健一〕　1

1　若者ボランティアの再検討　1
2　生を支える条件の消失　4
　2-1. 生を支える集団的実践　4
　2-2. 社会的断片化の進展　5
　2-3. ルサンチマンの政治　7
3　社会運動と承認欲求　8
　3-1. 社会運動とボランティアの隘路　8
　3-2. ワークキャンプという青年運動　10
　3-3. 親密な共同性による社会変革の契機（本書の構成）　12

第1章　公と私の円環運動
　　── 親密圏が秘める公共性　　　　　　　　〔西尾雄志〕　19

1　親密圏が秘める公共性　19
2　承認の不足と「私」の不安定化　20
　2-1. 悪化する経済，および財政状況　20
　2-2.「私の安定化」と「アイデンティティの序列化」　22
　2-3. 承認欲求 ──「公」を生み出す「私」の原動力　24
3　ワークキャンプ ── 公私枠組みにおける定位　26
　3-1. 親密圏とワークキャンプ　26
　3-2. ボランティアとワークキャンプ　28
　3-3.「帰る」という言葉 ── 公と私の円環　31

i

3-4. 私から公への再飛躍　32
　　　 3-5. 贈与性の帰結　35
　　　 3-6.「優位性」と「劣位性」，そしてその反転
　　　　　 —— ボランティア・コーディネーターの視点を交えて　38
　4　まとめにかえての問題提起 —— 経済問題とワークキャンプ　39

第2章　「根拠地」へと下降する
—— 安保時代のもうひとつの学生運動　　　〔日下　渉〕　45

　1　左翼運動とワークキャンプ　45
　2　ワークキャンプの展開　47
　　　 2-1. クェーカーの平和運動から土着化へ　47
　　　 2-2. 安保闘争後のワークキャンプ　49
　　　 2-3.「交流の家」建設後の運動　53
　3　生活世界の根源へ　57
　　　 3-1.「存在の原点」への下降　57
　　　 3-2. 根拠地の思想　59
　　　 3-3. 虚構の政治から現場の実感へ　60
　4　集団と共同性　61
　　　 4-1. 労働・生活・実感の集団論　61
　　　 4-2. 越えられぬ境界線を活力に　63
　　　 4-3. 傷を通じて他者と繋がる　65
　5　根拠地からの社会変革　67
　　　 5-1. 体制とも組む反体制　67
　　　 5-2. ユートピアからの意味創出　68
　　　 5-3. 自己を撃ち社会を変える　70
　6　ワークキャンプの現代的意義　71

目次

第3章　ワークキャンプの「名づけの力」
── 中国キャンプの親密圏が秘める可能性　　　〔西尾雄志〕　77

1　公私問題の視点から捉えるハンセン病問題　77
2　ハンセン病問題　78
　2-1．ハンセン病概略　78
　2-2．中国のハンセン病　81
3　「病い」の社会的構築　85
　3-1．アーサー・クラインマンの概念によるハンセン病問題の整理　85
　3-2．ハンセン病の表象　87
　3-3．ハンセン病の表象の変容をめぐって　88
4　意味をめぐる闘争　90
　4-1．「知覚される仕方」をめぐって　90
　4-2．「分配」と「承認」
　　　── 「パースペクティヴ二元論」　91
　4-3．ワークキャンプにおける「病い」の変容
　　　── 「名づけの力」と「文化コード」　93
　4-4．承認欲望の社会変革の可能性
　　　── 再度，宿泊拒否事件に立ち戻って　95
　4-5．中国ハンセン病快復村ワークキャンプにおける「公と私の円環」
　　　── ボランティア・コーディネーター，振り返りの視点を交えて　97
5　ハンセン病の終焉と「ハンセン病」の意味をめぐって　99
6　むすび──「当事者性」という問題　100

第4章　「祝祭」の共同性
── フィリピン・キャンプにおける素人性の潜在力
　　　　　　　　　　　　　　　　　　〔日下　渉〕　105

1　ボランティアにおける「私たち」と「彼ら」　105
2　「私たち」と「彼ら」の齟齬と分断　106
　2-1．自分探し・自己成長の落し穴　106
　2-2．他者承認の落し穴　108

2-3. 無知・独善の落し穴　110
　3　新たな「私たち」が担う社会変革　113
　　　3-1. 優しさと共同性への感動・共感　113
　　　3-2. 共同性の生成と承認　115
　　　3-3. 自己満足からコミットメントへ　119
　　　3-4. 村人の参加による再配分の促進　123
　　　3-5. 災害時における共同性の復活　126
　4　素人の限界を可能性に反転させる　132

第5章　〈つながり〉の現地変革としてのワークキャンプ
　　　── 東日本大震災における唐桑キャンプの経緯と意味世界
　　　　　　　　　　　　　　　　　　　　　　　　［山口健一］　137
　1　唐桑キャンプとの出会いと問いへの誘い　137
　　　1-1. なぜ唐桑町だったのか？　137
　　　1-2. 初めて参加した「驚き」からの出発 ── 視角と方法　138
　2　唐桑キャンプの経緯 ──〈つながり〉の連鎖と存続　140
　　　2-1. 東日本大震災とFIWC（唐桑キャンプ設立まで）　140
　　　2-2. 唐桑キャンプの形態と参加者の構成　143
　　　2-3. 「救援」活動と唐桑キャンプの定着（第一期唐桑キャンプ）　146
　　　2-4. 「復旧」活動とワークニーズの変化（第二期唐桑キャンプ）　152
　　　2-5. 「復興」活動と唐桑キャンプの変容（第三期唐桑キャンプ）　157
　　　2-6. 活動の分化と唐桑キャンプの終了（第四期唐桑キャンプ）　160
　3　唐桑キャンプの意味世界　163
　　　3-1. 〈つながり〉の現地変革　163
　　　3-2. 〈つながり〉の社会学的含意　165

第6章　ワークキャンプにおける〈公共的な親密圏〉生成
　　　── 唐桑キャンプにみる若者ボランティア活動の意義と危険性
　　　　　　　　　　　　　　　　　　　　　　　　［山口健一］　169
　1　親密圏から公共性が浮上する論理を探る　169
　　　1-1. 東日本大震災と若者ボランティア活動　169

1-2. 親密圏の二つの「顔」/ 公共圏の二つの「道筋」　170
　　1-3. 意味世界の正当性の探究 ── 視角と方法　173
2　親密圏としての唐桑キャンプ　177
　　2-1.「楽しくみんなで」　177
　　2-2. 社会問題の下の「楽しい疑似家族」　178
　　2-3. 祝祭的な「疑似家族」によるエンパワーメント　179
3　交響体としての唐桑キャンプとその脆弱さ　182
　　3-1. 交響体の条件① ──「対等」な関係と話し合いの創発性　183
　　3-2. 交響体の条件② ──〈つながり〉に伴う外部者の〈緊張〉　185
　　3-3. 交響体の脆弱さ ── 共同体への変容　189
4　唐桑キャンプから浮上する公共性　192
　　4-1. 視座の拡大と転換による〈公平さ〉　192
　　4-2. 視座の拡大に伴う〈地域の改善〉と〈公平さ〉　193
　　4-3.〈公共的な親密圏〉の生成　196
5　〈公共的な親密圏〉の成立にむけて　197
　　5-1. 唐桑キャンプにみる〈公共的な親密圏〉
　　　　── ワークキャンプの特質と条件　197
　　5-2. 若者ボランティア活動の意義と危険性　200

終章　親密圏が誘発する公共性
── ワークキャンプ論のアリーナへ
[山口健一・日下　渉・西尾雄志]　203

1　「震災ボランティア」とワークキャンプ
　　── 理性・公共性・市民社会　　　　　　　　[山口健一]　204
　　1-1. 阪神・淡路大震災における「震災ボランティア」論　204
　　1-2. ワークキャンプにおける理性の必要性　206
　　1-3. ワークキャンプから浮上する公共性　208
　　1-4. ワークキャンプと市民社会の接続　211
　　1-5. 唐桑キャンプにみられるワークキャンプ論　213

2　ワークキャンプの政治的潜勢力　　　　［日下　渉］　214
　　　2-1．新自由主義の逆説　214
　　　2-2．新たな社会的連帯の模索　215
　　　2-3．被傷性と相互依存が織り成す親密性　219
　　　2-4．越境と連鎖から生まれる公共性　221
　　　2-5．社会変革の構想と幻視　224
　3　ワークキャンプ論のアリーナへ ── 執筆者3人のスタンスと論点
　　　　　　　　　　　　　　　　　　　　　　　　［西尾雄志］　226
　　　3-1．親密圏から公共性が誘発される条件をめぐって　226
　　　3-2．理性的なるものの位置取りをめぐって　228
　　　3-3．学生キャンパーのアマチュアリズムをめぐって　230
　　　3-4．国家や市場に対する対抗性をめぐって
　　　　　　── 連帯の契機と作法，およびその原理　232

あとがき　　　［山口健一・西尾雄志・日下　渉］　237
索　引　243
執筆者紹介　248

序 章

承認欲望の社会変革
―― ワークキャンプにおける親密性の公共機能

日下　渉・西尾雄志・山口健一

1　若者ボランティアの再検討

　若者のボランティア活動が，着目を浴びている。阪神・淡路大震災と東日本大震災の被災地には，多くの若者たちが駆けつけた。大学には多くのボランティア・サークルがあり，掲示版には様々なボランティア募集のチラシが貼られている。大学がボランティアセンターを設けることも一般的になってきた。インターネットを検索すれば，近所の障がい者施設や介護施設の支援から，途上国の難民や貧困層の支援まで，いくらでもボランティア活動に関する情報を見つけることができる。

　しかし今日，経済的停滞や雇用の流動化を背景に，若者の社会経済的な不安定化と貧困化が進んでいるという指摘を考慮すると，若者ボランティア活動の活性化とは，なんとも奇妙な現象である[1]。一般に，自分の生活に余裕がなくなればなくなるほど，困難な状況に置かれた他者への支援活動に参加するのは難しいように思われる。なぜ，若者は不安定化する自らの社会経済的状況にもかかわらず，様々なボランティア活動に身を投じるのであろうか。

　ひとつの仮説は，より裕福で安定した一部の者たちがそうした活動に参加

---

1) 若者の困窮化を指摘する議論として，たとえば湯浅ほか (2009) と宮本 (2012) を参照。

している，というものである。たしかに，若者のボランティア活動を，15年以上にわたって身近に観察してきた私たちからすると，参加者の多くが大学生であることから，この仮説には頷けるものがある。しかし近年では，ボランティア活動に参加する高校中退者，フリーター，引きこもり経験者といった者たちもいる。むしろ第1章で論じるように，多様なボランティア参加者に共通して見出すことのできるひとつの特徴は，居場所探し，新たな経験の獲得，好奇心といった「自分のため」という志向性である。彼らは，必ずしも社会経済的に安定していて，自己犠牲のうえに困難に陥った他者を支援しようとしているわけではない。

ここから，もうひとつの仮説が浮かび上がってくる。近年の日本社会では，市場競争の激化によって人間の価値が労働市場のなかに閉じ込められ，また社会の断片化とともに孤独感や不安感が深まっている。そうしたなか，若者たちは自分に自信を持てるようになる経験，共に共感し，行動できる仲間や，彼らからの承認を求めてボランティア活動に参加している，という仮説である。私たちは，この二つ目の仮説に基づき，議論を展開したい。若者たちは「自分のため」に参加したボランティア活動において，様々な仲間や他者と出会い，新たな共同性のなかで居場所と承認を得られたと実感する。問題は，こうした共同性が，若者ボランティア活動の魅力になるだけでなく，社会変革の基盤にもなりうるかどうかである。

ボランティア論の文脈では，自己実現欲求に根差したボランティア活動は，国家から自律した活動とはならず，支配的なシステムによる動員に取り込まれてしまうとの批判も根強い。たとえば中野 (1999; 2001) は，ボランティアの自発性を称揚する市民社会論のロジックが，第二次大戦中の政府による国民の戦意高揚の理屈と瓜二つだと批判する。これに対して，仁平 (2011: 424) は，この批判の意味を認めつつも，「『全ての動員が悪い』と総称的に論じるより，その動員が何と接続しているのかを個別に精査／評価する方が有意義」だと主張している。

また，若者のボランティア活動は，社会貢献や社会変革といった掛け声とは裏腹に，自己完結的な仲間作りに終始しているとの批判もある。共同性が目的を「冷却」してしまう（古市 2010）というのである。とはいえ，社会的

断片化が進み，誰しもが孤独感や不安感を抱えながら生きている現代社会において，若者が仲間との関係性のなかに，生き苦しさや傷ついた心を癒せる居場所を求める欲望は否定できない[2]。また多様なボランティア活動を，一概に自己完結的な実践にすぎないと結論づけるのも早急すぎよう。そのため，本書では，先の仁平の指摘を参考にしつつ，自己実現欲求に基づく親密な共同性が，いかにシステムによる動員や共同性による目的の冷却に陥ることなく，公的機能へと接続しうるのかを「個別に精査／評価」したい。

　ここで本書の目的を簡潔に提示しておこう。本書において私たちは，若者ボランティア活動が，若者たちの生きづらさを癒す親密な共同性を生み出すと同時に，その共同性が社会変革の基盤として公共的な役割を果しうると主張する。換言すれば，本書は，社会変革を担う主体として，異なる他者との具体的な出会いから生まれる新たな「私たち」に期待を寄せている。では，ボランティア活動の現場で生成する「私たち」という共同性が，閉じられた親密圏への耽溺で終わることなく，公共圏で一定の役割を果しうる条件とは何か。本書では，「贈与と連帯」，「根拠地」，「名づけの力」，「祝祭」，「〈つながり〉の力」，「公共的な親密圏」といった契機に着目し，それらの特徴を各章で明らかにしていく。

　なお，その際に私たちが着目するのは，労働力の無償供与によって諸問題の解決を図る「ワークキャンプ」という運動である。後に詳述するようにワークキャンプは，第一次大戦後に，ヨーロッパの良心的兵役拒否者たちが，「軍事奉仕」(ミリタリー・サービス)に対抗する「市民奉仕」(シビル・サービス)として，激しい戦禍や自然災害によって荒廃した地域の復興支援として展開した運動に起源を持ち，ボランティアの源流ともいわれる。先行研究に着目すると，様々なワークキャンプの事例を紹介しながら，その意義と課題や，学生に対する教育効果を検討するものが多い[3]。しかし管見のかぎり，現代の社会状況を念頭に置きつつ，若者論や社会運動論の文脈で書かれた理論的研究は見当たらない。本書では，ワー

2）たとえば阿部（2011）のように，少なからぬ若者論や貧困研究が「居場所」の重要性を主張しているし，具体的に居場所の作り方も指南している。
3）たとえば，ワークキャンプ特集号には，桃山学院大学総合研究所（2007）や，日本福祉教育・ボランティア学習学会（2009）がある。とくに，ひきこもりや不登校を経験した若者の「きっかけづくり」に着目した論考には，磯田（2014）がある。

クキャンプが生活世界における身体的な交感を通じて特異な共同性を創出し，社会変革の基盤となる可能性を検討したい。

2 生を支える条件の消失

2-1. 生を支える集団的実践

　私たちは，自らの生に欲望を抱いている。「このような人生を生きたい」と自分なりの「善き生」のヴィジョンを思い描き，それを実現しようと試みる。だが，そのような人生の希望は叶えられるどころか，追い求めることさえ許されないかもしれない。

　「善き生」を実現するためには，安全，食料，収入，教育，健康，医療といった資源が必要である。だが，そうした資源は，多くの場合，希少であり，不平等に配分されている。今日でも，一部の人びとがより多くの資源を独占する一方で，多くの人びとが必要な資源を得られないがゆえに自らの潜在能力を開花できず，善き生の実現を諦めざるを得ない状況に追い込まれている。また，たとえ資源に恵まれていても，差別や偏見によって自尊心を否定されれば善く生きられない。しかも私たちの生は，脆く，傷つきやすい。生まれた時から，生に深刻な困難をもたらす社会経済的，身体的，文化的属性を与えられているかもしれない。たとえ今，健康で社会経済的に成功していたとしても，近い将来に，病い，事故，災害，失業，貧困尊厳の否定など，予期せぬ出来事に直面するかもしれない。

　私たちは様々なリスクをできるだけ避けて，善き生を実現したいと望む。だが同時に，善き生を追求するためには，時にあえてリスクを引き受ける自己決定もする。こうした困難な選択を繰り返していく際に，もし自分一人だけで自らの生に起こりうるあらゆるリスクに対処しなくてはならないのであれば，あえてリスクを呼び込むような自己決定は行いにくい。その場合，多くの希望を諦めざるをえないだろう。また一人だけでは，偶発的な出来事によって深刻な困難に陥った際に，必要な資源に事欠き，そこから抜け出すこ

とも難しいだろう。このように，私たちが善き生を追求していく可能性は，資源の希少性と，生の被傷性によって，深刻に切り詰められかねない。

しかし，もし複数の人びとが協働して，「善き生」を追い求めるために必要な資源や尊厳を互いに保障し合うことができれば，一人ひとりが様々なリスクに対処するために求められる負担を減らし，より自由かつ幅広い善き生の追求が可能になろう。他者のリスクの一部を自らのものと認識し，それに対処するための資源や尊厳を保障し合う，そのような集合的実践は，より安心な自己決定を可能にし，私たちの生をより豊かにしうるだろう。そのため，人間は試行錯誤を繰り返しつつ，個々人のリスクに対して集合的に対処する様々な思想と社会的枠組みを発展させてきた。簡潔に歴史的経緯を振り返ってみよう。

2-2．社会的断片化の進展

もともと伝統的共同体は，その成員が善き生を自由に追求する権利を否定し，慣習に沿った生き方を強制すると同時に，少なくとも最低限の生存維持は保障した。しかし，産業の発達に伴って伝統的な共同体は崩壊し，個人による自由な利益追求が正当化される社会への変化が生じた。共同体から解放された個人は，より多くの自由を獲得した一方で，伝統的共同体に代わるリスクへの集合的対処を必要とした。彼らは，その役割を近代国家に期待した。近代国家は，17世紀から18世紀のヨーロッパにおいて，絶対王政の統治手段であった国家を，当時台頭しつつあったブルジョワ市民が，自らの安全，自由，財産を保護する装置とし奪取することから出発した。そして19世紀から20世紀になると，資本主義のさらなる発展から生じた大量の貧しい労働者を社会経済的に包摂する制度が整い，福祉国家が成立する。こうして，福祉国家が資源を集合的に保障し，私たちの生を支える役割を果たすようになった。

だが今日，先進諸国では，福祉国家を支えた社会経済的条件は急速に失われつつある。たとえば今日の日本は，高度経済成長の終焉からバブルの崩壊を経て，長引く不況と財政赤字の累積，グローバル資本主義の激化に伴う雇

用の流動化，そしてその帰結である格差社会化と若年層を中心にした貧困問題に苛まれている。このような現在の日本を覆う問題は，経済的な次元にのみとどまらない。それは，経済の危機であると同時に，人びとが互いの生を支え合うという政治的実践の危機である。人びとは寛容性を失い，攻撃的，排他的な言説がインターネット空間を跋扈し，憂国の名のもとにヘイト・スピーチがまかり通っている。領土問題に端を発するナショナリズムの高揚も，その一端である。こうした社会的不寛容と新自由主義の作用は，密接に関わっている。

　高度経済成長期には，国家が労働市場から脱落した者に社会経済的な保障を提供することで，人びとに生の安心と再挑戦の機会を与え，その経済活動を活用できた。しかし，低経済成長期の今日，国家は新自由主義のもとで福祉制度の解体を推し進めてきた。その結果，齋藤がいうように，人びとは自らの生の保障を個人の責任で引き受ける「自己統治」を余儀なくされ，能動的な自己統治に成功し，生産的で納税の義務を果たすセクターと，自己統治に失敗し非生産的で福祉に依存したり，福祉からも排除されるセクターとの分断が進んでいる。こうして分断された社会で，福祉で生計をかろうじて保つ人びとや，そこからも排除されたワーキング・プアなどは，彼らに苦境を強いる社会や「勝ち組」にルサンチマンを募らさざるをえない。他方，経済的に優位な人びとも，激しい競争のストレスを強いられ，そこから落ちていくリスクに晒されているため，福祉に依存する人びとを既得権益者とみなしてルサンチマンを抱く（齋藤 2008: 127-157）。

　この社会的断片化ゆえに，労働市場で敗北した者は共感や支援の対象ではなく，しばしば自己統治に失敗し社会の富を奪い害悪を及ぼす悪しき存在として断罪されることになる。しかも，階層という境界線だけでなく，エスニシティ，宗教，病いといった様々な境界線によって劣位に置かれた者たちが，自己統治に失敗した悪しき存在としてスティグマ化される傾向が強まっている。たとえば，在日コリアンや途上国からの移民といったエスニック・マイノリティは，その文化的属性だけでなく，潜在的な福祉受給者や犯罪者としてもスティグマ化されている。またハンセン病快復者も，病いゆえの差別だけではなく，たとえば温泉ホテル宿泊拒否事件をめぐっては「国民の税金で

働かずに生活しているにもかかわらず，温泉に行くとは何事だ」といった趣旨の批判がいくつも寄せられた (菊池恵楓園入所者自治会 2004)。

2-3. ルサンチマンの政治

　ここで留意すべきは，多くの場合，こうした「劣位の他者」は，具体的な他者との接触を欠いたまま，歪んで表象され構築された虚構だということである。表象とは，目に見えないものを現前させる人間の能力であり，それにより人びとは世界を分節化し，各々の世界観を形成する。表象は様々な人間活動に伴うが，他者や世界に対する歪んだ表象は，時に社会に破壊的な役割を果たすこともある。かつて W. リップマン (1922 = 1987) は，人間は複雑な現実環境そのものを認識できず，メディアが作りだす「疑似環境」に基づいて行動するため，現実環境と疑似環境の乖離が人間の非合理な行動を助長していると危惧した。彼の言う疑似環境とは，表象の世界に他ならない。

　いっそう複雑性が増大し情報化の進む現代社会では，表象の世界が過度に肥大化し，人びとが世界を自らの視点で認識することが著しく困難になっている。肥大化した表象の世界は，新自由主義下で累積するルサンチマンに，分かりやすいスケープゴートを用意し，善悪の二項対立に切り分けられた極端に単純な図式が，多くの人びとの世界認知に採用されるようになった。そして人びとは，その世界観に基づいて，「悪化する日本の社会情勢と自分の不幸をもたらした諸悪の根源は何か」という犯人捜しに明け暮れ，「すべては○○のせいだ」というルサンチマンのかけ声で諸悪の根源たる他者をねつ造している。そこには「イメージとしての他者」のみが存在し，「具体的な他者」は存在しない。しかも深刻なことに，政治家たちは政治権力の調達のため，ルサンチマンの政治を扇動し利用しようとしている。

　さらに新自由主義のもとでは，富裕層が様々な特権や莫大な富を独占する一方で，ルサンチマンの政治が中間層と貧困層による「底辺への競争」が加速度的に進行していく。中間層は，富裕層ではなく，貧困層への社会保障を「既得権益」と憎悪することで，小さな国家を目指す富裕層を援護射撃する。そして J. ヤング (1999 = 2007) が論じるように，競争社会でストレスを溜め

た中間層も,競争から脱落した貧困層も,物質的・存在的な不安と恐怖から逃れるために自分の価値観を絶対的道徳として振りかざし,他の集団には道徳が欠如していると憎んで攻撃する道徳主義が広まっている。こうしてルサンチマンの政治がもたらしつつあるのは,独善的な正義と道徳の名のもとに寛容性と多様性を喪失し,偶発的に弱者となった者を切り捨てるきわめて生き苦しい政治と社会である。

1930年代のドイツのごとく昨今の日本でも,排他的な善悪二元論に基づいた諸悪の根源をねつ造し,その悪に断固たる態度で立ち向かう「強いリーダー」を待望する声が高まっている。だが,複雑な社会経済的問題を,単純化された道徳と強権でもって解決しようとするのは,偽りの処方箋でしかない。

このように,人びとはそれぞれ構想する多様な善き生を追及しようとするが,それを互いに支え合う政治的実践は,新自由主義下における社会的断片化とルサンチマンの政治によって深刻に脅かされている。この点を踏まえるなら,社会的断片化とルサンチマンの政治のさらなる昂進を押しとどめるための方途が,今日求められているといえよう。

3 社会運動と承認欲求

3-1. 社会運動とボランティアの隘路

だが,今日の危機的な状況に取り組もうとする進歩的な社会運動は,ヘゲモニーを獲得するどころか,むしろ劣勢に追いやられているように思う。困難な状況に置かれた人びとの困窮を訴え,現状を批判し変革を求めるような運動は,それを「サヨク」的なもの「プロ市民」的なものとして陳腐化する言説の波に飲み込まれそうである。そのような言説が一定のヘゲモニーを握っているのは,なぜだろうか。小熊 (2009b: 839-849) によれば,今日いわゆる「サヨク的」とされる言説と運動は,1970年頃に確立したものであり,マイノリティやアジアを搾取しているという加害者言説,管理社会に抑圧さ

れる自己といったテーマを掲げるが，それらはいずれも高度経済成長と安定雇用を前提にしたものだった。だが，こうした「1970年パラダイム」は，経済的停滞と不安定雇用のもとにいる現代の人間には感情的に共鳴できるものではないというのである。

こうして劣勢に置かれた進歩的な社会運動は，広範なヘゲモニーを獲得できるどころか，時に自らの運動を支持しない人びとに対する衆愚感を露わにすることでルサンチマンの連鎖を助長しているようにさえ思われる。あえて誤解と批判を恐れずに言うならば，少なからぬ進歩的社会運動は，より良き社会を希求しながらも，しばしばあまりに単純化された善悪の世界観で「敵」を攻撃する言説をばら撒いている。そうした言説は，自らの正義を追求するあまり，民主主義の複数性を否定し，結果的に善悪に分断された世界観とルサンチマンの政治を助長してしまいかねないだろう。その点で，進歩的な左派の言説も排他的な右派の言説と同様に，世界を善悪で切り分けて断片化することで，道徳を共有しない者同士が繋争点をもつ契機を破壊するという道徳政治の同じ陥穽を引き起こしかねない。

それでは，本書で取り上げる若者のボランティア活動は，この陥穽を乗り越える可能性をもつのだろうか。前述のように，ボランティア活動に参加する若者たちは，社会変革を口にしながらも，結局は現代社会における自らの不安や孤独といった生きづらさを，活動仲間との親密な共同性のなかで肯定的な承認を得て癒すことに終始していると批判される（古市 2010; 2011）。たしかに，身のまわりの「具体的な他者」と小さな共同体を形成しても，その外部を「イメージとしての他者」として処理してしまえば，多様な他者との具体的な出会いから，社会変革の主体として新たな共同性が生まれるかもしれない，という希望も消えてしまうだろう。

このように，多くの進歩的な社会運動は自らの正義を普遍的なものとして掲げるが，多様な道徳が存在する現代社会において広範なヘゲモニーを獲得できないというジレンマに直面している。他方，若者ボランティア活動は，息苦しさに対する癒しの契機とはなれども，しばしば自己完結した承認欲求運動に留まりがちである。この隘路を打開するためには，おそらく，異なる道徳を擁護する人びと同士の分断を繋ぎとめ，同時に生き苦しさを抱えた人

びとの自己承認欲求を社会変革に接続していくような実践が求められているといえよう。

3-2. ワークキャンプという青年運動

　本書は，こうした現状認識をふまえ，1920年代に開始されたワークキャンプと呼ばれる若者ボランティア運動に焦点を当てる。ワークキャンプは，何よりも具体的で多様な他者との出会いを運動の原動力としており，自己承認と社会変革を同時に実現する可能性を秘めているからである。

　ワークキャンプとは，「キャンパー」と呼ばれる参加者が，特定の地域で数週間から1カ月程度の期間にわたって「共同生活＝キャンプ」を営みながら，現地の住民たちと共に多種多様な「労働＝ワーク」に取り組む活動である。ワークキャンプは，第一次大戦後のフランス，ヴェルダン地方でキリスト教フレンズ派の人びとのイニシアティブのもと開始され，関東大震災時に日本にも持ち込まれた。ワークキャンプ活動は国内外で，さまざまな団体によって実施されてきたが，本書は，なかでも「フレンズ国際ワークキャンプ（Friends International Work Camp）」（以下FIWCと表記）の活動に焦点をあてる。

　FIWCは，ヨーロッパからアメリカへと波及したワークキャンプ運動が，第二次大戦後，日本に土着化していく過程で立ち上げられた。戦後，AFSC（American Friends Service Committee）は，戦後復興や災害支援を目的にワークキャンプ活動を日本各地で展開した。これに参加した日本人キャンパーが，1956年にAFSC傘下でFIWCを結成し，1961年に分離・独立を果たしたのである[4]。FIWCは，現在では関東，東海，関西，広島，九州に各委員会があり，特定の政治団体や宗教団体と無関連のNGO（非政府組織）として，それぞれの責任でワークキャンプを実施している。いずれも，主なメンバーは大学生を中心とする若者だが，近年ではフリーターや休みの取りやすい社会人の参加も増えている。ただし，専従の有給スタッフは一人もおらず，メンバー全員が無給のボランティアである。

---

4) 当時のキャンパーで後に著名人となった者には，国際連合事務次長を務めた明石康やジャーナリストの筑紫哲也がいる。

FIWC の活動理念として,「よりよき社会の建設」,「言葉より行動を」,「ユートピアの建設」といった言葉が語られたものの,その内実はきわめて曖昧で,確たるイデオロギーはないといってよい。第 2 章で論じるように,FIWC は特定の正義を運動の理念として掲げることを避けて,あくまでも誰もが参加できる「労働」を通じて異なる人びととの間に接点を築くことに専念してきた。現在 FIWC の各委員会は,日本国内のハンセン病療養所や福祉施設,韓国,中国,インドネシア,ベトナムといった海外のハンセン病快復村や療養所,フィリピンやネパールの貧困地域でワークキャンプを実践している。その活動内容には,水道,トイレ,道路といった生活インフラ整備から,差別の解消といったものも含まれる。また阪神淡路大震災や東日本大震災の時には,災害救援・復興支援のワークキャンプを実践した。2004 年に FIWC から派生する形で,中国の NGO「家」(JIA) が,2006 年には,早稲田大学のサークル「チャオ」(Qiao) も設立された。現在は,JIA のコーディネートのもと,FIWC とチャオは中国のハンセン病快復村での活動を展開している。また,チャオから派生した「ナマステ」が,2011 年からインドのハンセン病快復村で活動している。

　FIWC 各委員会の主催するワークキャンプの特徴は,その計画,実施,評価といった一連の活動を,学生をはじめとする参加者の手作りによって運営している点である。現地カウンターパートとの連絡,ニーズ調査,資材調達といった準備も,有給スタッフによって構成された事務局ではなく,学生中心のメンバーが行う。また FIWC は事務所も有しておらず,近隣のボランティア・センターや市民会館などのスペースを活用して,打ち合わせ等を行っている。人件費や事務所維持費が皆無であるため,資金はもっぱら現地での活動費のために当てられる。それゆえ,ワークキャンプへの参加費も,交通費や資材購入費などの実費のみに抑えられており,他団体と比べても格安となっている。

　FIWC の活動を取り上げる理由として,次の 2 点がある。まず,FIWC は,他のワークキャンプ団体と比較すると,良くも悪くも,NPO 法人化のように組織化を進めず,素人の若者による「手作り・手弁当」での活動を継続してきた。そのため,若者の率直な活動欲求が「大人の」官僚的組織やイデオ

ロギーを経由することなく活動に反映されており，彼らの承認欲求と社会貢献を分析するのに妥当だからである。次に，FIWCは1950年代というかなり早い段階から日本で活動を開始しており，また本書の執筆者がFIWCの活動と密接にかかわってきたため，参与観察と資料収集の点で有利なことがある。

　本書は，このFIWCワークキャンプの課題と可能性を探求していくわけだが，若者ボランティア活動に対する批判は，ワークキャンプにもかなりの程度当てはまる。ワークキャンプは，自分がかけがえのない存在として承認され，その尊厳が否定されない親密圏，すなわち居場所を生み出すにあたって，きわめて優れた能力をもつ。ワークキャンプに参加すれば，生活を共にする仲間にも，優しく出迎えて感謝してくれる現地の人びとにも出会える。彼らによって，自分の存在や尊厳が否定されることはまずない。むしろ，一人のかけがえのない人間として尊重される。実際，多くのキャンパーは，こうした感覚を愛してワークキャンプ活動に夢中になっていく。親密な共同性によって支えられた居場所に対するキャンパーの愛着と欲求が，ワークキャンプの原動力になっているといっても過言ではないだろう。

　しかしワークキャンプが，親密な共同性を通じてキャンパーに承認を与えるばかりでは，人びとに苦境を強いる不平等な権力構造を変革するという公共的機能を果たさなくなってしまう。ワークキャンプが公共的な役割を果たさないのであれば，それはより恵まれた非当事者のキャンパーが，様々な困難を余儀なくされた当事者から満足と承認・癒しを得ることに終始するという，きわめて倒錯した搾取的な実践になろう。このように，ワークキャンプは常に堕落の危険性を伴っている。

3-3. 親密な共同性による社会変革の契機（本書の構成）

　それでは，ワークキャンプは，どのような条件の下であれば，親密圏としてキャンパーの承認を満たすと同時に，公共圏へと働きかけて社会変革の基盤ともなりうるのだろうか。本書では，ワークキャンプの生み出す共同性が，親密圏の役割のみに耽溺せず，既存の不平等な社会構造の変革に寄与する可

能性として，次の6つの契機，ないし特性に着目する[5]。

　第1に示すのは，キャンパーと現地の人びとが「贈与」を通して，逆説的な形ではあるが，エンパワーメントを誘発する特性である。つまり贈与性が，それに対する返礼を誘発することで，エンパワーメントの契機になりうることを示す。J. デリダや仁平典宏によれば，贈与は，純粋な贈与として機能するより，現実的には贈与される側に「負い目」を生み出す。この「負い目」によってボランティア活動は，支配─服従関係にも転化しかねない性格を有している。しかし，支配─服従関係に転化するのではなく，ボランティア活動はそれに対する反対贈与を誘発し，互酬関係にも転化しうる。この互酬関係への転化が，ボランティアの無償性の枠を越え，現地の人にとってもエンパワーメントの契機にもなりうることを，東日本大震災でのボランティア活動など，実際の事例を紹介しつつ主張したい（第1章）。

　第2に，学生運動が隆盛した1960年代から70年代の日本におけるワークキャンプを取り上げて，「根拠地」という思想と実践を論じる。根拠地とは，生き苦しさやアイデンティティの危機といった「現代的不幸」に悩んだ若者と，貧困，障害，病いといった「近代的不幸」を背負った者たちが邂逅し，矛盾や軋轢も内包した新たな共同性を創出する空間である[6]。キャンパーは，スラムの住民，在日コリアン，ハンセン病者といった人びととの関わりのなかで自己確認を求めながらも，彼らと親密な関係を築こうとしては断絶にぶち当たり，葛藤と矛盾のなかで得た痛みと傷を現状変革への活力へと変えようとした。この運動は，生活と労働を介して異なる他者との間に社会変革を担う新たな政治的主体を打ち立てて，具体的な成果の獲得を目指した点で，他者性なき自己確認運動という性格をもった当時の左翼運動よりも広い射程を持っていた（第2章）。

　第3に，中国のハンセン病快復村におけるワークキャンプを取り上げて，「名づけの力」に着目する。新しい社会運動論を主導してきたA. メルッチは，

---

[5]　ワークキャンプがこうした両義的な役割を果たしうる理由を，その運動の特殊性に求めることもできよう。だが，ワークキャンプ以外の様々な実践にも，このような契機を見出すことは可能だと私たちは考える。

[6]　「近代的不幸」と「現代的不幸」については，小熊（2009a）を参照。

社会運動の非物質的,シンボル的,文化的効果を重視して,人びとの認知枠組みを形成する「文化コード」を明らかにしようとした。そのうえで彼は,文化コードに意味を付与する「名づけの力」を強調する。彼はここに,不可視の権力構造を揺るがしていく可能性を見出し,そこに期待を寄せる。中国のワークキャンプでは,ハンセン病快復者とキャンパーの間で構築される親密圏が,差別を助長してきた病いに対する従来の意味づけを無効化する。「ハンセン病快復者」という集合的差異は脱構築され,「じいちゃん・ばあちゃん」対「わたし」,「リャンじいちゃん」対「わたし」といった,より多元的で不安定な差異が立ち現れる。この「名づけの力」は,支配的な文化コードや差別構造を脱物質的に侵食していく可能性をもつ(第3章)。

　第4に,フィリピンキャンプの事例を通じて,既存の序列的な社会秩序が崩壊し,水平的な連帯が立ち現れる「祝祭」に着目する。ワークキャンプでは,その祝祭的な磁場によって,キャンパーと現地の人びとが文化や言語の違いといった壁を乗り越えて,かけがえのない個人として立ち現れ,親密な共同性を創出していく。その共同性は,承認と再配分という二つの点で,社会変革を促進しうる。すなわち,これまで経験したことのなかったような承認を得たキャンパーは,ワークや様々な交流を通じて現地の人びとに恩返しをしようとするし,現地の人びとは無力なキャンパーとの関わりを楽しみながら喜んで無給のワークに参加する。その結果,キャンパーが素人で無力であるからこそ,村人の相互扶助慣行が活性化し,いわゆる住民による「参加型開発」が実現し,質の高いプロジェクトが可能になる。いわば,既存の「私たち/彼ら」という境界線を打破するワークキャンプの祝祭性が,社会変革を促進しうる(第4章)。

　第5に,キャンパーたちが現地の人びとと形成する〈つながり〉の力に着目する。東日本大震災に対する震災復興支援活動として実施された唐桑キャンプでは,瓦礫撤去や家屋整理といったハード面のワークであれ,子供と野球をしたり,避難所や仮設住宅を訪問して話をしたり,祭りを実施するといったソフト面のワークであれ,「現地の人びとのエンパワーメント」という目的に忠実に沿った活動が実施されていた。それは,ボランティアを受け入れる習慣がなく,見知らぬ外部者に心を開きにくい「奥州独特の風土」がある

とされる宮城県気仙沼市唐桑町において，個々のキャンパーが現地の人びとと個別に親密な〈つながり〉を形成し，両者の間で醸成される信頼と物語を通じてはじめて可能となるものであった。またそうした多元的な〈つながり〉の形成を可能としたのも，ワークキャンプの組織的・活動的特徴からであった（第5章）。

　第6に，そうした親密な〈つながり〉を通じて生成しうる，〈公共的な親密圏〉としてのワークキャンプの可能性を模索する。「楽しくみんなで」を信条とする祝祭的な親密圏である唐桑キャンプは，被災により傷ついた人びとを対象に復興支援活動を行うなかで，ある種のジレンマを抱え込むことになった。そのジレンマは，現地の人びととの〈つながり〉の形成とワークの実施の中で，キャンパーたちに〈外部者の自覚〉と〈緊張〉を喚起させていた。そうしたなか唐桑キャンプは，キャンパーたちの視座の拡大と転換を伴いつつ，親密な〈つながり〉を超えた公共性を有するようになった（〈公共的な親密圏〉）。しかし一方で唐桑キャンプは，そのジレンマのために公共性を喪失する危険性も有していた。その危険性を回避するためには，ワークキャンプにおける話し合いやミーティングが特に重要であった。最後に，若者ボランティア活動としてのワークキャンプの意義に添えて，話し合いやミーティングのあり方について提言を行った（第6章）。

　そして最後に，親密圏から公共性を誘発するワークキャンプの限界と可能性について，3人の著者がそれぞれの議論を展開する。まず山口は，阪神・淡路大震災時の「震災ボランティア」や各章のワークキャンプと唐桑キャンプとを比較検討しつつ，理性・公共性・市民社会の点からワークキャンプ論を展開する。他方，日下は，ワークキャンプでは，理性や合理性よりも，生活と労働を介した他者への自発的な共感・共苦や畏敬の念が，生の被傷性と相互依存を基盤とする親密な共同性を生み出し，新自由主義による社会的分断にも抗しうると主張する。そして西尾は，執筆者3人の議論を，公共性が誘発される親密圏の条件，理性，アマチュアリズム，そして国家や市場に対する対抗性を論点として，包括的に論じる（終章）。

　さて本書はFIWCのワークキャンプに携わり，かつ大学で研究活動を行っ

ているメンバー3名によって執筆されている。社会情勢が混迷を深め，様々な社会運動が困難に直面しているなか，私たちは，自分たちの関与してきたワークキャンプがはからずも今日の隘路を打開する可能性を秘めているのではないかとの実感を深めてきた。と同時に，この運動の限界や陥穽も痛切に感じてきた。そのため，改めてワークキャンプの可能性と限界を学術的に明らかにし，本書を世に問うことにした。

　執筆にあたっては，京都大学 GCOE プログラム「親密圏と公共圏の再編成をめざすアジア拠点」にて2年にわたる研究会を行い，研鑽に努めた。その結果，具体的で多様な人びとが反目を孕みながら親密圏を形成すると同時に，公共圏にも変革の契機をせまる実践としてワークキャンプを捉えるという共通の分析枠組みを設定した。だが，西尾はボランティア研究（理論社会学），日下はフィリピン研究（政治学），山口は共生社会論（社会学）と，それぞれが専門とする研究領域もアプローチも大きく異なる。そのため，あえて厳格に統一したアプローチは採用せず，各人の「強み」を生かせるようにした。その結果，ワークキャンプの多面的な性格を，それぞれの視座から照らし出すことにある程度成功できたと考えている。西尾はワークキャンプの意味付与機能を強調する。山口は自律した近代的市民の公共性と交響性に可能性を見出す。山口とは対照的に，日下は近代的理性を超えた情念や祝祭，身体的交感に基づく土民の連帯に希望を見る。

　もっとも私たちは，研究書としての限界も自覚している。当事者としての情念が，研究者としての理性をはみ出してしまった個所もあるかもしれない。ワークキャンプのモットーは「言葉より行動を」であり，私たちも私たちの先輩もワークキャンプを言語化し，説明することに積極的に関与してこなかった。そのため本書は，「ワークキャンプ初の理論書」という類書のない野心的な試みになっている。ワークキャンプ関係者はもちろんのこと，研究者や一般の方々から，本書に対するご批判を頂ければ幸いである。

• 参考文献 •

阿部真大（2011）『居場所の社会学 —— 生きづらさを超えて』日本経済新聞出版社.

磯田浩司（2014）「NPO 法人 good!（グッド）―― 若者のきっかけづくりとしての国際ワークキャンプ拠点」『住宅』63(9): 44-50.
小熊英二（2009a）『1968（上）―― 若者たちの叛乱とその背景』新曜社.
―――（2009b）『1968〈下〉―― 叛乱の終焉とその遺産』新曜社.
菊池恵楓園入所者自治会（2004）『黒川温泉ホテル宿泊拒否事件に関する差別文書綴り』菊池恵楓園入所者自治会.
齋藤純一（2000）『公共性』岩波書店.
―――（2008）『政治と複数性 ―― 民主的な公共性にむけて』岩波書店.
中野敏男（1999）「ボランティア動員型市民社会論の陥穽」『現代思想』27(5), 青土社.
―――（2001）『大塚久雄と丸山眞男 ―― 動員，主体，戦争責任』青土社.
仁平典宏（2011）『「ボランティア」の誕生と終焉 ――〈贈与のパラドックス〉の知識社会学』名古屋大学出版会.
日本福祉教育・ボランティア学習学会（2009）『ふくしと教育』5.
古市憲寿（2010）『希望難民ご一行様 ―― ピースボートと「承認の共同体」幻想』光文社.
―――（2011）『絶望の国の幸福な若者たち』講談社.
桃山学院大学総合研究所（2007）『桃山学院大学キリスト教論集』43.
宮本みち子（2012）『若者が無縁化する ―― 仕事・福祉・コミュニティでつなぐ』筑摩書房.
Lippmann, W. (1922) *Public Opinion*, London: G. Allen & Unwin. ＝掛川トミ子訳（1987）『世論』（上・下）岩波文庫.
Young, J. (1999) *The Exclusive Society: Social Exclusion, Crime and Difference in Late Modernity*, London; Thousand Oaks; and New Delhi: Sage Publications. ＝青木秀男・伊藤泰郎・岸政彦・村澤真保呂訳（2007）『排除型社会 ―― 後期近代における犯罪・雇用・差異』洛北出版.
湯浅誠・冨樫匡孝・上間陽子・仁平典宏（2009）『若者と貧困』明石書店.

第1章

公と私の円環運動
―― 親密圏が秘める公共性

西尾雄志

1 親密圏が秘める公共性

　親密圏は公共圏の対概念とされ，一般的に公共圏とは別の位相に位置づけられてきた。本章にて行うのは，その親密圏のなかに公的なものが生まれる契機があることに関する考察である。齋藤によれば親密圏とは，「具体的な他者への配慮／関心を媒体とするある程度持続的な関係性」であるという。ここで「具体的な他者」とは，人称的な他者であり，かつ身体性を備えていることを意味している（齋藤 2008: 196）。序章で述べたように，学生らが中心となって展開するワークキャンプを題材として，親密圏が秘める公共性を検討しようというのが，本章の目的である。

　本章にて中心的に論じるのはまず，親密圏に対する志向が生まれる背景である。ここでは経済情勢の悪化とそれにともなう雇用情勢の激化がもたらす生産の場での「承認の不足」に着眼し，それがもたらすふたつの結末を見据える。次にワークキャンプに関して，そもそもワークキャンプという言葉のなかに公と私が混在していることに注目し，その性格を一般的なボランティアと比較しながら論じる。ここでキーとなるのは，公共性と親密性をめぐる軸足の置き方である。本章ではこの道筋（西尾 2014）からさらに議論を展開し，これらの活動の贈与性がもたらす帰結を検討する。論点を先取りすれば，この贈与性が，それに対する返礼を誘発することで，エンパワーメントをも

たらす契機となりうることを示す。また「『公』と『私』が円環的に駆動する」ことにこの活動の意義を見出し，その円環を駆動させるために不可欠な存在に関しても検討していく。

2 承認の不足と「私」の不安定化

2-1. 悪化する経済，および財政状況

　2013年8月9日，財務省は国債と借入金，政府短期証券を合計した国の借金合計が1,008兆6,281億円となったことを発表した。これは2012年の名目国内総生産 (GNP) 約475兆円の2.1倍を越える。加えて財務省は，2013年度末には国の借金の合計がさらに1,107兆円に達すると見込む。

　近代文明に接していない「未開部族」を揶揄するエピソードとして，彼らには3以上の数の概念がなく，3以上はすべて「たくさん」ということばで表現するという小話があるが，人間にとってこの「1,000兆」とはどのような数字だろうか。一昔前，銀行員が札束を数えることを，銀行用語で札勘（サツカン）といった。銀行員は，100万円分の1万円札の札束をだいたい20秒で数えるという。この一人前の銀行員が，日本の国の借金1,000兆円を数えるのにかかる時間は，24時間不眠不休で連続して数えたとして，およそ634年という計算になる。1600年の天下分け目の関ヶ原の合戦で東軍が勝利をおさめた後から数え始めたと仮定しても，本稿執筆の2014年ではまだ数え終わらない。数え終わるのは220年先である。しかし220年後には，債務はさらに増えているかもしれない。かりに2014年までに数え終えようとするなら，1380年から数え始めている必要がある。これは金閣寺を建立した足利義満が征夷大将軍をやっていた時代である。またこの額を，時給1,000円のアルバイトで完済すると仮定すると，24時間不眠不休で働いて1億1,000万年以上かかる計算になる。飲まず食わずで1億1,000万年前から働けば，この借金は返済できる。しかしながら残念なことに，この時代は恐竜時代であり，人類は誕生していない。

もはや1,000兆円とは，近代文明を西欧から果敢に摂取し，科学的合理思考を体得したと自認する日本人にとっても「たくさん」としか表現不可能な数字である。現代に生きる日本人と「未開部族」との間に本質的な差異は認められない。
　日本が抱える深刻な状況は，財政赤字にとどまらない。新自由主義的グローバリズムの進展により，国内の非熟練労働市場は激しい競争にさらされることとなった。必然的にこれは，国内の労働市場の悪化をもたらす。データでみるなら，完全失業者数は290万人。これとは別に，就職することを実質的に諦め「求職届け」を出していない「潜在失業者」が470万人。これを合わせた760万人を「実質失業者」としてカウントすると，実質失業率は，10〜11％以上。さらに若年層においては，2人に1人が非正規雇用か失業中という（田村 2013: 26）。
　これはもはや，財政の危機，経済の危機にとどまらず，社会統合の危機をもたらしかねない。1990年代後半から2000年代にかけて，派遣労働，ワーキングプア・格差社会が社会問題として登場した。00年代には，とくに若年層が寛容性を失い，排他的・攻撃的になっていることを裏付けるような事象が相次いだ。思いつくまま列挙するなら，04年イラク人質事件と自己責任論争，07年30代前半のフリーターが発表した論考「『丸山眞男』をひっぱたきたい――31才フリーター　希望は戦争」をめぐる論争，同年の流行語大賞は「ネットカフェ難民」，08年秋葉原無差別殺傷事件，そしてリーマンブラザーズ証券倒産などがあがろう。本書第3章にて取り上げるハンセン病快復者の宿泊拒否事件も，またそれに対する批判文書の大量投函が行なわれたのも03年である。
　ここでポイントとなるのは，これら経済情勢の悪化を経済の側面から見るのみでなく，文化的な側面から見る視点であろう。近年，社会運動をめぐる議論では，社会運動の争点が，富の再分配から，マイノリティの承認問題にシフトしたことに関して議論がなされた。しかしアメリカの政治哲学者であるN. フレイザーは，承認（文化的側面）と再分配（経済的側面）の双方を同時に視野におさめるべきだと強く主張している。雇用情勢の悪化という経済的な状況は，「生産の場における承認の不足」という文化的な状況をもたらす。

換言すればこれは，「私」の不安定化ともいえよう．これに関して，ひとつの論考を手がかりに考察を進めよう．

2-2.「私の安定化」と「アイデンティティの序列化」

2007年1月号の『論座』に「『丸山眞男』をひっぱたきたい ── 31才フリーター　希望は戦争」という論考が掲載された．この論考の著者は，1972年から82年生まれのポストバブル世代にあたり，バブルの華やかさを実感することなく成長した世代としてロスジェネ（ロスト・ジェネレーション）と呼ばれる世代である．この世代は，大学卒業の時期が就職氷河期にあたり，正規雇用の職に就けなかった人が多くいる世代でもある．この論考では，就職活動に失敗した著者が，コンビニの深夜バイトで生計をたてるなか，仕事のない昼間に立ち寄る平和なショッピングモールで不審者扱いされることに対する不満が述べられている．そして雇用や人間関係の流動化を待望し，太平洋戦争中，東京帝国大学の教員でありながら徴兵され，おそらく中学校も出ていないであろう一等兵から，執拗に苛め抜かれた丸山眞男のエピソードに注目する．そして，自分と正規雇用者をはじめとする人間との立場を逆転させるものは，もはや戦争しかない，と主張する内容となっている．

ここでおさえるべきは，戦争になったら本当に雇用が流動化し，非正規労働者たちが望む状況が生まれるか，ということではない．そうではなく日本の若年層の一部で，うっぷんや不満，そしてそれを打ち破ることができない閉そく感がここまで高まっているという点をおさえるべきであろう．そしてそれは同時に，今日の日本社会のなかで若年層を中心として「私」というものが，きわめて不安定な状況に置かれていることを物語る．この論考の著者は別のところでナショナリズムに関して次のように述べている（赤木2007b）．

　　右派の思想では，「国」や「民族」「性差」「生まれ」といった決して「カネ」の有無によって変化することのない固有の「しるし」によって，人が社会の中に位置づけられる．経済格差によって社会の外に放り出された貧困労働者

を，別の価値軸で再び社会の中で規定してくれる。(中略)たとえば私であれば，「日本人の 31 歳の男性」として，在日の人や女性，そして景気回復下の就職市場でラクラクと職にありつけるような年下の連中よりも敬われる立場に立てる。フリーターであっても，無力な貧困労働者層であっても，社会が右傾化すれば，人として尊厳を回復できるのだ。(中略)浅ましい考えだと非難しないでほしい。社会に出てから 10 年以上，ただ一方的に見下されてきた私のような人間にとっては，尊厳の回復は悲願なのだから[1]。

そしてこれに対して，萱野稔人 (2007) は，端的に次のようにまとめる。

　仕事のレベルで承認の不足をくつがえしてくれるような別の承認の回路が存在するのだ，ということですね。その承認の回路をくみたてるものとして呼びだされるのがナショナリズムです。ナショナリズムは，ここで赤木さんが外国人よりも日本人，女より男と言っているように，さまざまなアイデンティティを序列化することでなりたっています。(中略)そうした序列のなかで優位にあるアイデンティティをもつ人にとって，ナショナリズムは，経済的な弱者でも国民というマジョリティの立場にたってみずからの存在や要求を承認させることを可能にしてくれるのです。

ここから考えられるのは，非正規社員の問題は，経済的な分配の問題にとどまるものではない，ということであろう。それは，承認の観点から見れば「仕事のレベルでの承認の不足」であり，それを埋め合わせるために，別の観点から言えば「私」を安定化させるために，自分よりもっと下位に位置するものが必要とされるということを意味している。そこで呼び出されるのがナショナリズムであり，そこから若年層の右傾化や排外主義の発生も説明することが可能であろう。以上，若年層の貧困問題と「私」の不安定化に対する陰鬱な説明となってしまったが，この問題に関して別の側面から光をあててみたい。別の側面とは，不安定化する「私」という状態が行きつくもう一つの接続先である。

---

[1] このような理屈は，ヘイトスピーチに代表される昨今の日本における排外主義にも共通するものであろう。日本における排外主義に関しては，安田 (2012) 参照。

2-3. 承認欲求 ──「公」を生み出す「私」の原動力

　J. デランティは，コミュニティと個人主義の関係を論じる中で，次のように述べている (Delanty 2003 = 2006: 167)。

　　　新しい社会運動に関する研究は，個人主義が実際にはコミュナルな活動の大きな基盤であること，また，多くの集合行為を支えているものこそ強力な個人主義に他ならないことを明らかにしている。集合的な目標というコミュナルな理想へのコミットメントは，利己的な私利や社会的な人格概念には還元できない個人主義によって支えられている。人格的な自己実現や個人化された表現は，かなりの程度まで，集合的な参加と両立可能である。

　彼が指摘するのは，自己実現を目指す個人主義がコミュナルな活動の基盤となり得ることである。つまり，アイデンティティの不安定化，自己実現欲求，承認欲求，どのような表現をとるにせよ，このような状態が，排他的な帰結をもたらすこともあれば，まったく逆方向にも見えるコミュナルな「公」を，もたらすこともあることが指摘されている[2]。

　このような指摘は，学生ボランティアに対する調査とも符合する。日本学生支援機構が 2006 年に行った，ボランティア活動に関する学生に対する調査によれば，学生のボランティアをする動機の第一は，「困っている人の役に立ちたいから」である。しかし，動機の二番目に上がったのは，「新しい人と出会いたいから」であった。そして三番目に上がったのは，「地域や社会をよくしたいから」だが，四番目に上がるのは，「新しく感動できる体験

---

[2]　このような見解は，複数の論者の間で共有されている (西尾 2014)。たとえば犯罪学者の J. ヤングは次のように言う (Young 1999 = 2007: 144)。「個人のアイデンティティにすがりつく態度は，最悪の場合には目的のためには暴力も辞さないという態度を生み出すが，他方では個人に対する暴力を憎む態度も生み出す。要するに，個人主義は二面性をもっている。その暗い面からは犯罪と悪事が生まれ，明るい面からは新しい社会運動の主体や環境問題に対する新しい感受性，さらには暴力を許さない態度が生まれる」。同様に社会運動論の代表的な論客である A. メルッチも次のように指摘する (Melucci 1996 = 2008: 47-48)。「集合的動員の形式での参加，あるいは社会運動への参加，文化を革新するような新しいモードの流れに身を寄せたり，利他主義に導かれてボランティア行為に関わったり，こうしたことのすべては，自分のアイデンティティを安定させたいという欲求に根ざしていて，その欲求が満たされるのを助ける」。

表1-1 ボランティアをした動機（表上）とボランティアに満足した理由（表下）

順位	理由	パーセント
1	困っている人の役に立ちたいから	45.1
2	新しい人と出会いたいから	33.3
3	地域や社会をよくしたいから	33.0
4	新しく感動できる体験がしたいから	28.0
5	自分の経験や技術を活かしたいから	21.0
6	自分のやりたいことを発見したいから	17.4
7	社会の問題解決に知識・技術・学問を役立てたいから	11.1
8	就職などの進路に有利になるから	6.6
9	社会の不正や矛盾に怒りを感じるから	6.3
10	単位取得や資格取得のために必要だから	4.0
10	人とのコミュニケーションや集団での生活に自信がもてないから	4.0
12	大学の授業でやることになっているから	3.4
13	自分自身の生き方に自信がもてないから	3.2
14	不安な気持ちや傷ついた心を癒したいから	2.5
15	自分自身を見失っている喪失感から	2.4
16	大学で奨励しているから	1.6
17	無回答	1.3

順位	理由	パーセント
1	楽しかった	75.5
2	ものの見方，考え方が広がった	66.6
3	友人や知人を得ることができた	56.0
4	人間性が豊かになった	42.3
5	知識や技能が身についた	42.1
6	生活に充実感ができた	38.7
7	相手から感謝された	36.2
8	思いやりの心が深まった	30.4
9	福祉など社会の課題に対する理解が深まった	25.4
10	地域のために役に立った	23.0
11	困っている人のために役に立った	20.1
12	学校で評価された	4.9
13	報酬（お礼）があった	3.4
14	その他	3.0
15	無回答	0.6

*日本学生支援機構「学生ボランティア活動に関する調査報告書」から一部抜粋して引用（西尾 2014）。

がしたいから」となる。動機の一番目と三番目が，世のため，人のため，といったような「利他的，公的な動機」であるのに対し，二番目と四番目に上がっているのは，どちらかというと「自分のため」，いってみれば「私」的なものである。同調査における分析でも，ボランティア活動をする動機が大きく分けて，「問題解決型動機」と「自己実現型動機」の2つに分類できることが指摘されている。またそのほかに，「キャリアづくり型動機」と「癒しセラピー型動機」という分類もなされている。ここで注目されるのが，それぞれの合計ポイントである。この調査の分析によると，合計ポイントは，「問題解決型動機」が3,858ポイント，「自己実現型動機」が4,023ポイントで，「問題解決型動機」を上回っている。ちなみに「キャリアづくり型動機」は628ポイントで，「癒しセラピー型動機」が488ポイントであった。

　ここからボランティア活動を，不安定化するアイデンティティないしは，自己実現欲求，承認欲求の安全な着陸先，としてみなすことも可能であろう[3]。しかしながら看過してはならないのは，このような背景から生まれる「公」であるボランティアがどのような性格を有するか，ということであろう。本章はそれを可能性と陥穽の両面から，公私の観点を入れて考察することを目的としている。次節以降，ワークキャンプを中心的に取り上げ，一般的なボランティアとワークキャンプの違いに着目しながら検討していく。

③ ワークキャンプ ── 公私枠組みにおける定位

3-1. 親密圏とワークキャンプ

　ワークキャンプとは，ボランティア活動と類似した活動であるが，ボランティアという言葉に比して，ワークキャンプという言葉の認知度は一般的に

---

[3] 本章におけるボランティアに対する見解は，いわゆる年長の保守論者が若者を「矯正」させるために，道徳教育や歴史教育と並んでボランティアをさせようとする観点とは異なる。アンケートにもみられるとおり，文字通り「自発的に」ボランティアをしようとする若者が多いなかで，その可能性と陥穽を明らかにしたうえで，可能性を広げる方策を検討することが本論の基本的な立場である。これに関しては，小熊（2014: 557-558）も参照。

低い。日本では 1995 年に起きた阪神・淡路大震災に多くのボランティアが駆けつけたことを機に，その年を「ボランティア元年」と名づけるむきもある。それに比して，ワークキャンプの起源は，第一次世界大戦後の 1920 年にまでさかのぼり，その日本への伝播も大正時代の関東大震災時にまでさかのぼる。ワークキャンプをそのまま和訳するならそれは，「労働合宿」ということになろうか。野球好きが集まって行なう合宿が「野球合宿」であるとするなら，「労働合宿」は，労働好きが集まって行なう合宿と説明できるかも知れない。ワークキャンプを「合宿型ボランティア」と表現することもあれば，ワークキャンプに集うグループを「肉体労働愛好会」と呼ぶのを聞いたこともある。要は，土木作業を，現地に住み込むかたちで行なう活動がワークキャンプである。

　ワークキャンプとは序章でも述べたとおり，第一次大戦後の 1920 年にキリスト教フレンズ派（クェーカーとも呼ばれる）によって開始された活動である。日本にはアメリカン・フレンズ奉仕団（American Friends Service Committee: AFSC）によって，大正時代の関東大震災時にもたらされ，第二次世界大戦後に徐々に土着化した。今日でもさまざまな NGO によって，日本国内のみならず，世界各国でワークキャンプは実施されている[4]。ワークキャンプは，社会問題のある地域に出かけ，そこで一定期間（短いものは週末，長いものは数か月，一般的には 2 週間程度）泊まり込み，土木作業などの労働奉仕を行う活動である。日本では，「合宿型ボランティア」もしくは「労働奉仕型ボランティア」などと説明されることが多い[5]。

　一目すればわかるとおり，ワークキャンプとは，2 つの言葉「ワーク（work）＝労働」と「キャンプ（camp）＝野営・共同生活」の合成語である。つまり，ワークキャンプにはその 2 つの要素が存在する。本書の参照軸である，公共性と親密性の観点からこれをみるなら，このワークキャンプという

---

[4]　日本では，ワークキャンプの一層の普及を目指したネットワークとして，全国ワークキャンプフォーラムがある。その構成団体として，（特活）アクション，（特活）good!，山村塾，（特活）JUON（樹恩）ネットワーク，（特活）NICE，（特活）ハビタット・フォー・ヒューマニティ・ジャパン，（特活）ブレーンヒューマニティー，公益財団法人東京 YMCA，日本財団学生ボランティアセンター，独立行政法人国立青少年教育振興機構などが名を連ねている。

[5]　ワークキャンプに関しては，西尾（2009）を参照されたい。

表1-2　ワークキャンプにおける「ワーク」の要素と「キャンプ」の要素

	ワーク	キャンプ
直訳	労働	野営，合宿
つまり	肉体労働	共同生活
簡単に言うと	ものを作る	仲良くなる
そこからもたらされるもの	トイレ，台所，舗装された道路など	人間的つながり
究極的目標	充実した生活環境	差別，偏見のない人間関係
端的に言えば	「物的」豊かさを追求	「質的」豊かさを追求

筆者作成（西尾 2014）

言葉自体が，矛盾をはらんだ用語である。このワークという用語は，この場合，労働とくに無償労働奉仕を指す。その意味で公的ニュアンスが強く含まれる。それに対して，キャンプという語は，共同生活を指し，疑似家族的ともいえるような親密性を志向する。ワークキャンプで志向されるこの疑似家族的な人間関係は，人称的な人間関係であり，共同で生活するゆえ身体性をともなっている点で，ネット上の匿名の人間関係とは対照的なものである。ワークキャンプが志向するこの疑似家族は，冒頭で引用した親密圏の定義に限りなく接近したものである。つまりワークキャンプとはその言葉自体，公共性と親密性の双方の要素を含んでいる。

さらに，ワークとキャンプのそれぞれが，もたらす直接的なアウトプットと，将来的なアウトプット，究極の目的を表のように整理すると表のようになろう。本章では，ワークキャンプの親密性に着目し，その「非物質的変化」をおもに検討していくものである。

3-2．ボランティアとワークキャンプ

ワークキャンプが，合宿型ボランティア，労働奉仕ボランティアと説明されることが多いことからもわかるとおり，この活動は，ボランティア活動に類似したものであり，重なる部分も大きい。しかしながらここではワークキャンプが，一般的なボランティアと一線を画する部分に着目したい。日本では一般的にボランティアとは，自発性，非営利性，公共性の3つの要素を備え

た活動であると定義されることが多い。ボランティアとワークキャンプを比較した場合，とくにその差異がみられるポイントは，公共性の要件である。

具体的な例をもとに考えてみたい。ボランティアをしてみたいと思ったとする。どのようなボランティアがあるのかわからないので，市区町村に設置されているボランティアセンターに行ってみた。そこで，自分の家の近くに車いすで生活している人を紹介され，その人が外出する際，その人の車いすを押すボランティア活動を紹介されたとする。そして実際，その人が外出するときに車いすを押して一緒に買い物に出かける。これを一般的にボランティアと呼ぶ。

また，別の例を考えてみたい。仲のいい友人がいる。仲がいいので，一緒に食事に出かけたり，どこかに遊びに行ったりする。しかしある時不運なことに，その友人が交通事故にあってしまう。幸い一命は取り留めたが，足に障がいが残り，車いすを利用することになる。しかし車いすを利用していようがいまいが，もともと仲のいい友人である。これまで通り，一緒に遊びに出かける。そして一緒に遊びに行く際，その友人の車いすをあなたが押すとする。これをボランティアと呼ぶであろうか。多くの人が，それをボランティアと呼ぶことに抵抗やためらいを感じるように思う。

ボランティアセンターで紹介された見ず知らずの人の車いすを押す，これを人はボランティアと呼ぶ。仲のいい友人の車いすを押す，これをボランティアと呼ぶにはためらいを覚える。ここから推察されるのは，ボランティアとは，「人と人との距離感」を暗に示す言葉であるということだ。回りくどい説明になってしまったが，これは別の観点から見れば，公共性の問題である。もっと簡単な例をあげるなら，老人ホームで見ず知らずの老人の介護を，自発的に無償で行なえば，それは介護ボランティアだが，家に暮らす実の祖父母の介護をしても，それはボランティアとは呼ばない。それは親密圏で行なわれる私的な行為に分類され，公共的なものとは真逆のものとして位置づけられるからだ[6]。

ワークキャンプの特異性はこの点にある。それはつまりこの活動は，ワー

---

6) 付言するなら周知の通り，これに異を唱え，「私的なことは公共的である」としてこの基本構図を問題視したのがフェミニズムの着眼である。

写真 1-1　作業用シャベル。活動後は丁寧に洗う
撮影：川本聖哉

ク（労働）だけでなく，キャンプ，つまり共同生活に力点を置き，そこでもたらされる親密性にこだわる。本書で取り上げるワークキャンプの事例は，中国のハンセン病快復村，フィリピンの漁村，東日本大震災以降の被災地などそのフィールドの多様さにかかわらず，単なる労働作業以上に，その地域で暮らす人びととの間に共同性，親密性を構築することに共通して力点が置かれる。そこでは，キャンプ，共同生活を通して，中国のハンセン病快復者，フィリピンの漁村に暮らす人びと，東北で被災した人びとと，「人と人との距離感」をできるだけ縮め，共同性，親密性を構築しようとする。これを公私問題との関連で述べるなら，それは，「外部 / 他人事の社会問題 / 公的問題」を，「内部 / 日常的な人間関係 / 親密圏に取り込む」行為である。より具体的には，ハンセン病問題，貧困問題，災害の問題の渦中にいる人びと，つまりハンセン病快復者，経済開発途上国の住民，被災者を，親密圏に擬した人間関係に取り込む行為と表現できるだろう。別の観点からみればこのことは，ワークキャンプが，公と私の区分におさまりきらない行為であり，公私区分それ自体を揺さぶり，揺り動かそうとするものであると言えるかもしれない（西尾 2014）。

さてこのようなボランティアとワークキャンプの特性を踏まえた上で，こういった活動がもつ可能性に関して次節以降検討していこう。

3-3.「帰る」という言葉 ── 公と私の円環

　第3章でもふれるとおり，ボランティアやワークキャンプに参加した学生が，ときおり口にする言葉に「○○に帰る」というものがある。○○には，彼らが参加した活動地の名前がおかれる。「人と人とのつながり」に価値をおくワークキャンプは，その活動をきっかけとしてキャンプ地での親密圏的な人間関係，疑似家族的人間関係を志向する。その志向は，対キャンパー（ワークキャンプ参加者同士）だけでなく，キャンプを開催する地域に暮らす人にもおよぶ。この点で，ワークキャンプは，「公共性」を定義要件とする日本におけるボランティアとは一線を画し，それとは逆の方向，つまり親密性を志向している。「○○に帰る」という表現は，そのことを端的に示している。

　図式的にみるなら，ワークキャンプとは，公共性を要件とする「ボランティア」と，当事者運動であるセルフヘルプ活動との中間に位置するものと捉えることができるかもしれない[7]。セルフヘルプ的な「当事者性」を親密圏の形成を通して担保し，なおかつ，「公的な社会問題」に取り組もうとするのがワークキャンプの「運動体的良心」であるといえよう。また逆説的な表現となるが，ワークキャンプを動態的にみるなら，それは「私」と「公」の円環運動と表現できるかもしれない。それは，態度でいえば，「『公』を『私』を通して理解する」「『私』の背景に思いをはせることで『公』の問題を意識する」姿勢であると言える。

　ワークキャンプの参加者の声を聞くと，参加の動機として当初目立つのは，「海外の貧困地域の人の役に立ちたい」「差別されているハンセン病者の役に立ちたい」といったものである。もちろんその一方で，自分の世界，見聞を広めたい，といった私的動機ももちろんある。先にみたアンケートの通り，

7）セルフヘルプグループを親密圏の観点から考察したのものとしては齋藤（2008）参照。

動機の面からいえば，参加するきっかけはその双方の要素が混在したものであり，どちらかと言えば後者に重点がおかれていると見る方が自然であろう。

　ここでキャンプ参加者の対他意識の変化を追うなら，「貧困地域の○○さん」「ハンセン病者の○○さん」という認識はその後，こういう性格の○○さん，こんなキャラクターの○○さんへと変容し，最終的にその「○○さん」は，具体的な名前に落ち着いて行く[8]。そして，「貧困地域」「ハンセン病者」という「大文字」の抽象的な対象が，具体的な「小文字」の人物に対する認識に変わり，その具体的な「小文字」の人物に対して何ができるか，といったことが参加者にとって重要となる。つまり，「公」の視点・認識から，「私」へと視点，認識がシフトする。

　しかしここに陥穽がある。つまり自分の世界や見聞を広めたいといった私的動機がみたされると，つまり「公」の視点・認識から，「私」へと視点・認識がシフトするとそこで「満足」し，私的世界である親密圏に閉じこもってしまう。ここでは公共性が見失われている。つまり「共同性によって目的性が冷却される」(古市 2010) 事態がもたらされる。ここで活動が再度，公的なものとなるためには，何かが必要となる。この冷却された目的性を再燃させるための契機とは何であろうか。

3-4. 私から公への再飛躍

　私から公への再飛躍のために必要とされるものを探るにあたって，アルベルト・メルッチの調査概念を参照したい。彼は運動家(行為者)と調査者の関係を，「暫定的同盟関係」として提示する。彼によると，調査者は，「調査仮説と技術からなる『ノウハウ』を手中に収めてはいるが，この『ノウハウ』によっては行為者の参加なしにはその仮説が正しいことを証明もできなければ利用することもできない」という。逆に，「行為者は行為とその意味に対しては支配権を行使するが，彼らも行為の潜在的な能力を増大させるた

---

[8]　本書第3章を参照されたい。

めに反省的知識を必要とするのだから，調査者の行為分析を高く評価するであろう」と述べる。つまり運動を展開する行為者は，活動の「ポテンシャルを増大するのに役立つ活動についてのなにがしかの知識を得たいと思って」おり，その知識を提供するのが調査者の役割であり，この調査者と行為者の「権威的でもなければ功利的でもない交換関係」を「暫定的同盟関係」と呼んでいる[9]（Melucci 1989 = 1997: 319-320）。

　このアナロジーでボランティアについて考えるなら，次のようになろう。つまり，私から公への再飛躍のために必要となるのは，目的性が冷却され親密圏の枠内でしか意味づけられない活動のもつポテンシャルを，再度公的な意味付けを与えることで活性化させることである。メルッチはこの役割を研究家である調査者に求めるが，ボランティアの文脈でいえば，これはボランティア・コーディネーターの役割といえよう。

　より具体的に言うならば，自分にとってかけがえのない存在となった〇〇さんという具体的な人物が，理不尽な境遇にあるのはなぜか，という問いを誘発し，それにこたえる素材を提供するのがボランティア・コーディネーターの役割であり，この問いを深める場が「振り返り」であり，これは本書5，6章のことばでいえばミーティングに相当する。これにより再度，「私」的な認識から「公」の視点が登場する。このように「公」と「私」を円環的かつ，動態的に循環させることがボランティア・コーディネーターの役割であり，これにより「目的性が共同性によって冷却される」事態が回避される。そしてそのプロセスを通して，参加者に承認の機会や，居場所が与えら

---

[9] メルッチはこの「暫定的同盟関係」の手法を，師であるA.トゥレーヌの手法である「社会学的介入」から導いている。メルッチはトゥレーヌの「社会学的加入」の手法を評価しつつも，それが運動家たちに「運動の高次の意味」を「与える」という姿勢に疑問を呈する。ボランティア・コーディネートの文脈にひきつけて言えば，トゥレーヌの姿勢は，やや教条主義的なニュアンスがあり，活動家ないしはボランティアに対して，活動の「高次の意味」を提示してあげるという印象がぬぐい切れない。これに対してメルッチの「暫定的な同盟関係」の手法は，「高次の意味を提示する」というよりも，運動家一人一人が活動の意味を考える上で必要となる材料を，社会学者の専門知から提示する，という印象を与える。再度ボランティア・コーディネートの文脈でいえば，トゥレーヌの手法が教育者的であるのに対し，メルッチの手法はアドバイザー的なものと言えるかも知れない。なおメルッチとトゥレーヌの調査手法の比較に関しては，保坂・渋谷（2013）が明瞭にまとめている。

写真 1-2　震災後，部屋に閉じこもっていたおばあさんが，学生ボランティアを見て初めて外に向かって手を振った

撮影：川本聖哉

れ，それが人間としての成長，つまり陶冶の過程となっていく[10]。

　さてここまで承認欲求の安全な着地先としてワークキャンプとボランティアを検討してきた。しかし見落としてはならないのは，このような背景から生まれる「公」がどのような性格を有するか，ということであろう。次節ではこのような活動が有する贈与性を手がかりにしてその点を検討していこう。

---

10) この視点は，本書共同執筆者である日下渉氏の本章ドラフトに対する適切なコメントに負うところが大きい。感謝申し上げたい。なお，本章ではボランティア・コーディネーターの役割を重視しているが，同様の問題意識をもちながら，山口はミーティングによる「視座の拡大」や「視座の転換」に期待を寄せている。本章の見解と山口の見解の接点からいうなら，本章では山口のいうところの「視座の拡大」や「視座の展開」がミーティングによって自動的・必然的に保証されるとは必ずしも言えず，それを促すコーディネーターの存在を重視する立場である。山口の見解に関しては，本書第 6 章参照。

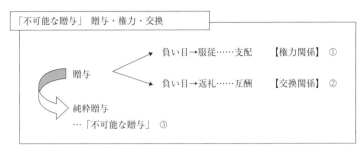

図1-1 「不可能な贈与」と贈与性の帰結
仁平 (2011) をもとに筆者作成 (西尾 2013)

3-5. 贈与性の帰結

　仁平典宏は，社会学者のP. ブラウの議論，哲学者のJ. デリダの贈与に関するコメントを参照して検討を加えている (仁平 2011)。まず彼は，社会学者のピーター・ブラウの『交換と権力』を参照しながら，贈与が，被贈与者の「負い目」をもたらすことで，そこから権力関係もしくは，支配―服従関係を生みだされる点をおさえる。そこからデリダの贈与に関するコメントを参照して，そのような権力関係，支配―服従関係に行かない (純粋) 贈与，さらには交換関係に行きつくことのない (返礼も伴わない) (純粋) 贈与の概念を思考実験として提示する。しかしそのような贈与は，「贈与として現れることさえなく，したがって，権力ないし力を行使しえないほどに消去され，目立たず，そして気前がいいといった，そういった贈与」(デリダ 1989: 128) であるという。これに関してデリダは，それは，黒板に書かれた「私を読むな！」という文言に対して取りうる反応を例にとり，それはダブル・バインド，つまり満たすことが不可能なものであると説明する (デリダ 1989: 109-114)。ここから，「贈与」に関して，次の3点を整理することができるだろう。

　1つめは，権力関係，支配―服従関係につながる「贈与」であり，贈与が，被贈与者に「負い目」をもたらし，それが服従へといたるもので，いわば政治学的な範疇におさまるものである。2つめは，交換関係におちつく「贈与」

であり，「互酬」と表現してもよいものであろう。ちなみにデリダは，M. モースが「贈与論」のなかで論じているのは，贈与ではなく，この互酬であり，そのためモースの「贈与論」に，贈与は一切書かれていないという。この贈与は，反対贈与（返礼）を伴うことから，もはや「贈与」ではなく，「交換」であり，経済学的な範疇に属する。この「贈与」（互酬）と一般的な交換との間の違いは，デリダの言うように，時間的なタイムラグがあるかどうかの違いである。つまり，贈与の瞬間に返礼があるのが交換だが，贈与と返礼の間に時間が介在するものが「贈与」（互酬）ということになる。

そして3つめの贈与が，1にも2にも展開しない「贈与」（純粋贈与）であり，これは不可能な贈与として，宗教学，哲学的な範疇に入る。この贈与では，贈与をする側も，贈与をされる側も，「贈与」であること認識しない。両者にとって「贈与」として現れることもない。

仁平は，ボランティアの「贈与性」（純粋贈与）から，NPOやプロボノ，CSRなどボランティアが「交換関係の世界」に近接している日本の近年の傾向に対して悲観的な態度を示し，それを「ボランティアの終焉」と言い切る。それはともかく，この贈与・互酬・交換の問題に関して，もうひとつ，支配—服従関係からの主体性，エンパワーメントという軸をいれながら，東日本大震災に際する学生ボランティアの事例を通して考えてみたい。東北に暮らす人が震災後，ボランティアに関して次のようなことを言ったという。

> ボランティアさんは，本当に助かるんだけど，毎日毎日，ボランティアさんにありがとう，っていうのも，正直つらいんだよね。

このつぶやきから読み取れるものは，デリダの指摘する通り，ボランティアの贈与性が，相手に負い目を与え，それが支配—服従関係へとつながっていく様態であろう。しかしこれとは別の方向へと接続されていく事例もみられる。宮城県石巻市に牡鹿半島と言われる地域がある。牡蠣（カキ）の養殖が盛んな地域だ。東日本大震災で，深刻な被害を受けた。地元の漁師は言った（黒澤2012）。

> 学生ボランティアが浜に来るまで，俺ら漁師は毎日毎日，海を見ては，た

第1章　公と私の円環運動

写真 1-3　みんなで力合わせて，車を引き出す
撮影：川本聖哉

め息ばかりついていた（中略）。学生ボランティアが浜にやってきて，津波で流された牡蠣ダルやロープや網を，山に入って一生懸命集めてくれた。その姿を見ていて，立ち上がらなければならないと思った（中略）。学生たちに引っ張られるようにおれらも動きだしたんだ。

　地震と津波の被害を受け，その惨状のひどさに途方に暮れる日々を送る中，震災から 1 月半が過ぎたころ，学生ボランティアが 100 名近くやってきた。100 人がかりで漁具の回収をした。作業を終えた学生たちを見送るとき，ひとりの漁師があいさつした。海に生きる気の荒い漁師が涙を浮かべていたという。

　　　今回はお前らに助けてもらった。絶対復興して，うまい牡蠣を食わせてやるから，かならずこの港に帰って来い！

　ここで着目すべきは，ボランティアの贈与性が，支配―服従関係に転化せず，返礼を伴う対等な関係へと向かっている点である。その返礼とは，「絶対復興して，うまい牡蠣をくわせてやる」という言葉に現れている。ここでボランティアの無償性の原則を取りざたするのはナンセンスである。たとえばもし，学生ではなく，「大人の」ボランティアが 100 人やってきても，同

37

じように港は片付いただろう。しかし、地元の人は、複雑な思いで「ありがとう」といって終わったように思える。しかし学生ボランティアの場合、とくにそれが海に生きる気の荒い漁師の場合、青二才の学生に対して支配―服従となることはあり得ない。それは誇りが許さないだろう。それが返礼を伴う対等な交換関係への転化を生んだように思える (西尾 2013)。

3-6.「優位性」と「劣位性」、そしてその反転
―― ボランティア・コーディネーターの視点を交えて

デリダの概念を参照して見えてきたのは、ボランティアの贈与性がもたらす支配関係であり、ボランティア自体が不可避に孕んでしまう優位性であった。しかし学生ボランティアの活動を通して浮かび上がってきた「意外な」特性とは、学生ボランティアの劣位性がもたらす可能性であった。

学生ボランティアに付きまとうのがその知識の不足や経済力のなさなどの劣位性である。そこから生じる陥穽を日下は、第4章にて「自分探し・自己成長の落とし穴」「他者承認の落とし穴」「無知・独善の落とし穴」としてまとめている。しかし同時に日下は、L. ターナーの「コミュニタス」の概念を参照して、学生ボランティアがもつ可能性を論じている。

しかし本章で提示したいのは、「劣位」それ自体が有する可能性である。学生ボランティアの劣位性が、社会におけるカテゴリー化に微妙に影響を与え、ずらし、変容させている[11]。ここにこそ学生ボランティアの可能性がある。つまり震災における「被災者」としてカテゴリー化された「劣位性」は、震災ボランティアのまさにその贈与性によって、「支配関係」「権力関係」にも転化しうることを既に見てきた。しかし学生ボランティアの「劣位性」が、「被災者」としての「劣位性」を、「海に生きる漁師」としての「優位性」に転化させたことが注目される。これが重要であるのは、漁師のことばのなかに復興への主体性が垣間見られるからである。

しかしここでもボランティア・コーディネーターの役割の大きさが再浮上

---

11) この観点を理論的により洗練させたものとして、本書第3章のナンシー・フレイザーのマトリクス四分割を参照されたい。

する。この事例に即して，コーディネーターの役割をより具体的に説明すれば次のようになろう。学生ボランティア自身も，自分の行なった活動がどのような意味があるのか，どこまで深く認識できるか各個人によってばらつきがある。より浅い理解では，単に港が片付いたことにとどまってしまう。また「怖そうに見える漁師さんも，優しく親切にしてくれた。また牡蠣を御馳走してもらいに，優しい漁師の○○さんに会いにこの港に来たい。この港が好きになった。ここに『帰って』来たい」といった感想にとどまる。筆者自身も実際にこのような感想を実に多く聞いた。しかしこのままだと中心軸が「公」から「私」にシフトし，親密的な人間関係のなかに「公」的要素が埋もれていく。そこで再度「私から公への再飛躍」をはかるためには，学生ボランティアの「行為の潜在能力を増大するため」の「反省的知識」が必要となる。この「反省的知識」を提供することに，先にみたボランティア・コーディネーターの重要な役割がある。つまり，活動の潜在力 —— 単に港が片付いただけではなく，漁師の誇りの再燃につながったこと —— を「反省的知識」として提供することで，「公」の視点の確保につながり，「公と私の円環運動」が駆動していく。

まとめにかえての問題提起
—— 経済問題とワークキャンプ

　ここまでワークキャンプや学生ボランティアを題材にして，経済的な富の分配と，承認の問題のなかでも，後者を中心に論じてきた。しかしながら，政治哲学者の N. フレイザーが強調するとおりこれは，どちらが重要なのか，という二者択一の問題ではなく，双方ともに重要な問題である（Fraser 1997 = 2003）。それでは経済的な問題にひきつけてワークキャンプを考えてみるとどうか。
　ここでは十分な分析を行うことは難しいが，暫定的に次のような論点を列挙しておきたい。まず，経済格差のある海外の国で開催されるワークキャンプに関しては，経済的な問題が争点として燃え上がっても不思議ではない。

この問題に関しては，再度，ナショナリズムが論点として登場する。今日の社会では，あらゆる分野でグローバル化が進展するが，若年層の貧困問題の背景には，労働市場のグローバル化がある。経済的なグローバル化によってとくに熟練技術を必要としない労働が，周辺国との熾烈な競争にさらされる。生産拠点が海外に移され，産業が空洞化すれば雇用情勢は強烈に悪化するが，たとえ生産拠点が国内にとどまったとしても，海外の生産拠点との価格競争にさらされるから，事情はさしてかわらない。

これが若年層の不安定雇用，貧困問題の背景だが，これを別の観点からみるなら，つまり国家間の経済格差としてみるなら，これは平等化が進んだということに他ならない。つまり，日本国内における若年層の貧困問題と，グローバル化した労働市場，とくに非熟練の労働市場での国家間格差の縮小は表裏一体の事象である。このような事態が，ナショナリズムの動力となり，排外主義へとつながっていくことは，ヨーロッパ諸国をみればとくに明らかであろう。

このような意識をもつならば，厳しい雇用情勢の中で日本の若年層が，その「ライバル」であるはずのアジア諸国でその国の若者と労働奉仕を行うことは，双方の心情として矛盾を感じないのだろうか。労働市場の悪化は，正規雇用の労働者を解雇するより，新規採用の縮小をもたらす。そのしわ寄せは，世代的に若年層にゆく。就職不安をかかえる日本の若年層が，その元凶であるアジア諸国に出かけ，そこの若者と一緒に労働奉仕することに矛盾を感じないのはなぜか。ワークキャンプにおいてこのような点が争点にならないのには，種々の理由が考えられる。

第一に，牧歌的な返答をするなら，これもワークキャンプの「キャンプ」の要素により，そこに「疑似家族」が形成され，ナショナルな分断が回避され，親密かつインターナショナルな関係が自然に構築されることが挙げられる。そもそも彼らには，ナショナルな意識が非常に希薄である。ワークキャンプに対する参加者の思い入れも，「○○国の発展のために」という意識よりも，「具体的な地域のために」「目の前にいる○○さんのために」といった意識が先行している。また，排外主義の特徴は，自らの困窮の原因を特定の他者集団におしつけ，彼らを「共感不可能な他者」として位置づけることに

ある。ワークキャンプにおける「疑似家族」の形成は，このような「共感不可能な他者」を構築することを回避している。ここでは前者が，身体性を伴わずかつ匿名性を特徴とするネット空間を主要な足場としているのに対し，後者が身体性を伴いかつ人称的な人間関係で成り立つ親密圏を足場にしていることも対照的である。

　また，ワークキャンプによってもたらされる共同性が，経済主義的な論理構造を嫌悪する態度を生み出している。彼らは，貧困層を生み出すグローバル化とそしてそれをプッシュする新自由主義的な思想にかわる新たなビジョンをもっているわけではないが，それに対する素朴な嫌悪感をもっている。詳しくは，宮城県気仙沼市唐桑町でのワークキャンプの意味世界に関して調査した本書 5 章（山口）を参照願いたいが，ワークキャンプで共有される価値は，人と人との〈つながり〉という素朴なものであり，それは排外主義やナショナルな分断をもっとも嫌悪するものである[12]。そもそも渡航費その他費用も自費で賄ってワークキャンプに参加する行動自体が，経済合理性の観点からは考えられないし，説明することもできない。それゆえ，彼らの関心や問題意識は，「労働市場におけるライバル」であるところのアジア諸国の若年層に対する憎悪に向かうことなく，どちらかといえば，経済グローバリズムの勝者や資本主義的な浪費生活，物的豊かさと人類の幸福を同一視する価値観を問題視する方向に向かう。

　第二は，労働市場のグローバル化がまだ極限には達していないことが挙げられる。理屈でいえば，労働市場のグローバル化の最終局面は，たとえば日本の大卒者の初任給が，中国並の 4-5 万円台に達して均衡状態となる。もっとも雇用情勢の悪化は，「平等」に進行するのではなく，オールオアナッシング，「勝ち組，負け組」の構図で進行する。それゆえこの問題を，平均値で考えるのはナンセンスであるが，アジア諸国の若年層の生活水準および雇用水準と比べ，日本のそれがまだ高水準にあるという意識が，少なくとも日本の若者の間で共有されていると思われる。しかしながらワークキャンプにおける分配の問題，経済的な問題に関しては，ワークキャンプによって形成

---

[12] 本書の主たる調査対象である団体の名称は，FIWC —— Friends International Work Camp であり，その名称から言って，ナショナルな分断を超えたインターナショナルへの価値志向が伺える。

されるまさに親密性によって,その不平等な構造的問題の隠ぺいにつながりかねない点も重要である。これに関しては,フィリピンビサヤ諸島の農山漁村におけるワークキャンプを通して,ワークキャンプの功罪を論じる第四章(日下)を参照願いたい。

• 参考文献 •

赤木智弘 (2007a)「『丸山眞男』をひっぱたきたい —— 31 才フリーター 希望は戦争」『論座 2007 年 1 月号』朝日新聞社.

——— (2007b)『若者を見殺しにする国』双風舎.

雨宮処凜・萱野稔人 (2008)『「生きづらさ」について —— 貧困・アイデンティティ・ナショナリズム』光文社新書.

Blau, P. (1964) *Exchange and Power in Social Life*, John Wiley & Sons Inc.＝間場寿一・居安正・塩原勉訳 (1974)『交換と権力 —— 社会過程の弁証法社会学』新曜社.

Calhounn, C. ed. (1992) *Habermas and the Public Sphere*, MIT Press.＝山本啓・新田滋訳 (1999)『ハーバーマスと公共圏』山本啓・新田滋(訳), 未来社.

Delanty, G. (2003) *Community*, Routledge.＝山之内靖・伊藤茂訳 (2006)『コミュニティ —— グローバル化と社会理論の変容』NTT 出版.

デリダ, ジャック (1989)『他者の言語 —— デリダの日本講演』高橋允昭編 (編訳), 法政大学出版局.

Fraser, N. (1997) *Justice Interruptus: Critical Reflections on the "Postsocialist" Condition*, Routeledge.＝仲正昌樹監訳 (2003)『中断された正義 ——「ポスト社会主義的」条件をめぐる批判的省察』お茶の水書房.

保坂直人・渋谷治美 (2013)「社会運動の行為とは何か —— メルッチとトゥレーヌの対質」埼玉大学紀要教育学部, 62 (2).

古市憲寿 (2010)『希望難民ご一行様 —— ピースボートと「承認の共同体」幻想』光文社新書.

萱野稔人 (2007)「『承認格差』を生きる若者たち —— なぜ年長者と話がつうじないのか」『論座 2007 年 7 月号』, 朝日新聞社.

——— (2011)『新・現代思想講義 ナショナリズムは悪なのか』NHK 出版新書.

黒澤司 (2012)「ボランティア被災地通信」産経エキスプレス (2012 年 3 月 19 日付).

日下渉 (2013)『反市民の政治学 —— フィリピンの民主主義と道徳』法政大学出版局.

Melucci, A. (1989) *Nomads of the Present: Social Movements and Individual Needs in Contemporary Society*, Temple University Press.＝山之内靖・貴堂嘉之・宮崎かすみ訳 (1997)『現在に生きる遊牧民 —— 新しい公共空間の創出に向けて』岩波書店.

——— (1996) *Playing Self: Person and Meaning in the Planetary Society*, Cambridge

University Press.＝新原道信・長谷川啓介・鈴木鉄忠訳（2008）『プレイング・セルフ ── 惑星社会における人間と意味』ハーベスト社.
仁平典宏（2011）『「ボランティア」の誕生と終焉 ──〈贈与のパラドックス〉の知識社会学』名古屋大学出版会.
日本学生支援機構（2006）『学生ボランティア活動に関する調査』日本学生支援機構.
日本財団広報グループ（2013）『ボランティア奮闘記 ── 若い力が未来を変える』木楽舎.
西尾雄志（2007）『早稲田大学発ボランティア講義録』早稲田大学平山郁夫記念ボランティアセンター.
─── (2009)『ワークキャンプ ── ボランティアの源流』早稲田大学平山郁夫記念ボランティアセンター.
─── (2012)「学生ボランティアと『新しい公共』」全国市長会『都市の連携と新しい公共 ── 東日本大震災で見えた「絆」の可能性』全国市長会.
─── (2013)『WAVOC発大学生のためのボランティア入門講座』早稲田大学平山郁夫記念ボランティアセンター.
─── (2014)『ハンセン病の「脱」神話化 ── 自己実現型ボランティアの可能性と陥穽』皓星社.
小熊英二編著（2014）『平成史［増補新版］』河出書房新社.
齋藤純一（2000）『思考のフロンティア　公共性』岩波書店.
─── (2008)『政治と複数性 ── 民主的な公共性にむけて』岩波書店.
田村正勝編著（2009）『ボランティア論 ── 共生の理念と実践』ミネルヴァ書房.
─── (2012)『社会哲学講義 ── 近代文明の転生に向けて』ミネルヴァ書房.
─── (2013)『2013年の景気見通し ── 最高益からの減速と雇用の行方』日本経済復興協会.
Touraine, A. (1978)*La voix et le regard*, Seuil.＝梶田孝道訳（1983）『声とまなざし ── 社会運動の社会学』新泉社.
安田浩一（2012）『ネットと愛国 ── 在特会の「闇」を追いかけて』講談社.
Young, Jock (1999)*Exclusive Society: Social Exclusion, Crime and Difference in Late Modernity*, Sage.＝青木秀男・伊藤泰郎・岸政彦・村澤真保呂訳（2007）『排除型社会 ── 後期近代における犯罪・雇用・差異』洛北出版.

第2章 「根拠地」へと下降する
—— 安保時代のもうひとつの学生運動

日下　渉

1　左翼運動とワークキャンプ

　ワークキャンプでは，他者との「つながり」や彼らと共有する「楽しみ」といった実感が強く感じられる。こうした実感は大きな魅力であり，運動の原動力である。だが，実感への埋没は，実践を支える思想の言語化を妨げてきたように思う。ただし，若者の叛乱が隆盛をみた1960年代から70年代初頭におけるFIWCの機関紙や冊子を紐解くと，当時のキャンパーは現場の実感を信じつつも，左翼と体制を左右に睨みつつ，ワークキャンプという実践の理論化を模索したことが分かる。ワークキャンプの現代的有効性を再検討する際にも，当時の理論的模索から改めて学び直すことは有意義だろう。

　小熊 (2009) によれば，当時の若者は，それまでの世代が経験した戦争や貧困といった「近代的不幸」ではなく，「生きづらさ」など一種のアイデンティティ・クライシスである「現代的不幸」に陥った。彼らは戦後民主主義の理念を教育されながらも，高度経済成長と管理社会のもとで閉塞感や空虚感を感じ，またベトナム戦争やアジアの搾取に加担しているとの加害者意識を抱いた。そして，現代的不幸を「疎外」などの左翼用語を用いて表現しつつ，機動隊との衝突やバリゲードでの連帯を通じて，生のリアリティと自己を再確認した。こうした青年叛乱は，具体的な要求を実現するための政治運

動としてよりも，国家権力との正面衝突を通じてアイデンティティを模索する自己確認運動としての性格を強く持つ。そのため，彼らは闘争の祝祭性・非日常性のなかに一時的な自己解放感と連帯感を見出したものの，具体的な実利は得られなかったという。こうした小熊の評価には反論もあろうが，当時の左翼運動の根底に若者の「現代的不幸」があったという指摘は，説得的に思える。

　当時のキャンパーも，「現代的不幸」を背負い，「私とは何か」と活動の中で自己を模索した点で左翼運動の参加者と同様である。ただし，ワークキャンプに参加した学生は少数派で，いわゆる「ノンポリ」を除いた活動的なセクターのなかでも，1割もいなかった[1]。だが，左翼運動とは異なる形で社会変革を目指した点で，彼らの「もうひとつの学生運動」は十分な検討に値する。本章では，まず日本におけるワークキャンプ活動を戦後から1970年代初頭まで概観する。次に，FIWC関西の発行した機関紙等と当時のキャンパーへのインタビューに基づいて，彼らがワークキャンプをいかに思想的に基礎づけたのかを検討する[2]。そして，他者との親密な共同性を模索しつつも，深い断絶に直面し，衝突し傷つき，だが逆にそれを活力にして社会を変革していこうとしたことを示す。最後に，「根拠地」からの社会変革というワークキャンプのヴィジョンの意義を，現代的文脈から評価したい。

　なお当時の運動では，ハンセン病を意味する言葉として「ライ」が用いられた。その背景には，この言葉の使用をやめれば差別が解消されるというのは欺瞞であり，むしろ使い続けることで差別の構造を暴き出せるとの考えが強かったことがある。本章でも，資料を引用する際にこの言葉を用いざるを得なかったが，今日では強い差別用語として社会的に使用が許されていないことに読者は留意して欲しい。

---

1) 　FIWC関西のOBである矢部顕氏（2013年3月23日24日），安本雅一氏（2013年5月25日），湯浅進氏（2013年8月18日）にインタビュー。左翼運動とワークキャンプの間には人的交流があり，前者から後者に来た者は，60年安保闘争の世代が多かった。逆にワークキャンプから左翼運動へ向かう者は少なかったが，歌手の加藤登紀子と獄中結婚したことでも知られる藤本敏夫がいた。

2) 　本章で参照した参照した機関紙等は，FIWC関西の拠点である「交流の家」に保存されており，特定非営利活動法人むすびの家，フレンズ国際労働キャンプ（FIWC）関西委員会（2014）の資料編にも採録されている。

第 2 章 「根拠地」へと下降する

2 ワークキャンプの展開

2-1. クェーカーの平和運動から土着化へ

　ワークキャンプの起源は，第一次大戦後のヨーロッパにある。1916 年 2 月から 12 月にかけてドイツ国境近くにあるフランスの要塞都市ヴェルダンで独仏両軍の激戦が展開された結果，70 万人以上の死傷者が生じ，生存者の生活基盤も徹底的に破壊された。この窮状を何とかしようと，スイス人のピエール・セレゾール（Pierre Cérésole）が，ヨーロッパ各地の仲間に呼びかけて，ヴェルダン近郊のエスネー村で戦災者に仮設住宅を建設するキャンプ活動を開始した[3]。セレゾールは敬虔なキリスト教徒として戦争税の支払いを拒否して何度も投獄され，クェーカー派（プロテスタントのフレンズ派）の絶対平和主義者となる。人間の力は戦争による破壊ではなく，相互を生かし合う建設に用いられるべきだと彼は信じた。こうして戦争中は互いを殺し合った国籍を持つ者たちが，「軍事奉仕(ミリター・サービス)」に反対する「市民奉仕(シビル・サービス)」という対抗概念を掲げ，平和の志願兵として戦災者や災害被災者への支援活動を展開していく[4]。その結果，1939 年のイギリスを皮切りに，ワークキャンプは良心的兵役拒否者に対する代替サービスとして公的に認められていった。国家の戦争に命を捧げることが当然視された時代に，ワークキャンプはきわめて対抗的な平和運動として開始されたのだった。

　日本初のワークキャンプは，1923 年にクェーカー系のアメリカン・フレンズ奉仕団（American Friends Service Committee: AFSC）が行った関東大震災の被災者救護活動である[5]。AFSC は第二次世界大戦後にも，日本での救援・戦後復興活動を展開する。1949 年には，アメリカ人のフロイド・シュモー

3）　セレゾールの人生と活動については，今村（1964b），D. アネット（1969＝1981）を参照。
4）　ワークキャンプ初期の歴史については，大津（2009）を参照。
5）　AFSC は 1917 年に結成され，第一次大戦中のヨーロッパで被災者の救済活動，良心的兵役拒否者の支援等を行った（大津 2009: 10-11）。また第二次大戦後，日本に様々な「ララ物資」を供給したアジア救援公認団体（Licensed Agencies for Relief in Asia: LARA）でも重要な役割を果たした。1970 代のアメリカにおける AFSC の活動については，阿木（1999）を参照。

(Floyd W. Schmoh) が，原爆への謝罪を込めて「広島の家」建設キャンプを実施した[6]。戦後から 1950 年代半ばにかけてのワークキャンプは，引揚者居住地域における生活環境改善と，自然災害の被災者支援を主な目的とした[7]。これらの活動は，世界各国からボランティアが集まって英語で行われる国際キャンプで，日本人の若者も多く参加した。また国内だけでなく，インドや香港でのワークキャンプに参加する日本人キャンパーも増えていく。

　この時期のワークキャンプは，戦後の国際親善を担うという自負心と，労働奉仕，自己教育，友情といったヒューマニズムの賛歌に特徴づけられた（矢部 1972）。だが，やがて日本に土着化する形で活動内容が変容していく。1956 年には，AFSC に参加した日本人の若者がフレンズ国際ワークキャンプ（FIWC）を結成し，経済成長の暗部にある問題として「社会的差別と偏見の打破」に焦点を当て，障がい児福祉，婦人保護，在日コリアン，部落といったテーマに取り組んだ。「より日本社会にそくし，その日本社会の現状に，最も効率的に働きかけうる組織として FIWC を再構成」することが主張されたのである（今村 1960）。

　1961 年，FIWC の独立が決定し，AFSC から資金と資材の供与を受けず，テーマの設定や資金の獲得も自前で行うキャンプへの転換が進んだ。また AFSC の指導下では，選抜試験に合格した少数のみが英語を公用語とする国際キャンプに参加したが，独立とともに選抜試験や人数制限は廃止され，より多様で多くの人びとがキャンプに参加するようになった[8]。今村（1963）は，セレゾールの言葉を援用しつつ，活動の完成度は低くなろうとも，できるだけ多くの自発性を集めて「平和の軍隊」をつくり，社会への衝撃を与えていこうと提唱した。

---

6)　シュモーは全米から約 4 千ドルの寄付金を集めて，家を失った被爆者のために共同住宅 20 戸と集会所 1 ヶ所を建設した。この集会所は，今日まで保存され，平和記念資料館となっている（朝日新聞 2012 年 11 月 1 日；シュモーさんの「ヒロシマの家」を語りつぐ会 2014）。
7)　1958 年の狩野川台風，1959 年の伊勢湾台風による被災者の救援活動などが行われた。
8)　戦後の貧しい時期，ワークキャンプ参加者が比較的恵まれた者であったことを考慮すれば，これは「脱エリート化」の進展でもあった。

2-2. 安保闘争後のワークキャンプ

　ここでは，FIWC 関西委員会（以下 FIWC）に焦点を当てて，学生運動時代のワークキャンプを検討したい[9]。1960 年，日米安全保障条約が岸内閣によって強行採決されると，安保闘争に身を投じ抗議活動を展開してきた者たちは，強い挫折感に襲われたという。その挫折感の中で，「〔安保闘争を牽引した〕ブント（共産主義者同盟）も一皮むいたらスターリニスト」，「結局は人間が人間を支配してしまうという組織悪への直感」を抱き，もうひとつの運動としてワークキャンプに参加していく者たちがいた[10]。

　ある同志社大学の学生は，安保闘争後にブントの活動が理論闘争ばかりになり面白くないと思っていたところ，FIWC に誘われてワークキャンプに参加した。すると野外生活と肉体労働が面白く，グダグダ議論を重ねるよりも革命的な活動だと考えるようになったという[11]。また，ある大阪市立大学の学生は，初期マルクスにおける「疎外からの解放」というテーマに惹かれて社学同[12]系の団体に参加した。だがビラまきやオルグに明け暮れながらも，「結局は権力闘争をしているだけじゃないか」と体の中で拒否反応が生じ，活動を苦しく感じるようになった。この苦しさを癒したのがワークキャンプだったという。「楽しみながら世界を変えられる」という感覚があり，左翼運動の限界を超えるものを感じたという。この時彼が手を切った同級生は後に赤軍派となり，1970 年に日本航空便「よど号」をハイジャックして北朝鮮に亡命した[13]。彼はワークキャンプという「ブレ」があったため，体で感じた疑問がセクトとは異なる方向へ自分を引っ張っていってくれたとい

[9) FIWC 関東は 1960 年代に共産党傘下の日本民主青年同盟の影響下に入った。そのため，ワークキャンプの独自性を検討するには，民青からもセクトからも自律性を保ち続けた FIWC 関西に着目することが有効である。
10) 樋口邦彦氏（2013 年 8 月 15 日）にインタビュー。ブントとは，全学連を主導した学生たちが，共産党から分離して 1958 年に結成した新左翼組織。
11) ここでの記述は，川村（1995: 22），安本雅一氏（2013 年 5 月 25 日）と樋口邦彦氏（2013 年 8 月 15 日）へのインタビューに基づく。
12) 共産主義者（ブント）の下部組織として出発した社会主義学生同盟の略称。
13) 1969 年，武装闘争による革命を目指す共産主義者同盟赤軍派が結成された。翌年，赤軍派は武装闘争の国際根拠地を北朝鮮に作るべく，ハイジャック亡命事件を起こした。

う[14]。

　この安保世代が，独立後のFIWCを牽引した。その活動のひとつが，1961年の「希望の家」建設運動である。希望の家とは，宝塚の社会福祉法人「イブの会」が，児童福祉法の適用年限を越えた身体不自由な女性達のために建設しようと提唱した施設である[15]。この計画が資金面で行き詰っていたため，FIWCは寄付金の確保，100人以上の労働力提供によって支援した。

　1961年には，吹田市のスラム住民の住宅獲得運動を支援した[16]。住民の多くは在日コリアン・沖縄人であり，河川敷で「バタ屋」と呼ばれた廃品回収業を営んでいた。彼らは迎光会という組織を作って1950年代から生活環境の改善運動に取り組み，1960年からは100世帯の住宅等を建設する計画も進めていた。だが1961年4月，火事によって46世帯168名が住居を失い，古材を使った仮設住宅も吹田市から撤収を迫られた。そのため，キャンパーはスラムに住み込んで住民と酒盛りをしつつ，2年間にわたって吹田市と交渉を重ね，時には机やいすを持ち上げて暴れ，役人を吊るし上げる「行政闘争」を行った。その結果，住民は差し当たり引揚者の再起寮に居住し，後に建築される市営住宅に入居するという条件を得た[17]。しかし，新たな入居先には生計手段がなかったため，彼らは定住できなかった。キャンパーは学生には生活のリアリティがなかったと痛感したという。

　その後1962年には開拓農村の支援キャンプを，1963年には新設された東大阪朝鮮第5初級学校のインフラ整備や，孤児院・老人ホームにおけるキャンプなどを行うが，持続的なテーマはなかった。そうしたなか1963年，同志社大学で教鞭をとっていた哲学者の鶴見俊輔が，ハンセン病快復者でロシア人の友人がYMCAの宿舎に宿泊を拒否されたことを憤りながらゼミ生に語った。すると，ゼミ生であったFIWCのメンバーが，誰もが宿泊できる家を建設しようと，後に「交流の家」と名付けられるハンセン病快復者宿泊

---

14) 樋口邦彦氏（2013年8月15日）にインタビュー。
15) 平山（1966），東（2006）を参照。
16) 川村（1995），木村・鶴見（1997: 14-19）を参照。
17) 川村（1995: 21-27）を参照。今村（1963: 36）によれば，これは在日コリアンが公営住宅に住む初めてのケースになったという。

写真 2-1　建設中の交流の家（1965 年）

施設の建設運動を開始する[18]。

　交流の家は，観光や里帰り，様々な人々との交流のために使われ，療養所と社会をつなぐ社会復帰のための中間駅として機能することが構想された。街頭募金等で資金を集めると同時に，同年には奈良県中町に独自の宗教共同体を築いていた大倭教から無料で土地の提供を受けることに成功する[19]。翌64 年 5 月，全国の療養所を訪問して園の人びとと意見交換を行い，彼らの希望や困難に関する調査を行った[20]。また，建設運動への参加も募った。8 月に建設を開始すると，地価の下落などを理由に地元住民の反対運動が生じた。だが，大倭教の寛大な支援を受けつつ粘り強く交渉を重ねた結果，翌年 2 月には調停に至り，夏から本格的な建設作業が再開される。そして 1967

---

18) 当初，皆が手をむすぶ家，一緒におむすびをほおばる家という意味を込めて「おむすびの家」と呼ばれた。後に詩人の大江満雄が，「交流の家」という当て字をつけた。この運動の概要については，木村・鶴見（1997）を参照。
19) 大倭教は古神道の流れを引く新興宗教で，戦後の混乱のなかで行き場を失った人びとが法主・矢追日聖のもとに集い，共同体を形成している。大倭は，奈良時代に光明皇后が施薬院を設けたゆかりの地でもあるという。
20) その調査結果は，FIWC 関西委員会（1964）にまとめられた。これによると，20 代の独身者を中心に 3 割ほどの人びとが社会復帰を希望していたという。また交流の家の利用希望者は，6～7 割にのぼった。当時，療養所の人びとの声を集めた大規模な調査は他に皆無であったため，この記録は貴重な資料となり，多磨全生園の国立ハンセン病資料館でも展示された。国ではなく学生が調査をしたからこそ，率直な声を聞けたともいえる。

写真 2-2　鈴木重雄による記念植樹（1967 年）

年7月末に，交流の家の竣工式が行われた。この時，岡山の療養所，長島愛生園でも，園内の盲人が結成したハーモニカバンド「青い鳥楽団」が「祝交流の家落成記念」と題した演奏会を行っている。

　交流の家の建設運動は，療養所の人びとを驚かせた。1950年代，彼らは国家を相手に療養所内の生活改善運動を展開した。他方，キャンパーは，国家を通さぬまま建設運動を勝手に進め，社会の偏見を敵とした。しかも交流の家の建設は，はからずも地元民の反対運動を誘発し，療養所と国家の間で争われていた問題を改めて社会の場に引きずり出した。当時，愛生園で自治会役員をしていた鈴木重雄によれば，園の管理者はキャンパーや交流の家の建設運動に否定的だったが，好意的に受け止めた入所者は多かったという（鈴木1964）。実際，少なからぬ園の人びとが，地元住民からの反対に直面したキャンパーに応援の手紙を送ったり，資金・資材の調達に協力したりした。泊り込みで肉体労働に関わった快復者の大工の棟梁や若者も，少なくとも20人はいた。彼らは当初身構えていたが，キャンパーと労働，寝食，風呂を共にするうち，両者の境界線は攪乱されていった[21]。彼らは社会復帰の足場を建設するためというよりも，型破りな運動をしている学生を興味深く

---

21) あるキャンパーは，快復者との握手の後に手についた膿をおどけて舐めてみせて，彼を驚かせた。また，あるキャンパーは快復者をこっそり赤線地帯に連れ出し，「ピカドン（原爆被災者）なんよ」と言って女性を抱かせたという。

思ったり，社会との接点として彼らとの交流を楽しんで参加したようである。

2-3.「交流の家」建設後の運動

　交流の家の運営には，より持続的な関与が必要なため，交流の家を法人化し，鶴見俊輔らを理事にたて運営を委ねる案が立てられた。だが，FIWCが責任を持って運営するべきだとの意見も根強く，法人化案は立ち消えた[22]。代わりに，東京の療養所，多磨全生園で朗読ボランティア等の活動をしていた飯河梨貴を交流の家の管理人に招き，彼女と夫の四郎に運営を託すことになった。

　もともと交流の家は，ハンセン病快復者が社会復帰するための拠点として建設されたが，そのためには機能しなかった。FIWCは1967年，全国の療養所を訪れて，「交流の家ごあんない」と題された1万部の冊子を人びとに手渡して利用を呼びかけ，交流の家の利用方法について意見を募った。すると，ほとんどの快復者は，宿泊は希望するが社会復帰できる者は既に園を出ており，障害などの理由で園を出る予定はないと述べた。こうして交流の家の活用法を新たに検討する必要生じ，様々な活動案が提示されたが[23]，結果的に3つの方向性を持った活動が展開された。

　第1に，交流の家を拠点にしたハンセン病差別克服のための活動がある。まず1967年10月には，長島愛生園と光明園から関西出身者20名の里帰りが実施された。園で暮らす子どもたちの修学旅行も初めて可能になった。日本万国博覧会の時期が重なったこともあり，1968年から1973年にかけて，のべ500人が里帰りや観光の宿泊地として交流の家を利用している。1969年からは，療養所の人びと，各大学の囲碁将棋部員，キャンパー，日本棋院の棋士らが交流の家に泊りこんで勝負する囲碁将棋大会が，23年間にわたっ

---

22) 長沢（1963）は，理事候補に快復者の名前がないことも批判している。
23) 矢部（1968）は，交流の家を拠点に自前の生産手段をもつ共同体の形成，社会復帰に関する運動や新聞の発行，国家から自律的な「差別大学」の設置という案を提示したが，いずれも実現しなかった。

写真 2-3 囲碁将棋大会（1971 年）

て開催され，のべ 1,000 人が参加した。従来の活動が男性主導だったのに対し，囲碁将棋大会は療養所の人びとの要望を受けた女性が運営を担い，最も長続きした活動になった[24]。1967 年には，大阪府厚生会館文化ホールで「〈らい〉を聴く夕べ」と題した青い鳥楽団の演奏会を主催した。これは，療養所の盲人の楽団が 1,500 人の一般人の前で演奏をするという画期的な出来事であった[25]。また，交流の家が建設された大倭紫陽花邑に住み込んで，交流の家の管理人となった飯河夫妻を応援したり，大倭教の生産拠点である大倭印刷や大倭殖産の経営に携わり，その活性化に寄与する者もいた[26]。

第 2 に，療養所へと向かう活動がある。「ライ工作隊」が全国の園を訪れて園の人びとと交流する「キャラバン」が繰り返された[27]。1969 年 8 月には，交流の家が社会復帰の役に立たぬのならば，こちらから療養所に乗り込み

---

24) 当初この活動は，男性キャンパーから「思想性がない」と反対されたという。
25) 「〈らい〉を聴く夕べ」という題目をめぐって，今村 (1968b) は「らい」が人間の魂になるはずがないと反対した。これに対して山上 (1968) は，「同じ人間じゃないか」という安易なつながりを否定し，また「彼らから決して受け入れられない者であることを知らされた」私が，「らい」を聴いてしまったのだと反論した。青い鳥楽団とその創設者の近藤宏一氏については，近藤 (2010) を参照。
26) 大倭教は寄付金に頼らず，自前の生産拠点を持ち，自律的かつ持続的な共同体を形成している。
27) 「ライ工作隊」という言葉には，谷川雁の「工作者」という思想が反映されている。

写真 2-4　青い鳥楽団の演奏会 (1968 年)

「解放の場としての祝祭空間をつくろう」と，長島愛生園で4日間かけて「むすび祭り」を行っている。愛生園の側でも「愛生班」と呼ばれる実行委員会が結成され，FIWC と合同で準備が進められた。FIWC は祭りへの参加者を募り，当日は全国から 100 人ほどが愛生園に集まり様々な催しを行った。この祭りは静かな園を騒がしい非日常へと変えたというが，園の管理側は，訪問者が快復者と一緒に風呂に入ったり，彼らの部屋に宿泊するなど園のルールを無視したことに激怒し，後に FIWC の出入りを禁止した。しかし祭りの準備過程では，園の人びととキャンパーが個人として向い合う重要な契機が生じたという。実際，むすび祭りを計画したキャンパーの結婚式には，愛生園から7名が京都の結婚式場にやってきて参加した。「祭り」を求める声は翌年もあり，1970 年 11 月 2 日に，青い鳥楽団とともに，愛生園で「愛生園 40 周年記念」と銘打って紅白歌合戦を実施した。

　第 3 に，様々な勢力と協働しつつ，反戦のための「根拠地」の創出を目指す活動である。当時，フレンズ派の「サービス・シビル・インターナショナル：SCI」は，満州からの引揚者による金峰山開拓牧場の開設を支援し，平和運動の拠点として「SCI アジア地域トレーニングセンター」を建設していた。また房総の婦人施設「かにた婦人の村」などでワークキャンプを行ったディアコニア兄弟会から，労働兄弟愛舎 (Lazarus Brother's Fellowship: LBF) が

写真 2-5　紅白歌合戦（1970 年）

写真 2-6　塹壕の上を飛ぶ米軍機（1969 年）

独立して，東京都立川市の米軍基地拡張と土地接収に反対する砂川反基地闘争を支援していた。砂川闘争は 1956 年から開始されていたが，1969 年には砂川青年の家を拠点にした反戦塹壕建設において LBF, FIWC, SCI, 新左翼系のメンバーが共闘した。彼らは滑走路の先にある買収予定の農地で，様々な旗をつけた竹竿を立ててベトナム戦争に向かう米軍機の発着を妨害しよう

としたと。日本の警察は民間人をつかってこの竹竿を深夜に撤去しようとしたので，学生たちは塹壕を掘って小屋を建て，寝ずの番をした。そこでは，政治的闘争性とコミューンの思想が同居しただけでなく，ワークキャンプの目的が隣人の生命を支える福祉の理念から戦争との対決へと原点回帰したという（矢部 1972: 29）。

3 生活世界の根源へ

3-1.「存在の原点」への下降

　ワークキャンプを支えた思想の特徴を，当時の学生運動の中心であった左翼運動と対比しつつ描き出してみよう。当時の左翼運動は様々なセクト間で熾烈な闘争を展開したが，いずれもが社会的矛盾の根源的な原因を資本主義に見出し，資本主義体制を支える国家権力の奪取と革命を目指した。左翼運動は，機動隊との衝突や国会への突入に象徴されるように，国家を志向した。他方ワークキャンプは，在日コリアン部落，障がい者施設，農村，ハンセン病療養所など，高度経済成長から取り残され，国家から放置されたり抑圧された人びとが暮らす場所を志向した。「ワークキャンプは比較的矛盾の多いと思われる資本制下における疑似共同体へ出かけていって，そこの生活人と協力し，我々の肉体的，精神的労働力を提供することにより，その共同体のよりよき発展を促進しようとするものである」（白石 1963）というのである。こうしたワークキャンプの思想と実践は，安保闘争を経験した世代が，クェーカーの平和主義の伝統に，谷川雁の「原点」や鶴見俊輔の「根拠地」といった思想を持ち込むことで形成された。

　谷川雁は 1950 年代後半から活躍した詩人，評論家，活動家であり，当時の若者に強い影響を与えた。彼は九州の地で，文芸活動を通じて，日本各地，沖縄や朝鮮から流れてきた労働者同士の連帯を目指した「サークル村」運動や，大正炭鉱の鉱夫と結成した大正行動隊による労働争議といった独自の運動を展開した。1960 年には，共産党による革命運動の一元的支配を批判し

て離党を表明し，党から除名された。東大全共闘が立て籠もった安田講堂には「連帯を求めて孤立を恐れず」という彼の詩の一節が書かれた。左翼運動においては，もっぱら谷川の共産党批判が支持されたようである。他方ワークキャンプは，「下部へ，下部へ，根へ，根へ，花咲かぬ処へ，暗黒のみちる所へ，そこに万有の母がある。存在の原点がある。初発のエネルギイがある」(谷川 1954) と，「存在の原点」を凝視し，底辺の民衆共同体に宿る変革力に賭ける思想に触発された。また「大衆に向かっては断固たる知識人であり，知識人に対しては鋭い大衆であるところの偽善の道をつらぬく」(谷川 1958) という「工作者」の概念も，ハンセン病者，在日コリアン，スラム居住者といった人びとの中に飛び込んで，身体でぶつかり合い，衝突しつつ関係性を模索したキャンパーを鼓舞した。

　1961 年，同志社大学の学園祭で行われた谷川の講演会には，左翼運動に違和感を抱いていた FIWC のメンバーも参加していた。そのなかの一人柴地 (1971) は，谷川が農民共同体の破片と記憶に変革の可能性を見出していると評価して，農民の感性に支えられた運動を提唱する。多くのキャンパーが谷川の思想を私淑し，九州に彼を訪れては様々なアドバイスを受けたし，交流の家の建設作業のために鉱夫のヘルメットを譲り受けている。交流の家の建設構想にも，谷川と大正鉱山の鉱夫が失業した鉱夫の宿泊用に建設した「北九州労働者「手をにぎる家」」からの影響があった。行政の福祉手当給付が滞って困窮した鉱夫の越冬資金を求める谷川に，キャンパーが交流の家の建設資金を一時貸し出すこともあった。また実現しなかったものの，谷川は炭鉱労働者の子どもたちのために学校と病院を建設することをキャンパーに打診したりもした。さらに，大正行動隊のメンバーがキャンプに参加したこともあった。

　谷川は交流の家の竣工式に際して，断絶のなかの連帯(むすび)を喚起させる次の祝電を寄せている。「ナニモノトモムスバレルコトヲコバムココロノミガ，ナニモノカトツイニムスブデアロウソノヒヲイワイテ」。

3-2. 根拠地の思想

　哲学者の鶴見俊輔も，同志社大学で教鞭をとっていた時にゼミ生の多くがFIWC のメンバーであったため，ワークキャンプに大きな影響を与えた。鶴見は自らの戦争経験から善悪・白黒に分けられた世界のあり方を批判し，軍国主義であれ，マルクス主義であれ，民主主義であれ，時々の時流に合わせて言語体系を乗り換えていく知識人や権力者に強い嫌悪を抱いた。そして普遍としての「大衆」に可能性を見出し，表面上で対立していても「根底」まで降りていけば共感が可能になるとの考えに基づき，他者との相違を前提とした普遍的な共感と連帯を志向した。「国家の規定する自分，会社，学校，家の規定する自分よりも深くにおりてゆくと，祖先以来の民族文化によってつくられた自分があり，さらにその底に動物としての自分，生命，名前なき存在としての自分がある。そこまでおりていって，自分を現代社会の流行とは別の仕方で再構成し，新しく世界結合の方法をさがす」（鶴見 1962）というのである。

　そうした「大衆」の共感と連帯が可能になる空間として，彼は「根拠地」という概念を提示した。根拠地では，「どんなにつかれはてても，ここに住みつくことができるということが安心感を自分の中にうえつけている」という（鶴見 1964）。砂川闘争の合同ワークキャンプで行われた講演会において，鶴見はこう語った。

> 根拠地を必要とするのは，斗（たたか）いに疲れた時なんです。斗いに疲れた者が休める場所というのが，必要なんです。〔中略〕そこに行って，ゴロンと横になっていれば，ゴロンと横になったまま 5 日でも 10 日でもいられる場所っていうものが，人間にとって必要なんです。そういうものをいたる所につくらなきゃいけないんじゃないですか（鶴見 1972: 95）。

　自給自足を満たした根拠地として鶴見が挙げるのは，ヤマギシ会の春日山，諏訪之瀬島のヒッピー・コミューン，幕末から明治にかけての天理教などである。しかし，閉鎖的な共同体では社会を変革するエネルギーが失われ，抵抗の根源がなくなるとする。そして，むしろ「外に出るも自由，内に留まる

も自由，内の中に，又，外があるような，そういう種類の規則が重要」であり，自分の人間関係の場を出入り自由で個人の思想が圧殺されない根拠地に近づけていくことを提唱する (ibid)。FIWC のキャンパーは，こうした谷川や鶴見の思想から影響を受けつつ，自らワークキャンプの思想と実践を築いていこうとした。

3-3. 虚構の政治から現場の実感へ

　根へ，地下へ，根源へといった志向性は，観念論的な言葉でもっともらしく語られる表象の世界に対する違和感と反発を伴った。あるキャンパーによれば「私にとってワークキャンプは，考え方をぶちこわしてくれる場所であった。私の考えていた労働者のイメージは吹田のスラムでズタズタに引き裂かれた」(柴地 1964: 8)。また彼は，現場の実感こそが社会変革の基盤になると信じた。戦前・戦中にファシストが農民の「苦しい」という実感を見事に捉えたのに対して，インテリが主導した革新運動には実感の積み重ねがなかったがゆえに失敗したと分析し，こう主張する。

> キャンプの持ち味はなによりも社会的に差別されている地域をキャンプサイトとして入り込んでいくというところにある。書物の中の抽象的な人間ではなしに，わたしたちの目の前には苦しんでいる身体的な人間がいる。「貧困」「苦しさ」というのが言葉だけではなしに，現実にどう現れているのかキャンプサイトに行けば誰でも理解できる。この目前の状況から受ける感じを丸山眞男いうところの実感とよぶならば，わたしは実感を大切にしたいと思う (柴地 1963)。

　また別のキャンパーも，自分の生活は「ことばの世界」を中心に動いていて，「ものそのものの世界」の自分は抑圧されているとしたうえで，全共闘の活動家は「体制」「反戦」「連帯」だの「ことばの世界」に拠りすぎていると批判した。彼によれば，「精神薄弱」や「ライ」といった言葉が差別や偏見を生み出すように，「ことばの世界」は抽象的な概念によって人間を抑圧する。しかし，ワークキャンプは「ものそのものの世界」であり，そこでは

苦しい，しんどい，手が痛い，完成した時の嬉しさといった実感が重視される。そして重要なのは，どこまで「ものそのものの世界」で生きることができ，そこで接する人とつながりうるかだと主張する（関 1972）。

抽象的な言葉が幅を利かすのは，左翼運動も国家行政も同様である。矢部（1972）によれば，左翼運動は，人間の共同性が生産様式によって対立へと転換された虚構としての政治を抽象的に争っているにすぎない。また国家行政も，人間を量で捉える論理としての政治を操り，多数者の名のもとに個人の思想や行動を規制する。これらに対してワークキャンプは，人間を量としてみる政治の論理を一切拒絶し，政治から不断にこぼれ落ちる根底の動かざる原点に焦点を当てるというのである。

多くの社会運動は，特定の道徳的見地から自らの正義を訴える。だがワークキャンプは，「より良き社会の建設を」といった曖昧な主張は掲げても，「すべき」という道徳を強く主張することはなかった[28]。現代社会における道徳の多元性を考慮すれば，いかなる正義の主張も社会の道徳的分断を助長しかねない。こうした直感があったからこそ，ワークキャンプは観念的な正義や道徳ではなく，ひたすら労働と共同生活という身体を介した他者との交流から得られる実感を重視し続けたのだといえよう。

4 集団と共同性

4-1. 労働・生活・実感の集団論

ワークキャンプは抽象の世界における対立を疑い，生活世界の根源へと降りていき，そこで新たな共同性を模索した。それゆえ，独得な集団論を持つ。規約や綱領といった組織原理は支配や抑圧を生みだすものとして否定された。これは「私とあなたの関係」のなかで「私がやる」という自発性に基づいて，ありとあらゆる人間がつながり合うことが重要だという考えに基づ

---

28) 柳川（1999）は，正義が個人の自律性を奪い，集団を均質化して，異質なものを排除することを批判し，正義を掲げた運動に対するアンチテーゼとしてワークキャンプを位置づける。

いている。「FIWC 関西の『慣習法』」(今村 1968a) は，次のように主張する。

> FIWC という集団を組む理由は，全ての人と私的につながろうという志の故である。全ての人と一人一人，日常性において隣人としてつながろうとすることである。いいかえれば，我々の目的は「共同体」の創成にある。〔中略〕我々の「究極」の目的とは私的責任において隣人とつながることではないか。

委員長や常任委員は設置されたものの，あくまで「言い出しっぺ」がリーダーシップを引き受け，「名乗り上げ」によって役割分担を決めるという原則に基づいた。リーダーはメンバーに対して，組織の序列関係ではなく，自己の内的欲求の切実さに基いて，いかに指導的な展望や方針を打ち出して集団を動かせるかを要請された（樋口 1967a）。自らが運動に身を投じる根拠を自らの言葉で語ることこそが，根拠地を創出しうるというのである。

こうした集団論には，明確な綱領を持たぬ戦後の土着的なサークル運動からの影響があった[29]。また谷川雁の影響も強い。谷川（1961）の「民主集中制の対極を」は，「成員の所属は登録制ではない。みずからが全力をこめてその組織に属すると自覚し，また自称するときの自己確認だけがそれを規定する。面白いことを，まさにそれのみをやらなければならない。反対であるのにしぶしぶ実行することは許されない」と主張する。こうした集団論ゆえに，ワークキャンプでは，労働を掲げる運動でありながら，労働をサボってばかりいる者も排除されなかった。こうした集団論は，左翼運動で「鉄の規律」を重視するセクト的組織論がまかり通り，最終的には異質なものを暴力で排除しあう内ゲバにまで行きついたこととは対照的である[30]。左翼運動とワークキャンプに同時に参加していた者は，次のように集団論の違いを語った。

> 当時左翼運動では軍が党を指導するか，党が軍を指導するか，とかで厳しい理論闘争をしていた。でもキャンプでは「どーでもいーがな」と，誰でも認

---

29) 1950 年代後半には共産党の権威が低下するなか，党規約をもたない組織原理が無定形の各地のサークル運動で発生した。とくに，各々の戦争体験を掘り下げることで裏日本の連帯を模索した「山脈の会」は，FIWC に影響を与えた。

30) 1960 年安保闘争や初期東大闘争，ベ平連も個人の自発性に依拠した自由な運動であったといわれる。

める。左翼の運動は認めないちゅう運動やな，あいつは認めない，こいつは認めない。FIWC の運動はちょうどその逆ですわ。あれもこれもみんな認める。いろんな奴がおる。それでええやないかと[31]。

　キャンパーを連帯させるのは，イデオロギーの一致ではなく，肉体労働やそれが作り出す物であり，各人はそこに自らの自由で多様な思想を込めることができる（矢部 1972）。雑多なメンバーが各自の自発性に基づいて不定形な運動体を形成できたのは，ロゴスではなく，同じ釜の飯を喰って汗を流すという生活と労働の共有が培うエロス的な快感に連帯の基盤を置いていたからである。そこでは，異なる道徳を擁護する他者を排除する必要はなくなり，道徳の多元性が担保される。

　たしかに，こうした運動は，場当たりさ，無責任さ，いいかげんさと紙一重であり，「実感ベッタリ」に対する内部からの批判は常にあった。だが，定式化されたキャンプ論や組織の官僚的統制が支持されることはなかった。あくまで「いったい自分は何ものか？」，「自分が何故キャンプへわざわざ参加するのか」といった個々の内的欲求の切実さをより深く突き詰めることが重視された（樋口 1967b）。各人の抱く様々な切実な実感の間で徹底的に「対話」し続けることで，意見調整や妥協ではなく，実感の共有に基づいた「真の」大衆運動を創出することが必要だというのである（今村 1964a）。

4-2. 越えられぬ境界線を活力に

　こうした集団論は，共同生活と労働の共有を根拠に置いている。だが，ワークキャンプはあくまで数週間の非日常的な活動である。ここに生活の実感を基盤に求めながら，非日常性の中で行う活動のジレンマがある。日常生活に基礎づけられていないため，一度キャンプが終わってしまえば，あるいはキャンパーが学校を卒業してしまえば，ワークキャンプの作り出す根拠地の共同性も，束の間の幻想として消失してしまいかねない[32]。あるキャンパー

---

[31] 安本雅一氏（2013 年 5 月 25 日）にインタビュー。
[32] この課題を意識してのことか，これまで少なくないキャンパーが，大学卒業後もキャンプ地に住み込みで生活してきた。こうした実践は，キャンプという非日常性のなかで生まれた可能性を，

は，かつての仲間が，貧しくても一緒にオニギリでも食べながら人生のアカをおとせる共同体が欲しいと語っていたにもかかわらず，みな結婚して女房のオニギリを食べていると皮肉を語る（杉本 1972）。

地についた生活の場をもたぬ学生キャンパーと，スラム住民，在日コリアン，ハンセン病者といった日常のなかに問題を抱えた当事者との齟齬は，キャンプの作ろうとする共同性や根拠地の脆弱さを浮き立たせる。しかも，大学生のキャンパーは社会的強者であり，当事者との間には如何ともしがたい非対称な権力関係が横たわっている。この断絶の前では，根拠地における連帯や共同性を安易に口にすることさえはばかられる。久米（1972）は，長い間ハンセン病と闘い続けてきた「私のとしさん」の「明るさ」や「楽天性」によって，「健康の優位性によって裏打ちされた私の優しさ」が下の方から掘り崩されることを苦しく感じて，彼女にぶちまけた。

> ナンデェナンデェ楽しいんならそれでいいじゃんかさ，らいだって何だって同じじゃんかさ，こっちだってそう楽しいことばっかじゃないもんさ，にたようなもんじゃんさ，そりゃ全然分かっちゃないけど，もうしんどくなっちゃった。考えるのが。〔中略〕
> 　としさんは話つづける。「そりゃもうとてもうれしいことですよ，学生さん達が私達のために立派な家を建ててくださすったり……でもそこはやっぱり学生さんの家ですよ，学生さんのための家ですよ，らいの家じゃありません，少なくともらい者の家じゃありませんよ」
> 　そんなことは当たり前だとみんな言うだろうし，私もそう思う，藤本としさんはこれを聞いたら驚いてしまうかもしれないが，いつのまにか"私のらい"の象徴みたいになっている私のとしさんと話していると，私はいつもらいからは出発できないと思ってしまう，そこにはいつもイキドマリを予想させる[33]。私は抽象的な思考のできない女のためには苦しんだ事があっても，らいの為には苦しんだ事は一度もない。

だが，当時のキャンパーは，こうした限界や弱点を引き受けたうえで，その矛盾から運動の活力を引き出そうとした。矢部（1967）は，強者の立場に

　再び日常性のなかに根付かせていく試みとして理解できる。
33) 藤本とし氏の自伝については，藤本（1974）を参照。なお，女優の結純子氏は，藤本の自伝を舞台化して，ひとり芝居を演じ続けている。

いるというキャンパーの決定的な弱点を指摘したうえで，こう主張する。

> しかしながらキャンプは，この弱さを引きさげて傲慢にも行動しようとする集団である。この弱さをバネとする内的エネルギーの存在を問題にする集団である。〔中略〕その弱さとは，どうしようもない相違の中で僕達が感じたものであり，対象を真に理解する事は不可能であるというところに準拠する。〔中略〕僕達はあまりにも暖かそうな風の中で衝突するから，言うとすれば傲慢であり，絶望的に相手を意識する。埋まる事の出来ないだろう溝が僕達の内の痛さを感じさせる時，運動は出発するだろう。

4-3. 傷を通じて他者と繋がる

では，絶望的なまでに深い断絶から痛みを感じたキャンパーは，いかに現地の人びとと関係性を築こうとしたのだろうか。

徳永 (1972) は，「結婚」や「心中」といった比喩を用いつつ，「私」と「対象」との間に，市民的な理性ではなく，土民的な情念で緊張に満ちた対立関係を生み出し，その人に命をかけられるという自己拘束的で永続的なコミットメントを深めることで，逆に解放を目指すことを主張した[34]。彼は全国のハンセン病療養所を回り，「ライ療養所で生活していることで一番感じ，叫びたいことがあったら書いて欲しい」と言ってハガキを配った。そして1969年8月に「反戦のための万国博」で掘っ立て小屋を立て，療養所から届けられた2,000通ほどのハガキを展示した。そのなかには，「戦争はおもしろかった。戦場だけが私を〈らい〉から解放してくれた」という強烈な言葉があった。徳永はいう。「全ての理念は，強固な現実，具体の人間，特殊な事件，個的な感性によって築かれ，それを媒介にして伝達されないかぎり，きわめてもろい」。そして国家や政治を安易に持ち出さず，生活の次元における「私」と「対象」の無数の結婚を原点にし，自己拘束的な関係性を深め

---

[34]「土民」という言葉もよく使われた。今村 (1968: 6) によれば，「「土民」とは部落共同体にかかわる言葉だから，「個人」そのものではないが，「土民」の目には地上を一周するムラとムラとの連続は見えても「国家」は見えぬ。この事を重視したい。〔中略〕日本「土民」は日本国民とは必ずしも重り合わぬ。在日朝鮮人もアメリカ国籍の人間も日本「土民」たりうる。〔中略〕人間は「土民」として生れる。「国民」は架空である。「市民」は抽象的である。」

ることで,政治以前のずっと深い人間の生活につらなることができる。そうすることで,「反戦」といった理念の原型も初めて築けると主張する。

　湯浅(1964: 15)は,絶望的なほどに深い断層によって隔たれた他者と衝突し,そこから浮かび上がる自らの傷に向き合い続けることを提唱する。「ワークキャンプは,日本の暗黒に等しい部分に接点を設けて忘れ去られようとしているその状況にぶっつかり,それを自分の内部に丸ごと飲み込みながら自分の傷＝実感を通して日本の現在の意味＝現代史を探ろうとする集団」だとしたうえで,彼はこう述べる。

> 僕は,どうしようもならない理由で戦争体験者ではないと同じように,どうしようもならない理由で,スラムの人間でも在日朝鮮人でもライ患者でもないという所にたどりつかざるをえなかったようです。キャンプでは,くり返しの討論を通じてその状況主体者の立場に自己を同一化させ,状況主体者と自己との深淵を埋めることによって全員のエネルギーを組織化してきたようです。たしかにこれは素晴らしい操作だと思いますが,どうしようもならない理由でその当事者とはなりえないという最終的な,そして一番大きな断層を見つめ続けなければ,それは余りにも甘いヒューマニティックなやり方ではないかという気がしています。それよりは,当事者の生活している立場と僕の生きている立場とでたえざる衝突,葛藤を続け,他者と自己を両極に追いやりながら生かしていく方法に僕は賭けようと思います。(ibid: 15-16)

　より直接的に,「外部と接触する事で,隠されたりぼやかされたりしている心の空洞(痛み)が触発されエネルギーが生まれる。〔中略〕今必要なのはらい者と我々の対決なのだ」と主張する者さえいた(李 1966)。このように,キャンパーと現場の生活者,両者のエゴイズムの衝突から生じる関係性にこそ,運動の根源と活力があった(矢部 1972)。具体的にその人の顔を思い浮かべて人間関係の中で活動するという密着感がないと,本だけ読んでも,デモから帰っても空しかったというのである[35]。

　運動における他者性という点でも,ワークキャンプは独特である。自己確認を模索した左翼運動ではそもそも他者性が希薄であったし,沖縄や在日外国人といった問題も党派拡大の足場に利用された(小熊 2009b)。だがワーク

---

35) 湯浅進氏(2013年8月18日)にインタビュー。

キャンプでは，具体的な他者との衝突や葛藤から得た傷の苦しみの中から自己確認も模索された。また，療養所の慰問といった多くの慈善事業が自己と他者との境界線を前提としたままであったのに対して，ワークキャンプは境界線にぶちあたって苦しみながら，それを攪乱させようとした。

5 根拠地からの社会変革

5-1. 体制とも組む反体制

　ワークキャンプは，様々な困難を抱えた他者と衝突を重ねながら共に根拠地を創出し，そこから社会変革を目指した。ここでは，ワークキャンプが体制や左翼との緊張関係のなかで，どのような社会変革のヴィジョンを模索したのか検討したい。

　まず，ワークキャンプに対しては，資本主義の生み出す不平等と行政の機能不全を，国家に肩代わりしてパッチワークのようにその場しのぎ的に補完することで現状維持を助長しているのではないか，との批判が内外から寄せられた。「我々の奉仕活動はそれ自体としてみれば，体制への〈支配権力〉奉仕に他ならぬのであって，従って根本的社会改革の道とは背反する」（樋口1966）というのである。

　もっとも，ワークキャンプはあえて体制と組むことも否定しなかったし，あくまでも現場の小状況にこだわり続けることを存在意義とした。たとえば柴地（1962）は，ワークキャンプとは，「ヒューマニズム（人間尊重）の原理にたち社会的矛盾の凝縮化されている場所（地域）で労働の提供を通じて，社会を変革する社会運動」であるとしたうえで，「体制側にハーフステップを置きながら，小さな部分（状況）を絶えず変革，凝視する中で，全体として民主主義陣営の後衛となるであろう」と主張している。体制を否定して革命を目指す前衛が流行した時代に，あえて体制とも組んで民主主義を守る後衛を自称したのである。

　他方で，貧困地区で救貧事業を展開した学生セツルメントが，福祉機能を

十全に果たせぬ行政の補完で留まっているのに対して，ワークキャンプは行政を補完しつつも，既存の権力構造を揺るがす反権力性を有しているという自負心もあった。高度経済成長を背景に，人間が自律性を失って「国家福祉」に飼い慣らされていくなか，ワークキャンプは人間の生を国家から奪い返し，自律的な共同性のなかで支え合う「社会福祉」を促進しうるというのである。たとえば矢部（1972）は，社会的弱者と呼ばれる人々との共同生活によって，反権力の視点で根拠地の土着的思想を練り上げ，国家保障ではなく，相互扶助に基づく社会福祉を創出することで，体制内奉仕活動から脱却し反政治的自発運動集団として甦ることができると主張する。また別のキャンパーは，「国家がやるはずのことをやらないから，国家に頼らんで自分たちでやってしまって，はっと気がついたら国家も手をだせないようなものを作ってしまう」，「生産手段を，マルクス主義的にいえば下部構造を奪取する」といった一種の「二重権力論」の構想があったと語る[36]。

ワークキャンプは，社会変革を企図して根拠地を形成するにあたって，体制とだけではなく反体制とも協働した。交流の家の建設運動が体制との協働だったならば，砂川反基地闘争は新左翼など反体制との協働だった（矢部 1972）。砂川闘争が展開された立川では，ムロと呼ばれる地中室での独活の栽培が盛んであった。LBFのキャンパー埴谷は，独活のムロと自ら掘った塹壕を重ね合わせ，いくら切っても新芽を再生させる独活の如く，地中の根拠地からの体制打破を訴えた（埴谷 1972）。

> 権力者の判断，あるいは，体制順応モラリストの判断によって異端視された人々の復権と，反撃を，いずこの地点かで為さねばならない。そのための物心両面にわたるエネルギーの供給源であり，志を通じあい，その地点自体が，お互いの存在を認めあう具体的な場を，我々は根拠地と呼ぶ[37]。

5-2. ユートピアからの意味創出

　根拠地からの社会変革というヴィジョンには，国家権力と資本主義体制を

---

36) 樋口邦彦氏（2013年8月15日）にインタビュー。
37) 矢部（1972: 28）から，LBFの「ワークキャンプ運動第3期の課題」を引用。

侵食し，支配─被支配という暴力関係のない共同性を底辺から創出しようとする一種のユートピア思想があった。資本主義は不平等を再生産し続け，近代国家は人間社会を区画化して分断的に統治してきた。国家権力の奪取と生産様式の転換を目指した左翼運動も，ワークキャンプの立場からすれば，結局は別の支配─被支配関係を導入しているように思われた。

こうした認識のもと，ワークキャンプはマルクス主義のそれとは異なる方向性で，「無階級水平的共和社会」としてのユートピアを探求した（柴地 1969; 1976）。そのユートピア構想は，谷川や鶴見の思想に影響を受けつつ，戦後の様々なサークル運動，大倭紫陽花邑，心境部落，ヤマギシ会，一灯園など，実在する共同体への関心に基づいていた。ユートピアとは，目の前に人がいて，共に「おむすび」でも食べながら一服するといったイメージである。この「おむすび」には，多様な人びとが出会い，結びつくという意味が込められている。「交流の家(むすび)」という名付けにも，こうしたユートピア思想が反映されている。

根拠地というワークキャンプのユートピア思想は，マイノリティの対抗的公共圏と似ているところもある。対抗的公共圏とは，周縁化され傷つき生き苦しさや不安を抱く者たちが，避難して傷を癒すと同時に，対抗的なアイディアと権利の言葉を練り直し，支配的な権力構造を変革しようと再出撃していく拠点である（N. フレイザー1992＝1999）。だが，そこでは同様の問題を抱えた当事者が集うのに対して，根拠地では全く異なる経験と価値を有し，通常では親密に接触することのない当事者と非当事者が邂逅し，反目と緊張を孕んだ新たな共同性を紡ぎだすことが企図される。

ワークキャンプは，たとえば「学生／スラム居住者」「日本人／在日コリアン」「健常者／障がい者」といった形で区画化された境界線を侵食し，根拠地で新たな共同性を築こうとした。E. ラクラウと C. ムフ（1985＝2000）的に言うならば，ワークキャンプとは，いわば労働と共同生活を媒介にした土民的な実感に基づいて，生産様式，民族・エスニシティ，国籍，病いなどの境界線によって断片化された人びととの間に等価性を再発見し，変革の可能性を担う「私たち」という新たな政治的主体を構築しようとするヘゲモニー的実

践である[38]。それは，人びとを分断し苦しみを与える既存の支配的な意味の構造に対して，根拠地の中から新たな意味と連帯を創出しようとする実践である。この目的のために，学生を中心とする非当事者が，様々な問題を抱えた当事者に対して，多少強引にでも壁をこじ開けて関与し，衝突し，傷つけ合いながら緊張を孕んだ親密な関係を築こうと試みたのであった。

5-3. 自己を撃ち社会を変える

　根拠地で作られる「私たち」とは，きわめて深い断絶と矛盾を内包し，単一の分かりやすい主体へとは決して還元されない苦渋に満ちた存在である。むしろ，分かりやすく安住のできる主体を構築しようとするのではなく，抱え込んだ矛盾でもって自らを撃ち続け，居心地の悪い非決定の中に身を置き続けるという自虐的な行為を継続することが，この新たな「私たち」の存在条件だといえよう。

　当時のワークキャンプでは，「内なるライ」「内なる差別」といった言葉が頻繁に用いられ，「「朝鮮人」はむしろ「日本人」の中に，「ライ」はむしろ「健常者」の中にあるのだ」（今村 1964a）と主張された。これは，自身の潜在意識に深く入り込んだ差別と偏見がいかに支配の歯車として役立っているのかを再発見し，批判することが必要だ（矢部 1972）という認識の反映である。内なる差別がいかに支配を生み出すのかを暴露しようとする行為は，個人と社会ふたつのレベルで必要だと構想された。荏開津（1972: 14）によれば，交流の家（むすび）を「らい園」の中ではなく，奈良で建設して反対運動が生じたことで，「らいの問題はらい園の外にある」という視座を確立できたと主張する。それまで現場とされてきた所の外部に運動の場を作り出すことで，権力によって隠されていた社会の内なる差別を炙り出したことにこそ意味があるというのである。

　もっとも，この時代には「内なるベトナム」に代表されるように，「内なる○○」といった言葉が流行した。小熊（2009）は，そのことを，ベトナム

---

[38] この意味でワークキャンプは，ポスト・マルクス主義の思想を 1960 年代から先取りして実践してきたといえる。

反戦運動や学生闘争が政治闘争の装いをしながらも、結局は自己完結的なアイデンティティの模索にすぎなかったことの証左として挙げる。だが、ワークキャンプでは「内なる○○」を炙り出し続けることによって、絶望的なまでに深い分断と断絶を睨みつつ、衝突と傷の実感を通じて他者との間に繋争点を作り出そうとした。その意味で、アイデンティティの模索は必ずしも自己完結的でなく、より新たな政治的主体の可能性へと開かれていた。

　労働と生活を通じた他者との連帯感と、根拠地の中で仲間を得たという感覚は、不安定な自我に承認を与えるものであり、「現代的不幸」を抱えた者にとって心地良い。しかし、キャンパーと当事者の共同性は、決して構築しきれぬ非決定性に特徴がある。断絶が深い分だけ、たった少しの境界侵犯でさえもしばしば完全な越境に感じられてしまうとはいえ、境界線は残酷なまでに現存し続ける。ワークキャンプの堕落は、キャンパーが他者との感動的な出会いや労働の快感といった実感によって思考停止に陥り、自らが他者の苦境に加担しているという事実への内省と苦渋を忘れた時に始まる。キャンパーが自己と他者の非対照な権力関係を忘却し、根拠地の共同性に埋没すると、ワークキャンプは自己完結的な自慰でしかなくなる。こうした堕落はワークキャンプの歴史において常態的に存在してきた。

　白石（1964: 5）は、キャンパーが自身の「実感ベッタリ」に留まり、自己完結してしまう状況を次のように警告している。

> 本の上だけで思想を受けとるという仕方に対する強力なアンチテーゼである所の現実の中に自己を投入し、そこから得た体験、実感によって、自己の思想を形成するという方法が、単に体験の枠の中に封じ込められ、思想にまで昇華されず、従って他との真の対話が生まれないので、実は安易な形で自己完結してしまう。そこでは、大状況への視覚が生まれないと同時に、小状況も浅くしかとらえ得ない。

6　ワークキャンプの現代的意義

　1960年から70年代初頭にかけて、ワークキャンプは、生き苦しさを抱え

「現代的不幸」に悩んだ若者と，貧困，障がい，病いといった「近代的不幸」を背負った者たちが邂逅する根拠地を生み出した。そこでキャンパーは，他者との関わりのなかで自己確認を求めながらも，他者と親密な関係を築こうとしては断絶にぶち当たり，衝突し，葛藤と矛盾のなかで得た痛みと傷を現状変革のための力に変えていこうとした。この運動は，生活と労働を介して異なる他者との間に新たな共同性と政治的主体を打ち立て，具体的な成果の獲得を目指した点で，他者性なき自己確認運動に終始してしまった当時の左翼運動よりも広い射程を持っていた。

もちろん，この活動に様々な限界や課題があったことは既に指摘したとおりである。だが，ワークキャンプという実践は，生き苦しさを抱えた個人の営為が，自己や他者への破壊的行為をもたらしたり，閉ざされた自己完結的な共同性に終始するのでもなく，様々な問題に苦しむ他者との間に等価性を築き，人びとに苦しみを与える構造に対して批判的な介入する新たな「私たち」の創出へと向かう回路を垣間見せてくれる。私は，その点を改めて評価したい。

今日，社会の断片化がいっそうすすみ，生き苦しさや孤独感といった私たちの抱える現代的不幸はいっそう深まっているように思う。毎日のように繰り返される人身事故，社会へのルサンチマンを理由にした通り魔，孤独死などのニュースに，私たちの感性はもはや麻痺しつつある。同時に，近代的不幸も依然として私たちを苦しめ続けている。新自由主義のもと，貧困が再び深刻な問題になりつつあるし，障がいや病いに対する福祉も「自立」の名のもと削減が進められている。しかも，進歩主義的な社会運動の掲げる正義は「サヨク的」なるものとして否定され，排外主義ばかりが意気軒昂に叫び声をあげている。こうした現状のなか，あえて正義を訴えず，異なる他者との関係を模索し続け，いわば不幸と不幸の出会いから現状変革のエネルギーを生み出そうとするワークキャンプには，今日の社会運動を構想する際に多くの示唆が宿っているように思われる。

第 2 章 「根拠地」へと下降する

• 参考文献 •

阿木幸男（1999）「ライフワークとしてのボランティア ── 三十年間のボランティア実践を通じて考えること」『ボランティア・パワーの行方 ── 反省的ボランティア論』はる書房．

東潔（2006）『希望ともる家 ── 未開の障害者福祉に光を与えた萬代房子』アートヴィレッジ．

朝日新聞（2012）「ヒロシマの家 新たな役割」（2012 年 11 月 1 日）．

Anet, Daniel (1969) *Pierre Ceresole: La Passion de la Paix*, Neuchâtel, A la Baconnière. ＝アネット，ダニエル（1981）『スイスの良心 ピエール・セレゾール ── 平和への闘いの生涯』髙良とみ（訳），アポロン社．

小熊英二（2009a）『1968（上）── 若者たちの叛乱とその背景』新曜社．

─── （2009b）『1968（下）── 叛乱の終焉とその遺産』新曜社．

川村浩之（1995）「ワークキャンプの始まり ── 1953 年～1962 年」『FIWC 関西 ── 35 年の歩み』FIWC 関西委員会．

今村忠生（1960）「FIWC はいづこへ行くべきか」『もっこ』（1960 年 10 月 1 日）10 頁．

─── （1963）「関西委員会だより」『しゃべる』復刊 1 号：32-37 頁．

─── （1964a）「もうひとつの学生運動 ── フレンズ国際ワークキャンプ」『思想の科学』2 月号：40-46 頁．

─── （1964b）「クェーカーと労働キャンプ」『しゃべる』復刊 2 号：16-20 頁．

─── （1968a）「FIWC 関西の「慣習法」」，FIWC 関西委員会．

─── （1968b）「「らい」は聴けない！──〈「らい」を聴く夕べという構想に反対する〉『ライをきく夕べ 68』．

荏開津喜生（1972）「現場主義からの脱却 ── 労働キャンプ運動の視点」『しゃべる』復刊 3 号：8-18 頁．

大津光男（2009）「ワークキャンプの沿革と FIWC」『ワークキャンプ ── ボランティアの源流』西尾雄志（編），早稲田大学平山郁夫ボランティアセンター：7-16 頁．

木村聖哉・鶴見俊輔（1997）『「交流の家」物語 ── ワークキャンプに賭けた青春群像』岩波書店．

久米栄子（1972）「私の"らい"」『しゃべる』復刊 3 号：51-52 頁．

近藤宏一（2010）『闇を光に ── ハンセン病を生きて』みすず書房．

柴地則之（1962）「これからのワークキャンプ」『光明寺ディスカッションキャンプ基調報告』：3-4 頁．

─── （1963）「実感への郷愁」『しゃべる』復刊 1 号：3-5 頁．

─── （1969）「幻の世界への回帰」『思想の科学』9 月号：54-55 頁．

─── （1971）「谷川雁論」『思想の科学』2 月増大号：57-62 頁．

─── （1976）「「妣が国」共同体を求めて」『思想の科学』5 月増大号：130-139 頁．

シュモーさんの「ヒロシマの家」を語りつぐ会（2014）『ヒロシマの家 ── フロイ

ド・シュモーと仲間たち』シュモーさんの「ヒロシマの家」を語りつぐ会.
白石芳弘 (1963)「ワークキャンプ試論 ── その 1」『しゃべる』復刊 1 号：5-9 頁.
杉本順一 (1972)「幻のオニギリ」『しゃべる』復刊 3 号：47-48 頁.
鈴木重雄 (1964)「FIWC 関西の「ライ回復者のための宿泊所」建設運動について」『愛生』10 月号. / 田中文雄 (2005)『失われた歳月』(下) 皓星社に再録.
関　隆晴 (1972)「キャンプ原論序説」『しゃべる』復刊 3 号：47-48 頁.
谷川　雁 (1954)「原点が存在する」『母音』3 期 1 号，母音社 /『谷川雁セレクション II ── 原点の幻視者』(2009) 岩崎稔・米谷匡史 (編)，日本経済評論社に再録.
────── (1958)「工作者の死体に萌えるもの」『文学』6 月号，岩波書店 /『谷川雁セレクション I ── 工作者の論理と背理』(2009) 岩崎稔・米谷匡史 (編)，日本経済評論社に再録.
────── (1961)「民主集中制の対極を」『日本図書新聞』(1961 年 11 月 27 日) /『谷川雁セレクション II ── 原点の幻視者』(2009) 岩崎稔・米谷匡史 (編)，日本経済評論社に再録.
鶴見俊輔 (1962)「ドグラ・マグラの世界」『思想の科学』10 月号：20-27 頁.
────── (1964)「根拠地を創ろう」『思想の科学』2 月号：2-3 頁.
────── (1972)「戦後思想史における根拠地の思想」『しゃべる』復刊 3 号：89-101 頁.
特定非営利活動法人むすびの家，フレンズ国際労働キャンプ (FIWC) 関西委員会 (2014)『交流の家運動 50 年史 ── 第 1 巻 (1963 年 6 月〜1973 年 6 月)』大倭印刷株式会社.
徳永　進 (1972)「『反戦のための万博博』総括 ── ワークキャンプ方法論序説」『しゃべる』復刊 3 号：4-7 頁.
長沢俊夫 (1967)「7 月 30 日雑感 ──「交流の家」竣工の日に思う」『一輪車 ── 1967 年ロングキャンプ感想文』39-49 頁.
埴谷安弘 (1972)「『復活節 ── 闘いは既に勝利している』── ラザロ解放共同体形成をめざして」『しゃべる』復刊 3 号：87-88 頁.
樋口邦彦 (1966)「ワークキャンプ原理試論」『夏季ワークキャンプだより』.
────── (1967a)「評論のすすめと若干のキャンプ評論」『1967 年春季ロングキャンプ感想文集』1-7 頁.
────── (1967b)「討論の重要点」『1967 年 FIWC 代表者会議報告書』.
平山　久 (1966)「イブの会」『思想の科学』7 月号：86-90 頁.
FIWC 関西委員会ハ氏病実態調査班 (1964)『社会復帰 ── アンケート結果報告』.
Fraser, Nancy (1992) Rethinking the Public Sphere: A Contribution to the Critique of Actual Existing Democracy, in *Habermas and the Public Sphere*, Craig Calhoun (ed.), Cambridge, Mass: London: The MIT Press. ＝キャルホーン・クレイグ編，山本啓・新田滋訳 (1999)「公共圏の再考 ── 既存の民主主義批判のために」『ハーバーマスと公共圏』未来社.

藤本とし（1974）『地面の底がぬけたんです』思想の科学者.
山上憲一（1968）「私は，そして私がライを聴いたのです」『ライをきく夕べ 68』.
矢部　顕（1967）「絶対多数」『春のロングキャンプのお知らせ』.
───（1968）「深く不動の場所を」『1968 年夏ロングキャンプ感想文集』4-8 頁.
───（1972）「合作の思想覚え書 ── 労働キャンプの方法」『しゃべる』復刊 3 号：19-32 頁.
柳川義雄（1999）「ワークキャンプという方法」『ボランティア・パワーの行方 ── 反省的ボランティア論』はる書房.
湯浅　進（1964）「ワークキャンプを通しての自己対話 ── 鏡の中の貴方へ」『しゃべる』復刊第 2 号：15-16 頁.
Laclau, Ernesto; and Chantal Mouffe (1985) *Hegemony and Socialist Strategy: Towards a Radical Democratic Politics*, London: Velso. ＝山崎カヲル・石澤武訳（2000）『ポスト・マルクス主義と政治 ── 根源的民主主義のために』大村書店.
李　在完（1966）「持続のエネルギーを考える」『1966 年 11 月週末キャンプ感想文』.

第3章 ワークキャンプの「名づけの力」
── 中国キャンプの親密圏が秘める可能性[1)]

西尾雄志

1　公私問題の視点から捉えるハンセン病問題

　社会運動が果たす役割は，埋もれていた社会問題に光をあて，それを一般社会に認知させると同時に，政治課題として政治的な公共圏の俎上に乗せ，事態の改善をはかることにあると説明できよう。日本におけるハンセン病問題も，とくに1990年代から2000年代はこのシナリオに近いかたちで展開され，大きな成果を上げた。具体的には，1996年のらい予防法廃止，2001年におけるハンセン病違憲国家賠償訴訟などが，それに該当しよう。つまり日本のハンセン病問題は，社会運動が展開され，政治的公共圏の俎上にのせられることで大きく進展した。

　しかしながら意外な，と言えば意外な方向から，当然，と言えば当然の結果としてある事件が起きた。2003年におきたハンセン病快復者に対する温泉ホテル宿泊拒否事件である。ホテル側の拒否の理由は「他のお客さんに迷惑をかけるから」というものであった。しかし第二章でも述べられている通り，この種の事件は過去にも起きている。しかし2003年の事件が特異な点は，

---

1) 本章は，西尾（2009, 2014）の内容をもとに，本書のテーマであるワークキャンプにおける承認欲求のもつ社会変革，とくに「公と私の円環」にそって，まとめなおしたものである。よって，参照するデータや参照する概念に関する説明などは，一部重複している部分があることを申し添える。

ハンセン病療養所には快復者に対して多くの批判文書が寄せられた点であろう。これらの手紙を見ることで，現代社会に根強く残るハンセン病に対する忌避感情を垣間見ることができる。

　これらの出来事が示しているのは，ハンセン病問題 —— 具体的に言えば，ハンセン病快復者の人権の問題 —— が，社会運動によって政治的公共圏の俎上に載せられ，法の廃止など制度面で一定の前進を見せたにもかかわらず，親密圏に近い領域，つまり入浴する，「仕事の疲れを癒す場」においては，なんら進展がなかったことである。別の観点からいえば，公共圏においては，ハンセン病問題，つまりハンセン病者の人権を尊重することに賛同しつつも，それが自らの親密圏に近い領域に入ってくることに対しては，徹底的な忌避感情があることをこの事件は示している（西尾 2014）。

　本章はこのような問題を検討するにあたり，ハンセン病の「脱」神話化に関する分析（西尾 2014）を踏まえ，本書のテーマである「承認欲望の社会変革」の観点から，ワークキャンプの可能性をいかに広げていくかを検討する。その際，「名づけの力」「文化コード」（メルッチ），「知覚される仕方」（クロスリー）をキーワードとして，とくに「親密圏」に関わる点を中心に検討する。より具体的に述べるなら本章では，「宿泊拒否事件」そのものを避けるシナリオをも視野に入れ，「公と私の円環」の具体的なあり方を考察する。同時に今日のハンセン病問題，とくにそれに関わる運動が現在どの地点に立たされているのかを提示し，それを踏まえた上で，ワークキャンプに課されている課題を新たに提示することが本章の目的である。

② 2　ハンセン病問題

2-1．ハンセン病概略

　本章においては，親密圏を基盤とするワークキャンプがもつ非物質的な力，メッセージ的性格のもつ力に関してハンセン病問題を事例にして検討する。それと同時に，第一章で述べた「公と私の円環」に関して，より具体的

に考察する。そのためにはまず、ハンセン病に関する基本的知識を確認し、その問題整理をする必要があろう。

ハンセン病とは、かつて「らい病」と呼ばれた病気で、厳しい社会的差別にさらされてきた。ハンセン病を医学的に説明すると次のようになる。ハンセン病とは、細菌による慢性の感染症（慢性細菌感染症）のひとつである。この慢性細菌感染症の場合、「菌の感染が起きても、発病にいたらず、体内で共生状態になることも少なくない」。またハンセン病を引き起こす「らい菌はきわめて病原性が弱いために、例え菌が感染しても正常な免疫応答能がある人では共生状態にとどまり、発病することはない」し、また「現在の日本ではほとんどの人がハンセン病に対して十分な抵抗力をもっており、例え菌が感染しても発病することはまず考えられない」（和泉 2005: 37, 38, 94）。またハンセン病にかかると、不可避に手足や顔に外傷が出るようなイメージがあるが、これは誤解である。現在は、世界保健機関（WHO）が推奨する多剤併用療法（MDT）により、「らい菌」は数日で感染力を失い、早期に治療すればハンセン病は後遺症をまったく残すことなく完治する。

ハンセン病を医学の見地から簡略に説明すると以上のようになるが、ハンセン病の場合、それにとどまらない多岐にわたる側面がある。日本ではハンセン病に対して、絶対隔離政策が国家政策として実施されたが、その根拠となったのは、「らい予防法」だった。この法律は、医学的根拠を失った後も、1996年まで存続した。法律の廃止後の2001年、国が行なってきたハンセン病強制隔離政策の是非が裁判で争われ（ハンセン病違憲国家賠償訴訟）、判決では、国のハンセン病政策の誤りが認められることになる。

ここまででも分かるとおり、ハンセン病問題とは日本において、単に医学の問題ではなく、「らい予防法」という法律の問題であり、絶対隔離政策という国家政策の問題でもあった。

医学の問題としては、治療法が確立されていることからも分かるとおり、ひとつの区切りをみることができる。法律や国家政策に関しては、社会運動によって政治的公共圏の俎上にあげられることで、らい予防法廃止や国賠訴訟などで大きな成果を残した。しかしここにきてもなおハンセン病問題は、終わりの見えない問題をはらんでいる。

お願いです。現実を考えて行動してください。もし，あなた達のような方々が，お風呂に入ってきたら正直おどろきをかくしきれません。みっともない行動はやめてください。

　貴殿が「温泉は人の心と体をいやす場所」と言うようにもしあなた達が一緒にお風呂に入ったり，廊下ですれちがいざまに会うとぞっとします。ゴメンナサイ。

　君等の人権を理論的には認めることができる。だが私の自己防衛本能は君等を忌避する。

　ハンセン病の人を差別してはいけないのは山ほどわかりますが，一緒の風呂には入りたいとは思えないのです。

　ハンセン病のことは少しはわかります。入所者の人達は完治して感染はしないということ。外見にいろいろな後遺症が残っている人がいること。一般的にこれぐらいのことはよくわかっています。ところがです。外見に後遺症が残っているような人達のことはいい気持ちはしないのです。

　私も聞かれたらそう言うよ。「なんて人権を無視した対応なんでしょうね」って。でも本音はそうじゃない！　きれい事だけでは生きていけない。もう，集団で風呂に入ろうなんて考えるな！

　これらの文章は，冒頭で述べたホテル宿泊拒否事件に際し，熊本にあるハンセン病療養所に送られてきたものである（菊池恵楓園 2004: 32, 44, 82, 92, 173, 190）。既述の通りこの事件に対し，多くの批判文書が療養所に送られることになる[2]。先にあげた文書は，そのなかの一部である。つまり今日，ハンセン病問題は，医学問題として大きく前進した。また法律の問題・国家政策などの面でも，政治的公共圏においても大きな進展が見られた。しかし「心と体をいやす」温泉に入るという親密圏に近い領域ではまったく何も進展がない，ということになるだろう。ここにこそ親密圏の位相からハンセン病問題をとらえる大きな意義があると言えるだろう。

---

[2] この批判文書に対する社会学的分析に関しては，蘭（2005），好井（2006），西尾（2014）参照。

第3章　ワークキャンプの「名づけの力」

写真3-1　ハンセン病村までの道のり。トンネルの向こうにハンセン病村がある

2-2. 中国のハンセン病

　中国のハンセン病快復村でのワークキャンプを紹介する前に，中国のハンセン病事情を概観しておきたい。中国においてハンセン病患者に対して本格的な隔離が開始されたのは，1950年代後半から1960年代初頭にかけてとされ，中国全土に800か所近い隔離村がつくられ，ここに患者は隔離収容された（国立ハンセン病資料館 2014）。

　2004年の調査によれば，中国には605箇所のハンセン病病院もしくはハンセン病村があり（内，省立18箇所，県立58箇所，村落レベル立529箇所），そこに暮らす人の数は，1万8,730人である。また推定される療養所外での快復者数は，1,300人であるという。中国のハンセン病病院，もしくはハンセン村に暮らす人のうち，治療中のハンセン病患者数は，555名であり，こ

81

れ以外の 1 万 8,175 名はハンセン病は治癒している（Liu 2007; 西尾 2009, 2014）。

　以下，ハンセン病を治癒した人を便宜上，ハンセン病快復者と表記するが，これらの人びとは，ハンセン病が治癒した後も，ハンセン病に対する社会的な偏見や差別から，社会復帰を遂げることができず，ハンセン病村にとどまらざるを得なかった人びと，ないしは病歴を隠し社会復帰をした人びとである。また「ハンセン病快復村」とは多少耳慣れない言葉であるが，この名称にはかつての中国の多くのハンセン病病院が，ハンセン病患者がハンセン病を治癒することで，ハンセン病治療という目的を失い，医療機能をなくしていった結果，医療設備のない単なる農村になっていったことが背景にあると推察される。またこれらハンセン病快復村の多くは，その建設当初，患者の逃走防止を目的に，交通アクセスの悪いところに作られたものが多く，人里はなれた山の中に立地するハンセン病快復村も少なくない。

　現在の日本と異なるのは，これら中国のハンセン病病院ないしはハンセン病村に，ハンセン病患者，快復者だけでなく，その子どもや配偶者，親族なども同居しているケースもあり，子どもの総数は先にあげた調査によれば，3,301 名，配偶者，親族の数は 2,071 名であるという。

　中国は WHO（世界保健機関）の推奨する MDT（多剤併用療法）を採用したのは，1981 年であり，その後の 1998 年中国政府はハンセン病を制圧したことを正式表明する[3]（国立ハンセン病資料館 2014）。

　しかしながら現在においても中国では，ハンセン病に対する一般的な関心は低く，ほとんどの人はハンセン病を知らないか，「たとえ知っても，迷信に他ならない何十年前のイメージがよみがえるだけで，忌避する」のが現状であるという（山口 2005; 西尾 2009, 2014）[4]。象徴的なのは，北京オリンピック開催時に北京オリンピック委員会が，オリンピック開催期間中のハンセン病患者の入国を禁止する宣言をしたことであろう。これは医学的根拠もなく，

---

[3]　WHO は，人口 100 万人以上の国で，罹患率が人口 1 万人あたり 1 人以上で，患者登録数が 5,000 人以上，あるいは一年の新患者登録数が 2,000 人以上の国を，ハンセン病未制圧国と定めている。

[4]　日本同様，中国にもハンセン病に対するさまざまな迷信がある。これに関しては，犀川一夫（1998）ほか参照。

第3章　ワークキャンプの「名づけの力」

諸外国からの批判を浴びたことからその後撤回されるが，中国におけるハンセン病の認知の低さを物語るものであろう。また，毎日新聞上海支局隅俊之による中国ハンセン病快復者に対する取材をみると，中国のハンセン病快復者がおかれている状況を垣間見ることができる（毎日新聞 2014）。

　　同自治区〔広西チワン族自治区：引用者〕で出会った呉頂貴さん (65) は 19 歳で隔離された。家族との連絡は途絶え，両親が亡くなったことも知らされなかった。今も妹がどこにいるのか分からない。当時，感染力についての間違った認識があったにせよ，自分が社会だけでなく，家族からも切り捨てられたと認めることがどれだけつらいか。家族に話が及ぶと「もうやめましょう」と口をつぐんだ。

中国のハンセン病快復者のおかれた状況を端的に伝える記事といえよう。このような現状の中，中国のハンセン病快復村でのワークキャンプは，2001年に日本と韓国の学生らによって開始された。当初，中国人の学生の参加は皆無であったが，NGO「家-JIA」（以下，JIAと表記）が設立されたのを機に，中国人のワークキャンプ参加学生の数は右肩上がりに上昇し，2012年には参加者総数約2,000名の内，9割以上が中国人学生となった。また活動地域は，中国華南五省（広東省，広西チワン族自治区，海南省，湖南省，湖北省）におよぶ（原田 2010）。この規模は，ロックフェラー・ブラザーズファンドの中国華南地方担当のプログラムディレクターによれば，「中国NGOのなかでも有数の規模」であるという。

筆者は，2010年に，このワークキャンプ活動の影響調査を行った際，ハンセン病快復村周辺住人，ワークキャンプ参加中国人学生，ワークキャンプ関連職業従事者（建築業者，バイクタクシードライバー，食品小売業者など）らに聞き取り調査を行った。その調査では，山口 (2005) が指摘するとおり，ワークキャンプ開始以前，彼らの間ではハンセン病に関する知識はほとんどなかった（西尾 2010b）。また，中国から日本に留学している学生や日本で研究している中国人の研究者にハンセン病に関して話してみても，自国にそのような村が存在することを知っていた人は皆無であった。

ちなみに承認論を展開するドイツの社会哲学者のアクセル・ホネットは，

写真 3-2　ハンセン病快復者の家の壁。キャンプが増えるだけ，写真も増える

社会運動をめぐる議論が，政治的公共圏において「社会運動」として認知されたものに限定されている点を指摘する。つまりその背後には，いまだ政治的公共圏で社会運動として認知されないものが数多く存在しているはずであり，認知された社会運動にのみ注目していては，その背後にある多くの社会問題を看過しかねないと批判する。ホネットは，政治的公共圏において認知されていないコンフリクトも，また暴力的で攻撃的な抵抗も，承認をめぐる闘争の一形態であり，それらを含め「社会闘争（social struggle）」の概念をあてている（Honneth and Fraser 2003 = 2012: 127-131）。不承認に対する暴力的で攻撃的な抵抗はさておき，適切なことばを与えられず，政治的公共圏で認知される以前の，換言すれば社会運動として認知される以前のさまざまな不承認の問題にまなざしを向けているホネットの態度が注目される。

　中国のハンセン病快復者のおかれている状況は，ホネットの言葉でいえば，社会運動の段階ではなく，「社会闘争」の段階だったと言えよう。そしてワークキャンプの開始により，中国におけるハンセン病問題が，社会闘争の次元から，社会運動の次元へと展開する可能性が開かれてきたと考えることもできるだろう（西尾 2009）。その点も踏まえつつ，ハンセン病問題に関して，

第 3 章　ワークキャンプの「名づけの力」

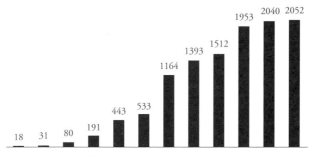

表 3-1　中国ハンセン病回復村ワークキャンプ参加者数の推移
「FIWC 関東中国キャンプ 10 周年」記念シンポジウムにおける原田燎太郎講演『回顧・十年 —— ハンセン病がつなぐ中国と日本』(2012 年 12 月 2 日) 資料より転載 (西尾 2014)

医療人類学的な知見から整理をしつつ，ワークキャンプがもたらしうる可能性に関して検討していこう。

3　「病い」の社会的構築

3-1. アーサー・クラインマンの概念によるハンセン病問題の整理

　冒頭にてハンセン病問題に関して，医学問題，法律の問題，国家政策の問題，差別と偏見という社会問題の観点から整理した。医療人類学者の A. クラインマンも類似した観点から次のように 3 つの視点 —— 病い (illness)，疾患 (disease)，病気 (sickness) —— から整理している (Kleinman 1988＝1996; 西尾 2009, 2014)。

　「病い (illness)」とは，「病者やその家族メンバーや，あるいはより広い社会的ネットワークの人々が，どのように症状や能力低下 (disability) を認識し，それとともに生活し，それらに反応するかということを示すもの」であるという。

　これに対し「疾患 (disease)」とは，「治療者の側から見た問題」であり，病気 (sickness) とは，「マクロ社会的 (経済的，政治的，制度的) な影響力と関

85

係において，ある母集団全体にわたってあてはまるという包括的意味において障害を理解すること」であるという（Kleinman 1988＝1996: 4-7）。別の観点からいえば，疾患（disease）が，生物・医学的理解であるのに対し，病い（illness）は，ライフヒストリー的な社会学的理解であるといえるだろう。また，病気（sickness）は，社会科学的な理解であるといえよう。

　これら3つの意味は相互に影響をもちつつ，それと同時にそれぞれがある一定の自律性を保ちながら成立している。また，これらの意味は時代によって変遷していく。つまりハンセン病を例としてこの3つの時代的変遷を考えるならば，かつて「病い」としてのハンセン病とは，それを病んだ人にとって「地面の底がぬける」（藤本1974）ほどの衝撃をもたらしうるものであり，その家族にとっては，その事実をひたすら隠さなければならないものであり，社会においては徹底的に排除すべきものであった。

　その一方，かつて有効な治療法が確立する以前のハンセン病を「疾患」として説明するならば，それは不治の病いであった。また，政府がハンセン病に対して終生絶対隔離政策をとっていた時代において，「病気」としてのハンセン病が意味したのは，終生絶対隔離政策の対象であった。

　しかしこれらの意味は，時代の変遷により，根本的な変容を遂げた。まず，「疾患」としてのハンセン病とは，治療法の確立によって不治のものではなくなり，世界保健機関（WHO）の推奨する多剤併用療法（MDT－Multi Drug Therapy）によって完治するものとなった。さらにハンセン病を「病気」として主に制度面から説明するなら，「らい」予防法廃止，ハンセン病違憲国家賠償訴訟を経て，それは隔離ではなく通院治療で治癒するものに変わった[5]。既述の通りここでは，当事者をはじめ支援者たちによる社会運動が大きな役割を果たした。

　このクラインマンの3つの分類にしたがってハンセン病問題を考えてみた場合，時代の変遷，医学の進歩などにともない，「疾患」ないしは「病気」

---

5)　日本においてハンセン病の新規患者がほとんどいない中で，隔離ではなく通院治療となったことは，現実的にはとくに意味はない。ハンセン病に対する国の対応が遅すぎたことのひとつの象徴であるともいえる。なお，クラインマンの整理とハンセン病問題との関連は，蘭（2004）のなかで明瞭に整理されており，本書執筆に際してもこれにならった。

としてのハンセン病のもつ意味は根本的に変容を遂げたといえよう。その一方冒頭で述べた宿泊拒否事件を思い起こすなら，「病い」としてのハンセン病，つまり社会におけるハンセン病の意味の変容が，今日的課題として問われなければならないだろう。以下本章では，「疾患」，つまり医者にとってのハンセン病ではなく，また「病気」，つまり制度的な意味合いでのハンセン病でもなく，社会的な意味，つまり「病い」としてのハンセン病に焦点を絞り，親密性の概念を参照しながら検討していきたい。

3-2. ハンセン病の表象

　クラインマンが「病い」の概念で示そうとしている内容は，換言すれば，「疾患」の社会的表象と言ってよかろう。ハンセン病は常に，社会の中でネガティヴなもののシンボルとして表象されてきた。たとえばクラインマンの言うところの「疾患」に対し，社会学的・人類学的アプローチの重要性を強調する C. エルズリッシュと J. ピエレは，ハンセン病に関して「蝕むものの象徴として現代語でも使われている」と指摘する。(Herzlich/Pierret 1991 = 1992: 21)。さらに数ある疾患のなかでも，ハンセン病はとくに，強烈なインパクトを人びとに与えていることを彼女らは指摘する。彼女らは次のように言う（Herzlich/Pierret 1991 = 1992: 73）。

> 〔ハンセン病は：引用者〕フランス文化においてペストやコレラほど重要な役割を演じていないのに，個人の意識，あるいは個人の幻想のなかでは，いまだにかなり大きな位置を占めている。

　続けて彼女らは，ハンセン病がこのように強烈なインパクトを与えている理由を次のように説明する（Herzlich/Pierret 1991 = 1992: 73）。

> 〔ハンセン病が：引用者〕あいかわらずフランス人の脳裏にいくらか記憶を残しているのは，それが現在もみられる病気だから，というだけではない。(中略)〔ハンセン病は：引用者〕むしばまれる身体がはじめはゆっくりと，それから急激に破壊されていく病気だからだ。

もっともハンセン病が強烈なインパクトを与える理由を，外傷の様子のみに求めることは検討を要する問題である[6]。しかしハンセン病がネガティヴな表象として位置づけられていることを指摘するのは多くの論者に共通している。「疾患」が隠喩化することを問題視し，その脱神話化を説くS. ソンタグもハンセン病が，「堕落を眼にみえるものとする社会的テキスト」とされたと指摘する（Sontag 1977, 1978 = 1992: 87）。そしてそれが言語表現の隙間にも浸透している例として，「フランス語では，石造建築の崩れかけた正面のこと」が，ハンセン病と形容されると述べている（Sontag 1977, 1978 = 1992: 88; 西尾 2014）。

エルズリッシュとピエレ，ソンタグの書籍を少し紐解くだけで，「病い」としてのハンセン病が，きわめてネガティヴなかたちで表象されていることがわかる。ここから浮かび上がる課題は，当然のことながらそのネガティヴな表象を，そうでないものに「再」表象することは可能かということであろう。

3-3. ハンセン病の表象の変容をめぐって

ソンタグが『隠喩としての病い』を執筆した背景には，自らの闘病体験がある。それゆえ彼女は，病いの隠喩の問題性を身をもって体験し，それを鎮めることに大きな関心を払っている。つまり病いの隠喩を「暴露し，批判し，追及し，使い果たさなければならない」と述べると同時に，次のように言う（Sontag 1977, 1978 = 1992: 270, 269; 西尾 2014）。

> どんなに意味の充満した病気でも，ただの病いにしてしまえる。癩病がそうである。（中略）この病気の健全な脱力化のひとつとして，いわゆるハンセン氏病（一世紀以上前，癩菌を発見したノルウェーの医者の名前にちなむ）なるものをもつことになる。エイズについても，この病気がよく分かり，そして何よりも治療できるようになれば，同じことが起きるはずである。

この記述が意味するところは，かつて「意味の充満した」つまり，ネガ

---

[6] この点に関しては，新村（1985），鈴木（1996），西尾（2014）を参照されたい。

ティヴに表象されてきた「癩病」が，その原因が医学的に突き止められ，治療ができるようになることで，その負の表象から解放され，意味中立的な「ハンセン病」になった，ということであろう。そしてそれは，他の疾患にも応用可能であり，エイズも医学の進展に伴いその負の表象の脱力化が起きるはずだとしている。

　これは知識人の知的営みに対する姿勢として，きわめて誠意ある態度であるといえよう。この姿勢はオリエンタリズムに関する研究を広範に行う E. サイードとも共通する[7]。しかしながら，N. ウェクスラーはこのような見解に関して，対照的な問題提起をしている（Waxler 1981 = 1988: 249-250; 西尾 2014）。

> 　ハンセン病のように原因が分かっていて効果的な治療法があるにもかかわらず，ある特定の社会的定義づけが永続するのはなぜなのだろうか。
>
> 　なぜいまだに多くの国で，すでに効果的な処置法が手に入るにもかかわらず，ハンセン病に対する烙印づけや恐怖が存在するのか。

　ソンタグの見解に対し，「病い」に対する社会的な負の意味付けは，効果的な治療が普及することによって，自然に消滅するものではないことを，ウェクスラーは指摘している。また，このような社会的な負の意味付けは，その病いが終焉し，世界に存在しなくなったとしても存続すること，つまり，人びとの意識や言語表現のなかにとどまり続けることは，エルズリッシュ/ピエレもソンタグも言及している。さらに重要なのは，そのような特定の病気に対する負のイメージは，それとは別の新たな病いに乗り移るという点である。

　たとえば病いの表象と芸術作品の関係に注目する S. ギルマンは，16 世紀

---

[7]　サイードは，オリエンタリズムに関する研究の中で次のようにのべている。「おそらく，もっとも重要な仕事は，今日オリエンタリズムに代わりうるものが何であるかという研究に取り組み，どのようにしたら他者を抑圧したり操作したりするのではない自由擁護の立場に立って，異種の文化や異種の民族を研究することが可能であるかを問いかけることであろう」。病いとオリエンタリズムといった研究対象の違いはあれ，それに対する研究態度は，ソンタグと共通している。サイード (1993) 邦訳上巻 65 頁参照。

初頭のヨーロッパで，ハンセン病の負のイメージが梅毒に乗り移ったことに着目している（Gilman 1988 = 1996: 357）。またソンタグ自身も，結核の負のイメージが，狂気と癌に引き継がれたことを指摘している（Sontag 1977, 1978 = 1992: 54; 西尾 2014）。

　この点にハンセン病問題を考察する今日的な意義があろう。公衆衛生上の問題として，ハンセン病未制圧国が減少していく中で，それでもハンセン病問題を考察する重要な点はここにある。つまり，たとえハンセン病が世界から根絶されたとしても，その負のイメージは人びとの意識のなかにとどまり続ける。そして，ハンセン病をほうふつとさせる病いが新たに誕生すれば，ハンセン病の負の意味づけは，その病いに容易に乗り移る。それゆえ病いの表象を鎮静化させるためには，医学の進歩に期待するのみならず，ソンタグの言うようにそれを，「暴露し，批判し，追及し，使い果た」す営みが要請される（Sontag 1977, 1978 = 1992; 西尾 2014）。治療法の確立や医学の発展が，「病いの脱神話化」に単線的に結び付かないのなら，別の方策が検討されなくてはならない。次節では，その方策に関して，運動論的に展開することを試みたい。

4　意味をめぐる闘争

4-1.「知覚される仕方」をめぐって

　ここまで述べてきた問題意識は，新しい社会運動を論じる N. クロスリーの指摘と重なる部分が大きい。新しい社会運動とは，1960 年代以降に登場した，学生・青年運動，女性運動，同性愛者解放運動，環境運動，平和運動，消費者運動，マイノリティ運動，反差別運動など，マルクス主義的な社会運動とは性格を異にする，多種多様な運動を指す。クロスリーは新しい社会運動に関する論者の一人であるが，次のような指摘をしている（Crossley 2002 = 2009: 237, 238; 西尾 2014）。

> メンタルヘルス運動の闘争における不可欠な要素は，メンタルヘルス問題を抱えている人びとが知覚される仕方，つまり，そうした人びとに適用されるフレームを変化させようとする試みだった。

　彼が指摘するのは，新しい社会運動を展開するマイノリティにとって重要な争点となっているのは，自分たちが「知覚される仕方」だということだ。つまり社会運動を通して，ネガティヴに表象されているマイノリティにとって，その表象を違うかたちで「再」表象することが運動の重要なポイントになっている。

　今日の社会運動をめぐる議論では，運動の争点が，財やサービスの分配から，マイノリティのアイデンティティや承認をめぐるものにシフトしたとの議論が多くみられた。クロスリーの観点はこの立場に非常に近い。しかしながら，この点に関してフェミニズム研究のN. フレイザーは批判的な見解を示し，分配と承認は切り離して考えることはできず，その双方を視野におさめるべきだと強く主張する。治療法の確立や医学の発展に頼るのではなく，それ以外の方策で「病いの脱神話化」「病いの『再』表象」のあり方を探るために，クロスリーの見解をふまえつつ，フレイザーの主張もみていこう。

4-2.「分配」と「承認」――「パースペクティヴ二元論」

　フレイザーは，「分配」と「承認」の問題は切り離して考えることはできず，双方を視野におさめる「パースペクティヴ二元論」の有効性を強く主張する。彼女が強調するのは，「分配」に対するどのような対応も「承認」に影響を及ぼし，「承認」に対するどのような施策も「分配」に影響を及ぼすということである。たとえばハンセン病療養所における職員数の確保など「分配」をめぐる運動も，それが成功すればするほど，「どうしてハンセン病療養所だけ特別なのか」といった「承認」に絡む問題を誘発しやすくなる。またセックスワーカーなどに対する「承認」をめぐる運動も，少なくとも短期的には，彼女らの経済的な不利益を招きかねない。それゆえ，「分配」と「承認」の双方を視野におさめる「パースペクティヴ二元論」の有効性を彼

表 3-2　フレイザーの「マトリクス四分割」

	肯定的是正（Affirmation）戦略 社会構造に手を付けない	構造変革（Transformation）戦略 社会構造に手を付ける
再配分 経済的平等	**福祉国家**的方向 ・平等に対する表面的で応急的な対処 ・集団的差異を維持 ・誤承認を生みやすい	**社会主義**的方向 ・不平等の原因の除去による社会構造の根本的変革 ・集団的差異をぼやけさせる ・誤承認を正しやすい
承　認 尊厳・人権	**多文化主義**的方向 ・既存のアイデンティティをすべて平等に尊重 ・集団的差異を保存	**脱構築**的方向 ・既存のアイデンティティ分類の破壊，二項対立構造の解体 ・多様かつ変容するアイデンティティを保持

フレイザー（2003: 41）および，ヤング（2007: 465）をもとに加筆して作成（西尾 2014）。

女は強く主張している。

　彼女は，このように「分配」と「承認」の軸に加えて，社会構造の変革を視野に入れる「構造変革（Transformation）戦略」と，社会構造の変革を志向しない「現状肯定型（Affirmation）戦略」の軸を導入し，図のような「マトリクス四分割」を提示している（Fraser 1997 = 2003; 西尾 2014）。

　クロスリーの指摘をふまえ，フレイザーの概念を参照することで見えてくるのは次のことであろう。つまりそれは，「マイノリティが認知される仕方」を検討するにあたって，多文化主義と脱構築のふたつの方向性があるということだ。前者の多文化主義は集団的差異を維持しながら，それぞれの集団を平等に尊重する。そうすることで，「マイノリティの認知される仕方」を変容させる。それに対して後者の脱構築は，集団的差異自体を不安定にする。マイノリティとして分類されるその分類自体を解消する方向である。

　冒頭で紹介した 1990 年代から 2000 年代のハンセン病をめぐる運動は，このフレイザーのマトリクスから見れば，多文化主義に位置づけられる。つまり，「ハンセン病者」と「非ハンセン病者」を分かつ社会構造を前提として運動が展開された。これらの運動は言ってみれば，ハンセン病ゆえに不当な扱いを受けた人びとに対する権利回復運動であるため，それは当然と言え

第3章　ワークキャンプの「名づけの力」

写真3-3　ハンセン病村の様子。キャンプが重なると日常的な雰囲気も変わっていく

よう。しかし「パースペクティヴ二元論」の観点から言えば，この立場では，「ハンセン病者」と「非ハンセン病者」という集団的差異が維持されるため，誤承認を誘発しやすい点に留意する必要があろう。冒頭で述べた宿泊拒否事件に際しても，税金で生活していることと関連付けて，ハンセン病者を差別する論理が多々見られた。このような差別の発生は多文化主義的な運動が内包する危険性であることを認識する必要があろう。

その一方，脱構築的なあり方は具体的にどのようなものとなるのか。それをワークキャンプを通して検討していこう。

4-3. ワークキャンプにおける「病い」の変容
　　　──「名づけの力」と「文化コード」

中国のハンセン病快復村でのワークキャンプに参加する学生のコメントを参照すると，ワークキャンプによって形成される疑似家族的な親密性がもた

らす人間関係の変容を見出すことができる。それは「病い」としてのハンセン病の変容とも密接に関係する。

たとえば当初学生にとって，「ハンセン病元患者」としてひとくくりにしか見えてなかった人びとが，徐々に「村人」「じいちゃん」「リャンさん」といったように，変化したと学生はコメントする。つまり，「ハンセン病元患者と私」といった集団的差異が，「村人と私」「じいちゃんと私」といったように脱構築的に，さまざまな形に変容している（西尾 2014）。

また別の学生は，ハンセン病快復村でのワークキャンプの経験に関して次のように言っている（早稲田大学学生部新鐘編集委員会 2005: 101; 西尾 2014）。

> 教科書はハンセン病の特殊さを教えてくれたが，普通さは教えてくれなかった。ところが〔ワークキャンプにおける：引用者〕出会いは，初めて彼らの普通さを教えてくれた。

社会運動論を展開する A. メルッチは，脱物質的な観点に立ち，社会運動がもたらす文化的次元，つまりは意味の問題を重視している。そして人びとにとっての「意味」を規定するものに，現代的な権力の特性を見る。その意味の規定を「文化コード」の概念で示そうとし，支配的な文化コードへの抵抗を「名づけの力」として捉えようとしている（Melucci 1996＝2008; 西尾 2014）。

このメルッチの観点を，クラインマンの提示する「病い」の概念と重ね合わすなら，「病い」の意味を規定する「文化コード」への抵抗としてワークキャンプを捉えることが可能であろう。むしろここにこそ，ワークキャンプの可能性が存するといってよい。宿泊拒否事件に際して療養所に寄せられたそれぞれの批判文書には，差出人ひとりひとりにとってのハンセン病の意味，つまりは「病い」としてのハンセン病が反映されている。それら日本における「ハンセン病の意味」を規定する文化コードこそが，今日のハンセン病問題にとってきわめて重要である。

学生のコメントからは，文化コードにきわめて大きな影響を及ぼす存在である「教科書」に比しても，ワークキャンプの経験，より具体的にはワークキャンプにおいて形成される疑似的な親密圏での経験が，けして小さくない

ことを示している。つまり教科書という文化コードが,「特殊」と「名づける」ハンセン病が,ワークキャンプを通して「普通」と「名づけられる」に至っている。ワークキャンプのもつ「名づけの力」に,この活動の大きな可能性を見出すことができるだろう。その「名づけの力」によって,「病い」を規定する「文化コード」への抵抗が静かに,しかし確実になされている。

　先にみたとおりクロスリーは,抑圧されているマイノリティにとって「知覚される仕方」が重要であることを指摘している。中国のハンセン病快復村に暮らすある村人は次にようにコメントしている（毎日新聞 2014）。

> 「病気がうつる」と村には誰も近づかず,私たちは自分をそういう存在だと思い込んでいた。でも,学生たちは何の差別心もなく付き合ってくれた。夢を見ているに違いないと信じられなかったほどです。

　このコメントが語るのは次のことだろう。彼らにとって自分たちが人から「知覚される仕方」とは,「病気がうつるゆえに誰からも近よられない存在」としての知覚だった。これは,社会におけるハンセン病の表象と言ってよいし,「病い」としてのハンセン病と言ってもよい。ここに変容をもたらすことが,ワークキャンプのもつもっとも可能性に満ちた特性であろう。ワークキャンプが単に水道施設やトイレを提供するだけでなく,親密圏の構築を通じてハンセン病の意味を変容させている[8]。

4-4. 承認欲望の社会変革の可能性 ── 再度,宿泊拒否事件に立ち戻って

　第 2 章でも述べられている通り,ハンセン病快復者に対する宿泊拒否事件は 2003 年の事件に限られたことではない。1963 年の際は,その事件に憤りながらも,FIWC 関西委員会の場合は,差別者を糾弾するという方向ではなく,自分たちでハンセン病快復者も宿泊できる施設をつくる,という方向に向かった。中国ハンセン病快復村における事例も,「名づけの力」や「文化

---

8) 紙幅の関係で,ワークキャンプによって引き起こされた数多くの事例を紹介できないのは残念であるが,キャンプ関連職業,快復村周辺住民,快復者子弟,快復者自身のあいだでの「ハンセン病」の意味の変容に関して詳しくは,西尾（2010）を参照願いたい。

写真3-4　キャンプ最終日の風景。村人が見送ってくれる

コード」など抽象度の高い議論水準でワークキャンプの可能性を示すのみでなく，より具体的な水準から検討することも必要であろう。

　2003年の宿泊拒否事件において，ホテル側の拒否の理由は「他のお客様の迷惑になるから」というものであった。ここでホテル側の人権意識の欠如を批判することもできるだろうが，その背後にあるものを冷静に見つめることも重要であろう。ホテルが利用者の都合を考えること自体は，問題ではなく当然のことであり，それ自体はむしろ職業的良心というべきものであろう。ここで問題は，「利用者の都合」とはどのようなものであるかということだ。

　ここでもキーとなるのは，「病い」つまり，ハンセン病の文化的・社会的意味である。極論を言うならば，「病い」としてのハンセン病の意味合いに，何らネガティヴなものがなく，ハンセン病に何ら負の表象がなく，ハンセン病になんらの隠喩もなければ，「利用者の都合」になんら抵触しない。しかし，現状の日本社会においてこれは極論になることもまた事実であり，それを打開するためには地道な啓発活動が要請される。この観点に立つならば，ワークキャンプを経験した参加者の「その後」が，きわめて重要となろう。

　たとえば次のような場面を想定してみたい。温泉ホテルにやって来た。なにやらフロントでもめているようだ。よく見てみると，どうもハンセンの快

復者のようだ。「他のお客様のご迷惑になりますから」。そういう理由で，宿泊を拒否されている。そこで，「誰か」があいだに入り，これらの人びとはハンセン病は完治していること。感染の危険はないことを，「他のお客様」の立場としてホテルに説明する。そして自分以外の「他のお客様」に対しても，同様の説明をし，そして納得してもらう。このような場面を想定することは夢物語であろうか。そしてその「誰か」の役割を，ワークキャンパーが担っていくこと。これこそまさに極論なのだろうか。それを夢物語でも極論でもないようにするために必要なことは何か。次節ではそれを検討していきたい。論点を先取りする形になるが，これを夢物語にさせないための不可欠の要素は，親密圏で形成される人称的な人間関係であると同時に，そこに埋没しない「公」の視点である。

4-5. 中国ハンセン病快復村ワークキャンプにおける「公と私の円環」
── ボランティア・コーディネーター，振り返りの視点を交えて

　ここまで，ワークキャンプ参加者のハンセン病に対する意識の変化を中心に検討してきた。それを一言で言えば，匿名のハンセン病快復者から，具体的名前をもつひとりの人間への変化といってよいだろう。しかし一見微笑ましくも思えるこの変化が内包する問題は，第1章で述べた文脈でいえばそれが「目的性の冷却」と隣り合わせであるということであろう。

　第一章でも述べた通り，中国ハンセン病快復村でのワークキャンプに参加した学生から話を聞くと，共通して違和感のある言葉遣いに出会う。彼らはワークキャンプ終了後も時間を見つけては，快復村を訪問するようになるが，その際彼らは，「村に『帰る』」という。辞書的な意味合いでいうと「帰る」は「戻る」の類義語である。後者が，「一時的にいた場所」にあてられるのに対し，前者は「本来いる場所」に対してあてられる。これは参加者にとってハンセン病快復村が，「一時的にいた場所」ではなく，「本来いる場所」として認識されていることを暗に示すものであろう。ここで参加者にとってこの活動や回復村は，きわめて「私的な領域」「親密な領域」に近づいている。

これはハンセン病問題全体を踏まえると一見，重要なものであると見ることができる。しかしこれは，この「私的な領域」「親密な領域」に埋没する危険をはらんでいると言えなくもない。多少うがちすぎた見方かも知れないが，家族を失ったハンセン病快復者に，若い世代が，大人になりきれないまま甘えているだけ，と見えなくもないし，そのような批判も成り立つのかも知れない。仮にワークキャンプ参加者自身が，ハンセン病者のおかれた歴史や状況を全く知ることなく，それに関心さえ抱かないならば，この言い方は，うがちすぎた言い方ではなく，ワークキャンプに対する本質的な批判にもなり得る。

　それゆえやはりワークキャンプにおいては，第１章で述べたとおり，「公と私が円環」していくことが不可欠であろう。公的な文脈においてはハンセン病者の人権を尊重しつつも，私的領域に彼らが近づくことを徹底的に忌避することは欺瞞に他ならない。しかし私的な領域に埋没し，公的問題を看過することは怠慢である。

　自分をまるで家族のように受け入れてくれる快復村のかけがえのないおじいちゃん，おばあちゃんは，これまでどのような人生を歩んで来たのか。その中で何を感じ，どう生きて来たのか。そしてその苛酷な生を彼らに押し付けたものとは一体何だったか。国家なのか，制度なのか，社会なのか，良識なのか。それは避けることのできない運命だったのか。必然だったのか。それを問うことが，公の視点というものであろう。この公と私の視点が，円環的に駆動することで，ワークキャンプは螺旋的にその意味を深めていくことができよう。

　しかし注意を要するのは，その円環は自動的に駆動するものではないことである。意識的な働きかけがない限り，往々にしてそれは，公もしくは私のどちらかに埋没していく。それを避けるひとつの工夫が，第１章で述べたボランティア・コーディネーターの役割であり，その場がボランティア学習の文脈でいわれるところの「振り返り」――本書第５章，第６章のことばでいえばミーティング――に相当しよう。本来あるべき振り返りとは，帰りのバスの中で簡単な感想を述べ合うものではない。他者との具体的な出会いの中で，公の視点と私の視点の双方をもちつつ，体験を言語化して，誠実に向

き合うことである。そしてそれをひとりでも多くの人に伝え，共感してくれる人を少しでも増やしていくこと。これが「承認欲望の社会変革」の地道なシナリオである。

5　ハンセン病の終焉と「ハンセン病」の意味をめぐって

　WHO（世界保健機関）が定める基準で 2014 年 10 月現在，世界の中でハンセン病が制圧されていない国はブラジル 1 カ国にとどまり，そのブラジルも 2015 年をハンセン病制圧達成年として目標に掲げる。クラインマンの区別で言うなら，「疾患」としてのハンセン病は，世界的に落ち着いていく傾向にあるようにも見える。

　現在，日本には全国に 13 の国立ハンセン病療養所がある。そしてそこには納骨堂がある。ハンセン病に対する社会の拒否反応から，ハンセン病を治癒し，さらにその生を終えてなお，ハンセン病快復者はふるさとのお墓にすら帰れないのが現状である。ハンセン病が癒えた人に対して，風呂に入ることも，先祖のお墓に入ることも許さないわたしたちの社会とは，いったいどんな社会なのだろう。わたしたちは，「ハンセン病」にどのような意味を付加してきたのだろう。それは反省的に省みないといけないことであるのはもちろんであるが，その一方で，今できることを考えることも不可欠である。「意味やシンボル」に影響を与える力をもつワークキャンプの可能性を考えてみることも，今できることのひとつであろう（西尾 2014）。

　中国のハンセン病快復村におけるワークキャンプに参加する学生の言葉に耳を傾けて聞こえてくるのは，「隔離」の象徴である快復村が，今の若い世代にとってまったく意味合いの違ったものとして存在していることである。
「知らない人と出会って，毎日一緒にご飯を作って，一緒に食べて，一緒に働く。学校でも寮生活だけど，ワークキャンプとは全然違う」
「キャンパーはみんな兄弟とか，姉妹みたいだ」
「キャンプで村人と優しく接することで，自分も何かもらっているような気がする」

これらはすべてワークキャンプに参加した中国の大学生の言葉である。彼らにとってハンセン病快復村が，隔離の象徴でないように，ワークキャンプは，「かわいそうな人」に一方的に奉仕する慈善行為ではない。彼らにとってハンセン病隔離村は，村人からは優しく受け入れられ，同世代の仲間たちと一緒に，ありのままでいられる場，「居場所」，本書の参照概念である親密圏として機能している。そしてそこでは，仲間からも，村人からも自分自身が受け入れられているという「承認」感も与えられる。居場所と承認を求める人間の根源的な欲求は，日本でも中国でも変わらない。しかしこの事実はきわめて逆説的である。

　それはつまり，まず最初に承認や居場所を与えたのが，ボランティアする側（ボランティアという言葉が適切かどうかはここでは別として）である学生たちではなく，ハンセン病快復者の側であることだ。彼らこそ，これまで，言語を絶する理不尽なかたちで，このふたつ，つまり「居場所」と「承認」の場である親密圏を根こそぎ奪われてきた人びとではなかったか。年間2,000名近い学生が参加する中国ハンセン病快復村でのワークキャンプ。それがボランティアの文脈でも，そして公私の枠組みのなかでも説明しづらい理由はここにあるのだろう。終章において日下は次のように述べる。

　　　巣から這い出た小さなシロアリの群れは，巨大な建築物を基礎部から蝕んでいき，ついには倒壊させることもある。

　ここにワークキャンプの一つの可能性を見出すとすれば，ボランティアする/される，公/私，という枠組みにおさめづらいこの活動は，親密圏を親密圏のまま広げていくなかで ── まさに無数の「根拠地」「交響体」が広がっていくことで ── それが事後的に公共的な要素を帯びていくことになるのかもしれない。

 むすび ──「当事者性」という問題

　さて本章では，ワークキャンプが形成する「親密圏」の可能性を検討し

た。第1章でも言及したとおり，ワークキャンプの特性のひとつは，ハンセン病快復者を親密圏に擬した人間関係に取り込む点である。それゆえ第1章では，ワークキャンプとは，ボランティアとセルフヘルプ的な当事者運動の中間に位置するという視点を提示した。

　第一章ではこの点を図式的に指摘するにとどまったがこれは，今日の日本のハンセン病の状況を鑑みれば，死活的に重要な契機を含んでいる。日本におけるハンセン病をめぐる社会運動は，全国ハンセン病療養所入所者協議会などをはじめとする当事者団体によって牽引されてきた。しかし本稿執筆の2014年の時点で，全国のハンセン病療養所に暮らす人びとの平均年齢は，80代半ばにさしかかろうとし，入所者数も2,000人をすでに切っている。ハンセン病問題の喫緊の課題は，今後の運動がどのようなものになり得るか，ということに他ならない。ハンセン病問題は，平均年齢を考えても，入所者数を考えても，もはや当事者運動に頼ることがきわめて難しい段階に達している。本稿執筆の2014年，これまで日本のハンセン病をめぐる社会運動を牽引してきたふたりの人物が相次いで鬼籍に入った。これはこの問題に携わる人びとに少なからぬ危機感を抱かせるものであった。

　ハンセン病の場合，家族さえも差別と偏見にさらされたことから，他の疾患に見られるような「家族会」の存在が，一部の希少な例外を除いて皆無に等しい。それゆえ今後，家族や親族を構成員として展開するセルフヘルプ的な運動に期待することは，日本のハンセン病問題に関して言えば現実味に乏しい。

　「当事者性」を安易に名乗り，引き受けたような気になるのはきわめて危険な行為である。しかしその「当事者性」をどう考えるのかということが，ハンセン病問題に携わる者とって，もはや避けて通ることのできない問題となっている。この「当事者性」の問題に関して日下は，「現地の人びととキャンパーの間に横たわる断絶は深く，両者の完全な相互理解は不可能に近い」ことを認めつつ，それでも共同性を構築する道を探っている。いうまでもなく，ここですぐにビジョンを示すことはできない。しかし当事者運動が成立し得ない時期に達しつつあるハンセン病問題の中でワークキャンプが，ボランティアとセルフヘルプ的な当事者運動の中間地点という独自の位置取りを

占めていることを再認識する必要があろう。ワークキャンプが，その位置取りゆえに果たす役割とは何かを問うことが，ワークキャンプの可能性を問うにあたって重要な課題であることをここで提示したい。

• 参考文献 •

蘭由岐子（2004）『「病いの経験」を聞き取る —— ハンセン病者のライフヒストリー』皓星社.

――――（2005）「宿泊拒否事件にみるハンセン病者排除の論理 ——『差別文書綴り』の内容分析から」好井裕明（編）『繋がりと排除の社会学』明石書店.

Crossley, N. (2002) *Making Sense of Social Movements*, Open University Press. ＝西原和久・郭基煥・阿部純一郎訳（2009）『社会運動とは何か —— 理論の源流から反グローバリズム運動まで』新泉社.

Fraser, N. (1997) *Justice Interruptus: Critical Reflections on the "Postsocialist" Condition*, Routeledge. ＝仲正昌樹監訳（2003）『中断された正義 ——「ポスト社会主義的」条件をめぐる批判的省察』お茶の水書房.

Fraser, N. and Honneth, A. (2003) *Redistribution or Recognition?*, Verso. ＝加藤泰史監訳（2012）『再分配か承認か —— 政治・哲学論争』法政大学出版局.

藤本とし（1974）『地面の底がぬけたんです —— ある女性の知恵の73年史』思想の科学社.

Giddens, A. (1989, 1993, 1997, 2001, 2006) *Sociology Fifth edition*, Polity Press. ＝松尾靖文・西岡八郎・藤井達也・小幡正敏・立松隆介・内田健訳（2009）『社会学（第5版）』而立書房.

Gilman, S. (1988) *Disease and Representation: Images of Illness from Madness to AIDS*, Cornell University Press. ＝本橋哲也訳（1996）『病気と表象 —— 狂気からエイズに至る病気のイメージ』ありな書房.

原田燎太郎（2009）「落葉帰根 —— 中国の学生による中国のハンセン病快復者の里帰り」西尾雄志（編）『ワークキャンプ —— ボランティアの源流』早稲田大学平山郁夫記念ボランティアセンター.

――――（2010）「中国華南地方のワークキャンプ発展の前夜 ——『燎原の火』・ハンセン病快復村ワークキャンプの軌跡」阿木幸男（編）『ボランティアの原点 —— 助け合い・支えあい・分かち合う心』はる書房.

Herzlich, C. and Pierret, J. (1991) *Maladesd'hier, maladesd'aujourd'hui*, Payot. ＝小倉孝誠訳（1992）『〈病人〉の誕生』，藤原書店.

藤野豊編著（2003）『歴史の中の「癩者」』ゆみる出版.

和泉眞蔵（2005）『医者の僕にハンセン病が教えてくれたこと』シービーアール.

菊池恵楓園入所者自治会（2004）『黒川温泉ホテル宿泊拒否事件に関する差別文書綴

り』菊池恵楓園入所者自治会.
Kleinman, A. (1988a) *The Illness Narratives: Suffering, Healing and the Human Condition*, Basic Books. ＝江口重幸・五木田紳・上野豪志訳（1996）『病いの語り ── 慢性の病いをめぐる臨床人類学』誠信書房.
国立ハンセン病資料館編（2014）『国立ハンセン病資料館特別企画展　林志明作品展 ── 中国ハンセン病回復者の書画活動』国立ハンセン病資料館.
厚生労働省健康局疾病対策課（2013）『全国健康関係主管課長会議資料』厚生労働省.
Liu, M., Shen, J. and Zhou, M. (2007) "Current situation of leprosy colonies/leprosaria and their future in P. R. China. (Clinical report)". *Leprosy Review*, 78(3). September.
毎日新聞（2014）2014 年 6 月 20 日付「記者の目 ── 中国のハンセン病施設で」（隅俊之）.
Melucci, A. (1996) *Playing Self: Person and meaning in the planetary society*, Cambridge University Press. ＝新原道信・長谷川啓介・鈴木鉄忠訳（2008）『プレイング・セルフ ── 惑星社会における人間と意味』ハーベスト社.
Mishler, E., Amarasingham, L., Hauser, S., Liem, R., Osherson, S., Waxler, N. (1981) *Social context of health, illness, and patient care*, Cambridge University Press. ＝尾崎新・三宅由子・丸井英二訳（1998）『医学モデルを超えて ── 医療へのメッセージ』星和書店.
新村拓（1985）『日本医療社会史の研究 ── 古代中世の民衆生活と医療』法政大学出版局.
西尾雄志（2005a）「中国のハンセン病に対する日中学生たちの取り組み」『日中医学』vol. 20 No. 1，財団法人日中医学協会.
────（2005b）『若者，「ハンセン病」に出会う ── 日中友好ハンセン病快復村ワークキャンプ』早稲田大学平山郁夫記念ボランティアセンター.
────（2006）「散るもよし　今を盛りの　櫻かな ──『らい予防法』廃止 10 年，国賠訴訟 5 年．ハンセン病のいま」『週刊金曜日』No. 628，週刊金曜日.
────（2007a）「さよならを言うまえに ── 日中友好ハンセン病快復村ワークキャンプ」早稲田大学平山郁夫記念ボランティアセンター.
────（2007b）「ボランティアとアイデンティティ構築の両義性 ──『新しい公共空間』と大学ボランティアセンターの役割」『日本ボランティア学習研究』第 8 号，日本ボランティア学習協会.
────（2007c）「中国のハンセン病村を訪ねて」『月刊部落解放』590 号，解放出版社.
────（2008a）「大学の社会的貢献とボランティア学習」『日本ボランティア学習研究』第 9 号，日本ボランティア学習協会.
────（2008b）「若い世代が考えるハンセン病のいま」『ハンセン病市民学会年報 2008』ハンセン病市民学会.
────（2009）「意味，シンボル，ボランティア ── 中国ハンセン病村における活

　　　　動」田村正勝（編）『ボランティア論 —— 共生の理念と実践』ミネルヴァ書房.
──── (2010a)「『差別』に向き合う」『世界をちょっとでもよくしたい —— 早大生たちのボランティア物語』兵藤智佳・岩井雪乃・西尾雄志著, 早稲田大学出版部.
──── (2010b)『JIA 活動調査報告　中国華南地方ハンセン病快復村での学生ワークキャンプの質的影響調査報告書』(笹川記念保健協力財団受託調査研究).
──── (2014)『ハンセン病の「脱」神話化 —— 自己実現型ボランティアの可能性と陥穽』皓星社.
Said, E. (1978) *Orientalism*, Vintage Books. ＝板垣雄三・杉田英明監訳・今沢紀子訳 (1993)『オリエンタリズム上・下』平凡社.
犀川一夫 (1998)『中国の古文書にみられるハンセン病』沖縄県ハンセン病予防協会.
Sontag, S. (1978) *Illness as Metaphor*, (1989) *AIDS and Its Metaphors*, Farrar, Straus and Giroux. ＝富山太佳夫訳 (1992)『新版　隠喩としての病　エイズとその隠喩』みすず書房.
鈴木則子 (1996)「近代癩病観の形成と展開」藤野豊（編）『歴史のなかの「癩者」』ゆみる出版.
早稲田大学学生部新鐘編集委員会 (2005)『新鐘 No. 72 コミュニケーション』早稲田大学学生部.
山口和子 (2005)「中国のハンセン病と日本の協力 —— NGO の立場から」『日中医学』第 20 巻第 1 号.
好井裕明 (2006)「ハンセン病者を嫌がり, 嫌い, 恐れるということ」『構造的差別のソシオグラフィ—社会を書く / 差別を解く』三浦耕吉郎（編），世界思想社.
樂嘉豫 (2004)「中国におけるハンセン病の現状」『日本ハンセン病学会誌』73(3).

第4章

「祝祭」の共同性
── フィリピン・キャンプにおける素人性の潜在力

日下　渉

1　ボランティアにおける「私たち」と「彼ら」

　これまでの章で述べてきたように，ワークキャンプでは，若者たちが自発意思に基づいて，貧困や差別といった問題のある国内外の地域に赴き，地域の人びとと共に様々な問題の改善や解決に取り組む。このような活動は，ひとまず，善意の「私たち」が，困難な状況に置かれた現地の「彼ら」を支援する行為として理解できよう。

　ただし「私たち」は，一方的な自己犠牲を前提にしておらず，「自分探し」や「他者との出会い」といった何らかの見返りを求めて，活動に参加する。要するに，ワークキャンプでは，「私たち」と「彼ら」が共にメリットを得るという互酬的な善意の関係が想定されている。しかし，この図式にはいくつかの落し穴があり，「私たち」と「彼ら」の齟齬や乖離が生じてしまい，互酬的な関係が成立しないことも多い。なぜ，そうした分断が生じるのだろうか。こうした分断はいかに克服しうるのだろうか。その時にはどのような可能性が立ち現れるのだろうか。本章では，FIWCフィリピン・キャンプを事例に，これらの問題を検討したい。

　FIWCフィリピン・キャンプは，関東委員会が1994年にハンセン病快復村のあるマニラ首都圏カロオカン市タラ村で開始し，1998年から活動地をレイテ島の農村部へと移した。2004年から九州委員会もレイテ島で活動を

開始し，2つの委員会が今日まで活動を実施している。当初は小学校でトイレや井戸などを建設していたが，2004年からは山間の貧しい村を対象に，現地の技術者やNGOの協力をあおぎつつ，村人を巻き込む形で水道設備，橋，道路，学校などを建設している。活動は春と夏の長期休暇を利用して，1年サイクルで行われている。まず5名ほどのメンバーが長期休暇中に下見に行って計画を立て，次の長期休暇中に3週間から1ヶ月ほどの本キャンプを行う。下見中や本キャンプの半分くらいは村人の家にホームステイをする。建設資材等の購入は，キャンパーが1人あたり1万円程度を拠出し合った資金でまかなうが，より大規模なプロジェクトでは町政府や現地NGOからも資金の提供を求める。

　私はこの活動に1999年から2006年くらいまでに密接に関わり，特に2002年にフィリピンに留学した後は，現地語の面で協力した。本章の記述は，自分自身の参与観察と，キャンプ報告書におけるキャンパーの感想文に基づいている。以下では，まず「私たち」と「彼ら」の分断が，ワークキャンプにもたらす諸問題を整理する。次に，ワークキャンプの「祝祭」的な磁場が親密な共同性を生みだし，社会変革を促進する公的機能を明らかにする。そのうえで，専門性や効率性の点におけるワークキャンプの限界が，逆に根源的に社会を再構成していく可能性にもなりうることを主張したい。

2　「私たち」と「彼ら」の齟齬と分断

2-1．自分探し・自己成長の落し穴

　「私たち」と「彼ら」の齟齬と分断は，ワークキャンプの可能性を深刻に蝕む。ここでは，そうしたワークキャンプの「落し穴」を3つに分類して分析してみたい。まずキャンパーは，ワークキャンプを通じて新たな経験を深め，自己成長の機会を得るが，そのための手段として現地の人びとを道具的に利用してしまう危険性がある。この危険性を「自分探し・自己成長の落し穴」と呼んでみたい。実際，ほとんどのキャンパーは「自己成長」のために

参加するため，この落し穴はワークキャンプに常につきまとう。

　私自身を振り返っても，自分のために国際協力活動に関心を持つ平凡な学生の一人であった。1999 年，バブル崩壊後ながら，まだ今日ほどの深刻な不安感が社会に立ちこめていなかった時期に，私はワークキャンプに関わり始めた。私は将来に対する不安感を抱きながらも，今の日本なら飢えて死ぬことはないだろうといった漠然とした安心感を抱えながら，このまま会社に就職してしまう前に「何か人とは違うことをしたい」などと願っていた。そのような時に，大学のトイレで見たワークキャンプのチラシは魅力的に思えた。一緒にキャンプに参加した仲間たちと話をしてみても，彼らの参加動機は，あくまでも自分の成長や経験であった。

　こうした学生の願望は，いわゆる「自分探し」の旅を求める心性と重なるところが多いだろう。近年，多くの若者たちが，代わり映えのしない日常生活に不満を抱き，バックパッキングや国際協力ボランティア活動に身を投じ，そこでの異文化との接触を通じて，かけがえのない「自分」を模索してきた。大野 (2011) によれば，私たちは資本主義社会において「私は今，何を欲しているのか」，「私は今，どうするべきなのか」と，常にアイデンティティに自覚的であることを要求されている。このような状況において，旅を通じた「自分探し」は，他者から自己を差異化し，自己肯定的なアイデンティティを模索する行為だという。たしかに，海外での非日常的な経験は，日常生活で既存の社会制度のなかに埋没していた自己に，「他人とは違うことを成し遂げた」という何らかの自信と達成感を与える。

　もっとも，こうした「自分探し」は，必ずしも既存の社会制度に反逆するアイデンティティを生み出すわけではない。むしろ，支配的な社会制度や規範によって肯定的に評価される形で自己を再構成していく営為としての性格ももつ。とりわけ学生にとって切実なのは，「自分探し」を通じて自信と経験を獲得し，就職活動に成功することである。彼らにとって海外貧乏旅行やボランティア経験は，労働市場における熾烈な競争に勝ち抜いていく「自己成長」の契機でもある。この「自己成長」は若者にとってきわめて切実な欲求であり，容易に否定できるものではない。

　しかし，バックパッカーはともあれ，他者への関与を伴うボランティア活

動では,「自己成長」の欲求のみが暴走すると, 他者や彼らが抱える問題を自らが成長するための手段として道具化してしまいかねない。たとえば, 実際には無責任な活動によって現地の人びとに深刻な悪影響を与えておきながら, 就職活動ではボランティア経験を誇らしげに語ってキャリアアップに成功することも可能である。

2-2. 他者承認の落し穴

　「自分探し」で模索される自己肯定的なアイデンティティを得るためには, 他者からの承認が大きな意味をもつ。ボランティア活動は, 若者が仲間や現地の人びとからかけがえのない一人の人間として取り扱われることで, 自己肯定的なアイデンティティを獲得できる絶好の契機を提供する。多くの若者にとって, ボランティアにおける他者承認は, 重要な活動動機になりうる。

　だが, ボランティア活動に参加した若者が, 仲間から承認されることに自己充足する一方で, 彼らが関与しようとする当事者の問題を周縁化してしまう危険性がある。これは,「他者承認の落し穴」と呼びたい。古市（2010; 2011）によれば, 若者は日常の閉塞感を打ち破るべく,「とにかく何かをしたい」と非日常の契機を求めている。彼らにとって活動の対象は何でもよく, とりわけ海外ボランティア活動や被災地支援は, 絶好の非日常の祝祭となりうる。そこで仲間同士の心地よい「承認の共同性」を発見し, それを維持すること自体が目的化し, 社会変革といった本来の目的を冷却させていくというのである。たしかに, ワークキャンプでも, 支援対象であるはずの「彼ら」の存在が, 気のあう仲間たちとの生温かい共同性を盛り上げるための単なる背景装置になってしまう危険性はある。

　そうした傾向は, 私の言う「あいのりキャンプ」と「ウルルン・キャンプ」に顕著である。あいのりキャンプとは, フジテレビで1999年から2009年まで放送されたバラエティ番組「あいのり」にちなむ。このテレビ番組は, ひとつの車に乗って海外を旅する若い男女の恋愛模様を追ったが, ボランティア活動も多くの出会いの場をもたらす。そして, ワークキャンプでも, しばしば仲間内の恋愛が主要なテーマとなる一方で, 現地の村人や不平等・

第4章　「祝祭」の共同性

差別といったテーマは単なる背景へと後退していくことがある。実際，恋愛話には盛り上がる一方で，現地の人びとや彼らが置かれた状況には無関心なキャンパーがいることも否定できない。

　他方ウルルン・キャンプとは，毎日放送が1995年から2007年まで放送した「世界ウルルン滞在記」にちなむ。「ウルルン」とは「出会ウ，泊まル，見ル，体験（タイケン）」を意味しており，この番組では日本の芸能人が海外でホームステイし，現地の人びとと交流する様子を放映した。キャンプがウルルン化すると，キャンパーと現地の人びととの感動的な出会いが強調される一方で，現地の人びとが置かれた困難な状況といった問題はやはり周縁化される。そうすると，現地の人びとから心温かく歓迎され，家族のように接してもらえたことには感動するが，自分たちと彼らとの間に存在する圧倒的な不平等を忘却し，彼らの状況を改善するための方途については思考停止してしまいかねない。

　ワークキャンプでは，他者承認を欲求する対象が，仲間集団ではなく，現地の人びとに向かうことも多い。現地の人びとから愛されたい，受け入れられたいという欲望である。現地の人びとは，キャンパーにとってこれまで必ずしも正当に評価されてこなかった自分の価値にも承認を与えてくれる。私たちは日常において，社会の序列秩序の下で生きている。家庭においてでさえ，親が子どもに対して成績や学歴といった社会の序列秩序を投影して評価をすることは多い。しかし，現地の人びとは，そうした序列秩序を超えたところで，キャンパーに承認を与えてくれる。このような関係が成立する場合，仲間同士の閉ざされた承認の共同体を超えて，現地の人びとを巻き込む形で新たな連帯が結ばれる。

　だが，現地の人びとからの承認は，キャンパー集団内における自らの正統性と権威の確立にも寄与するため，今度は仲間のなかで分断と排除をもたらす危険性がある。キャンパーは現地の人びととの置かれた状況を深く理解し，また彼らから感謝されることによって，仲間からも尊敬され，一定の権威を獲得し，より肯定的なアイデンティティを獲得できる。ただし，誰が現地社会で最も認められ，受け容れられているのかをめぐって，しばしば承認の獲得をめぐる競合が生じてしまうことがある。その際に，自分よりも現地の人

びとから承認を享受する仲間は，自らの承認を脅かす邪魔な存在であるため，嫉妬や嫌悪の対象ともなりうる。承認の獲得をめぐる競争が，仲間内での分断と排除を生み出していくジレンマである。

このように，承認は若者のボランティア活動において重要な位置を占めているものの，承認欲求がきわめて内向きな形や歪んだ形で発動されると，活動そのものに悪影響が生じてしまう。

2-3. 無知・独善の落し穴

もちろん，ボランティア参加者のなかには，自己成長や他者承認の獲得よりも，「彼ら」への貢献を重視する者たちも少なくない。しかし，「私たち」が真摯なる善意から「彼ら」に貢献しようとしても，その活動が「彼ら」に災厄をもたらしてしまうという「無知・独善の落し穴」もつきまとう。

日常生活でも，親しい友人同士，あるいは家族内の関係でさえ，他者の好意が自分にとっては迷惑になってしまうといったすれ違いは頻繁に生じる。ましてやボランティア活動の現場で出会う「私たち」と「彼ら」は，異なる社会経済・政治的背景を持ち，また言語や文化を共有していないため，より深刻なすれ違いが生じかねない。国際協力活動では，「私たち」の善意が，現地の「彼ら」にとって善行となる保証はなく，しばしば「独善」に陥ってしまう（佐藤 2005: 1-2）。こうした落し穴は，「私たち」の無知と独善によって生じるものであり，ワークキャンプ活動にも深刻な困難をもたらす。

そもそもキャンパーは，現地の人びとのことをよく知らない。現地の人びとはいかに差別や貧困を経験し，その困難な状況を耐えながら希望を見てきたのだろうか。彼らが暮らす社会では，どのような価値が大切にされ，どのような行為が否定されるのだろうか。現地社会では誰が権力を握り，富を得ているのだろうか。普通のキャンパーが，そのようなことを深く理解することは難しい。リーダーを務めるのも普通の大学生の一人である[1]。なかには留学をすることで言語を習得し現地への理解を深める者もいるが，大学を卒

---

[1] とりわけ海外でのワークキャンプを実施するためには少なからぬ予算を捻出し，また多くの時間を費やす必要があるため，継続的に関わり続けるのは，かなりの負担となる。

業すると活動に関われなくなるため,世代を超えて経験や知識を引き継ぐことも難しい。こうした無知という深刻な限界にもかかわらず,キャンパーは現地の人びとに関与して,何か貢献したいという欲望を抱えている。その結果,思い込みや独善によって予期しなかった失敗が生じることになる。初期のフィリピン・キャンプにおける失敗例をいくつかあげてみたい。

　まず,ニーズ把握の失敗から,現地で役に立たないプロジェクトをしてしまうことがある。例えば,村の広場に図書室を建設したものの,それは物置小屋として数年利用された後,ただの廃墟へと化したことがあった。図書室を運営し管理する計画も予算もなかったためである。また,僻地にある低学年用の小学校にトイレと井戸を建設したものの,完成したトイレには常に鍵がかけられて児童が自由に使えないようになっていた。子どもがいたずらで石などを便器に詰まらせてしまうのを防ぐために教師が鍵をかけていたのであった。トイレのニーズを最も感じていたのは教員であり,草むらや近所の家で用をたしていた低学年の子どもたちは必ずしもそうではなかった。いずれのケースでも,村の有力者,小学校の教師など一部の人びとから要望を聞いたものの,より広く現地の視座から受益者のニーズを適切に把握することに失敗したのである。

　次に,現地に対する理解不足が思いがけぬ誤解を呼ぶ恐れもある。70代の日本人男性が,戦争の時に兄をフィリピンで亡くしたとの理由でキャンプに参加したことがあった。このキャンプでは小学校で排水溝を建設したのだが,村人は日本の若者が旧日本軍の元兵士と一緒に「山下財宝」を掘り起こしに来ているのだと疑いの目で見ていた。山下財宝とは,戦争末期に山下奉文大将率いる日本軍がフィリピンの地中に埋めたとされる軍資金のことである。しかも後に村人から聞いたことによれば,私たちが滞在した小学校は,戦争中に日本軍が駐屯地として利用した場所だったという。

　さらに,キャンプが現地社会に害悪を与えてしまうことさえある[2]。ワー

---

2) キャンパーの多くは,より自分たちにとって「やりがい」のある現地の「ニーズ」を探し求めがちである。しかし,よりニーズがあるプロジェクトは,現地の人びとの生活により大きな影響を与えるため,失敗すれば現地に深刻な害悪をもたらしかねない。たとえば,現地の小学生との交流プロジェクトは村人に大きな危害を与えることはないが,水道プロジェクトは水の配分をめぐる深刻な対立の種にもなりうる。

クキャンプは現地社会の不平等な権力構造を助長しうる。私たちは村の有力者と会議を重ねてプロジェクトを決定していくが、彼らは必ずしも村全体の利益を代表していない。村の有力者は、外国からプロジェクトを得たという実績を誇示し、インフラを通じて村人に利便を提供し、支配関係を強化できる。また、ワークキャンプが与える資源が、現地社会に派閥対立を引き起こす危険性もある。たとえば、建設した水道が、キャンパーの知らぬうちに村長派の住民を優先するものになってしまったため、反村長派の激しい反発を招き、村内の対立が深刻化したこともあった。

　これまで検討してきた3つの落し穴は、支援者であるはずの「私たち」の優位性に深刻な疑念を突きつける。キャンパーは現状の自分に自信を持てず、自己成長の機会や他者承認を切望し、他者を支援するには無知で無力すぎる若者たちである。もはやワークキャンプを、優位で善意の「私たち」が、困難な状況に置かれた劣位の「彼ら」を支援する行為などと捉えることはできない。第2章でも論じたように、むしろワークキャンプとは、不安、孤独、劣等感、生き苦しさといった「私たち」の不幸と、貧困、差別、災害といった「彼ら」の不幸が出会う場であり、両者の繋がりから新たな力を生み出す活動だと捉えた方が適切である。それでは、「私たち」と「彼ら」の弱さや不幸を接点とする両者の共同性は、いかに社会変革を促進しうるのだろうか。

　西尾も第3章で援用したN. フレイザー（1997＝2003）によれば、社会変革は「再配分」と「承認」に分類できる。再配分とは、貧富の格差など資源の不平等な配分状況を改善するために、資源を移転することを意味する。例えば水道、橋、道路の建設といったプロジェクトは、再配分の促進を目的とする。他方、承認とは、人間の尊厳やアイデンティティが不当に貶められたりすることなく、社会において正当に処遇されることを意味する。具体的にいえば、承認の促進とは、ジェンダー、人種、エスニシティ、病いなどの差異に基づいて不当に差別されてきた人びとが、社会で正当に扱われるようになることを意味する。第3章で西尾は、中国のハンセン病快復村におけるワークキャンプが「名付けの力」によって承認を促進すると論じるが、再配分については論じていない。だが、フィリピンにおけるワークキャンプでは、祝

祭的な雰囲気の中で新たな共同性が生まれ，承認と再配分は互いに絡まりあいつつ同時に進行する。

3 新たな「私たち」が担う社会変革

3-1. 優しさと共同性への感動・共感

　ここでは FIWC 九州委員会が 2010 年度から 2013 年度に作成したフィリピン・キャンプ報告書からキャンパーの声をとりあげて彼らの経験をたどりつつ，キャンプのプロセスを分析してみよう。彼らは，2010 年度には水道設備の建設，2011 年度には山道 2 キロの舗装，2012 年度にはコンクリート製の橋の建設，2013 年度には歩行者用の橋の建設を，レイテ島マタグオブ町山間部の異なる村々で行っている。なお，キャンパーの名前はすべて村人に呼ばれたニックネームである。

　日本から初めて参加したキャンパーは，大きな不安と期待を胸にして，ココナツやバナナの生い茂るレイテ島奥地の村にたどり着く。彼らは，人の良い村人たちに温かく迎えられ，すぐに新しい生活に慣れていく。早朝には，近所から聴こえてくる低音を響かせた大音量の音楽と，鶏のけたたましい鳴き声で目覚める。ステイ先の家族と朝ご飯を食べると，村人と一緒に泥と汗とセメントにまみれて，ふざけて笑い合いながらワークをする。夕方にワークを終えると，いつの間にか集まってきた村の子供と遊んだり，大人たちと輪になってヤシ酒を飲む。夜ご飯を食べてからも，満天の星空の下で村人たちと語り合う。そしてステイ先の家に戻り，ゴザを敷いた床で泥のように眠る。

　まず，何よりもキャンパーを驚かせ感動させるのは，おしかけてきたよそ者でさえ心から歓迎する村人の開放的な優しさである。

　　フィリピン人はみんなすごく温かかった。フィリピンを思い返すと 1 番に思
　　い浮かぶのはそれだった。おなかをすかせて村を歩いていれば「飯食ってい

け」と誘ってくれ，見知らぬ人にトイレ，風呂を貸してくれと頼んでも笑顔で了承してくれる。初対面，まったくの他人に対してのあのような接し方は今の日本ではあまり感じることができないと思う。(たかし，2010 年度報告書)

遠い国から，見ず知らずの外国人が 18 人，山奥の村に 1 カ月間居候する……僕らは村人からどういう目で見られるのだろうか？僕らが村でワークを行うことに，理解を示してもらえるのだろうか？そのことが不安で仕方なかった。しかし村人は，僕らを心からの優しさで迎え入れ，もてなしてくれた。ともに酒を飲み，歌い，笑い，泣き……。困った時はいつも手を差し伸べてくれた。常に人と人との絆を大切にし，僕らの心に寄り添ってくれる，そんな彼らの姿がそこにはあった。(かーりー，2011 年度報告書)

キャンパーはフィリピンの人びとの優しさに触れながら，彼らの生活に根ざした地域の共同性に深い共感を寄せていく。しかも，彼らは現地の人びとから学んだ優しさや人と人のつながりを，自らのうちにも取り入れて内在化しようとする。

マラサルテ〔村〕の人々は本当に素敵な人たちばかりだった。彼らは仲間との繋がりの中で生きている。彼らは仲間を楽しませるため，助けるため，いつも人を想って行動し，その中で自分も幸せを感じているように思った。日本で生活していると，経済面や生活面では自立が可能なために一人で生きていけるような感覚になってしまう。そして周りの人々を思いやることを忘れて，孤独を感じるようになってしまう。マラサルテの人々は一人では生きていけない環境だからこそ，周りの人々を愛して思い遣る心が身に付いているのかなと考えた。彼らと過ごした 1 か月で私にもそんな心が身に付いていれば嬉しい。(いっこ，2011 年度報告書)

心が弱っている時は誰かに支えてもらい，楽しむ時はみんなで楽しめば何倍にも楽しくなる。1 人では泣きたくなるようなことも誰かとなら笑い話に変わる。人は孤独では生きていけない。助け合い，高め合いながら成長していく。「絆」の力は偉大だ。フィリピンの生活に触れ，人の心の温かい部分を感じ，その温かさが伝染してみんなが幸せを感じられた。人と人との繋がりの強さ，そしてその尊さに改めて気づかせてくれたキャンプだった。(りょうへい，2012 年度報告書)

第4章 「祝祭」の共同性

写真 4-1 フィリピンの村人との出会い

　もっとも、「彼ら」の優しさに驚嘆し親しみを抱くのは、日本から来たキャンパーだけではなく、フィリピンの村人も同様である。ある村人は、汚れた服を着て鼻水をたらした子供たちとキャンパーがじゃれあって遊んでいるのを見て、衝撃を受けたと語った。そして、この日本人たちは「優しい人間」だと分かったので、それから積極的に仲良く協力するようになったという。彼が言うには、フィリピン人の金持ちは「汚い」子供を見れば避けるし、貧しい村人に挨拶をすることもない。モノも金も持たぬ貧しい人にとって、自らの尊厳はとても大切な価値だが、彼らは不平等なフィリピン社会で日常的に尊厳を否定されている。だからこそ、金持ちで傲慢だと思っていた日本人が、村人と一緒に泥と汗にまみれて働き、現地の食べ物を一緒に手で食べ、子供たちと遊びまわるといった単純なことが、大きな驚きと喜びをもたらすのであろう。

3-2. 共同性の生成と承認

　こうして互いに「彼ら」の優しさに魅了された者たちは、より深く彼らのことを知り親しくなろうとする。お互いの言葉を教えあうなどの交流が生ま

れ，すぐに両者の間では片言の日本語とビサヤ語と英語が飛び交うようになる。

> キャンパーに日本語を聞きまくって，複雑な日本語を言ってくる若者がいて，「なんでそんなに日本語をしゃべるんだ？」と聞くと，「お前がビサヤ語をたくさんしゃべるから。だから，おれも日本語をしゃべるんだ。」といった。もっとコミュニケーションをとりたい！という自分と，そこには同じ考えも持って行動する村人がいた。（しーやん，2010年度報告書）

とはいえ，どうしても言語の壁は残るため，キャンパーも村人も，五感や身体を最大限に活用して他者の心を察したり，自分の気持ちを表現したりしようとする。そこでは，建前や上辺だけの言葉は有効性を失い，剥き出しの人間が立ち現れていく。

> フィリピンに行くとなぜか「人」のすべてがあふれだす気がします。そこでは，日本人もフィリピン人もみな正直です。日本で，あふれる物や忙しさでごまかしきれていた部分も隠しきれなくなってしまいます。それは，自分の気持ちに正直なフィリピン人に勇気づけられているのかもしれません。「人」の温かさも，喜びも，悲しみも，愚かさも，つらさも，怒りも，弱さも，強さも全身で感じた一年間。ほんとうの「人」を見せられて，ほんとうの「自分」を知らされました。（ぴよこ，2010年度報告書）

こうして剥き出しになった「人」同士は，ホームステイの共同生活を通じて，もっとも親密な「家族」となっていく。もともとフィリピンでは，血縁関係になくとも，年長者を「タタイ」（お父さん），「ナナイ」（お母さん）などと呼ぶ慣習がある。ホームステイを通じて，キャンパーもこうした現地の社会関係に埋め込まれていき，キャンパーと現地の人びととの関係は自然と家族の比喩で語られ，実際に家族のように愛し合うようになる。

> 外を歩くとお母さんたちがごはんを食べさせてくれるし，夜になればテレビを見るために家に近所の子たちが集まってきた。まるで村全体が1つの家族みたいで，自分もその家族の一員になれた気がして嬉しかった。最初に来たときは知らない土地だったのが，最後にはまた帰ってきたい場所に変わって

写真4-2　ステイ先の家族と食卓を囲む

いた。(しほ，2012年度報告書)

　ただし，現地の人びととの友情を実感するような時，キャンパーは彼らからしばしば戦争の記憶を打ち明けられる。レイテ島は太平洋戦争で日米の激戦地となり，多くの住民も命を失った。ある夜，私はニッパ椰子の葉で屋根を葺いた小屋で，村の若者とヤシ酒を飲みながら話をしていた。すると，彼はおもむろに近くの草むらを指さして，「自分の婆ちゃんはあそこで日本兵に殺されたんだ。でも，おれたちはこうやって友人になれて嬉しい」と語り始めた。村人は，初対面の日本人をいきなり糾弾するようなことはしない。ただ，とくに仲良くなった友人にこっそりと戦争の記憶を打ち明けたりする。

　こうして，キャンパーと村人は，共にご飯を食べ，酒を飲み，汗を流して労働し，ふざけあい，腹を抱えて笑い合い，戦争の悲しい記憶さえも共有するといった交感を日々深めていく。こうしたワークキャンプの毎日は，キャンパーだけでなく，村人にとっても，かつて経験したことのなかったような非日常の体験に他ならない。このような圧倒的な非日常感のなかで，キャンパーと村人の気分を高揚させる祝祭的な磁場が生じる。そうした祝祭の生み出す社会関係と共同性の特徴を理解するには，V. ターナー (1974 = 1981) の

いう「コミュニタス」の概念が有効だろう。

　コミュニタスとは，構造化された社会がいったん解体され，再統合されるまでの移行期に生じる一種の祝祭的な空間である。コミュニタスでは，社会を構造化する序列秩序，制度，権力関係，分類が解体され，同質的・平等的な共同体が創出されると同時に，日常の秩序のもとで蓄積された不満やストレスが発散される。伝統社会では，毎年の祭りやカーニバル，一揆のような抗議運動などがコミュニタスの役割を果たした。現代社会でも，いわゆる無礼講の宴会や，スポーツ観戦での熱狂，あるいは地震など大災害の避難所において，コミュニタス的な社会関係が形成されうる。構造からコミュニタスへの移行は，既存の序列権力によって秩序付けられていた公共圏が，非日常的で親密な水平的連帯によって再構成される過程としても理解できよう。だが，コミュニタスは永続せず，しばらくすると既存の秩序・構造が再活性化されて復活するという。

　ワークキャンプも，秩序づけられた日常生活から離脱し，再び日常に統合されるまでの移行期に経験される一種の祝祭である。私たちは日常生活では様々に分類され序列的に扱われるが，キャンプでは掛け替えのない「私」として立ち現れ，他者から扱われる。そこでは，国籍，性別，病い，階層，学歴，職業，地位など，日常生活を秩序づけていた様々な分類と序列が曖昧化し，キャンパーも現地の人びとも解放されていく。たとえば中国キャンプでは「ハンセン病快復者／健常者」という区分が揺るがされ，フィリピン・キャンプでは「金持ちで傲慢な日本人／貧乏なフィリピン人」や，「戦争加害者／戦争被害者」といった境界線が侵食される。ワークキャンプでは，どちらが優れていて劣っているかといった従来のカテゴリーと差異の序列秩序が解体し，親密で平等な共同性が創出される。

　だからこそ，劣位の人間を作り出し排除する新自由主義の作用も停止し，「今の時代では使えない人間は切り捨てられるが〔キャンプでは〕フィリピン人含め無駄な人間なんていなかった」（すすむ，2012年度報告書）と実感されるのである。

第4章 「祝祭」の共同性

3-3. 自己満足からコミットメントへ

　キャンパーは，こうした村人との親密な共同性を実感することで，自分と現地の人びととの関係について，従来の認識を改めていく。多くのキャンパーは，もともと「ボランティア」という言葉に内在する序列性を好まないが，現地に行くことによって，「支援する者」と「支援される者」といったボランティアの構図が成り立たないことをいっそう強く痛感する。

> フィリピンに行く前，よく私の周りの人たちは「ボランティアなんてすごいね！」と言っていた。正直，私はこの言葉が好きじゃない。善いことをするとか何かしてあげるとか，偽善で上から目線な感じがするから。マサバ〔村〕での生活はそんなんじゃない。村の人と同じ場所で生活して，一緒に働いて，遊んで，笑って，泣いて，たまに怒って，そして感動して……。自分が何かするよりも，してもらうことの方がずっと多く，毎日数えきれないくらい Salamat（ありがとう）と言った。（しほ，2012 年度報告書）

　キャンパーの多くは，特別の技術も知識も持たない普通の大学生であり，無力であるがゆえに，自分たちだけでできることには限界がある。そもそも現地の人びととの協力がなければ，キャンパーは生活さえままならない。他方，現地の人びとも，祝祭的な雰囲気から生まれた共同性に巻き込まれ，異国の地からやってきたキャンパーを家族のようにもてなす。こうして，支援されるはずであった村人が，支援するはずであった無力なキャンパーを助け始めることで，両者の二項対立の関係は破綻していく。そのためキャンパーは，もはや「支援」ではなく，村人から受けた優しさに「恩返し」をしたいという気持ちを抱き，何とか彼らの役に立ちたいと願うようになる。

> 最初，自分が考えていたボランティアとは自分が人のために何かをしてあげる事だと思っていた。だから，他人から偽善と思われることは当然だと思う。その理由もあって，友達にフィリピンに行ってくると言うことに抵抗を感じていた。口では現地のためにワークをしてくるとか言っていたが，ほんとは自分自身が行きたいだけの自己満足だった気がする。でも，実際キャンプが始まると逆に向こうから目には見えない何かをたくさんもらってきた気がす

119

写真 4-3　村人に誕生日を祝われるキャンパー

る。現地での生活を過ごしていくにつれて自己満足の為ではなく，村人が楽しく，快適に生活できるようにとワークで日頃の恩を返そうと思えた。(てぃもん，2013 年度報告書)

気がつけば，僕らは彼らに助けられてばかり。この人たちのためにも，僕らはここに確かなものを残していくんだ……そんなことを，ただ漠然と考え始めていた。「誰かのために――。」僕には今まで，そんな経験はほとんどなかった。周りのこともよく見えず，自分のことで精一杯……そんな毎日。しかし，村人の温もり，おおらかさ，絆，キャンパー一人一人がそれぞれの汗を流し，ワークに打ち込む姿……このキャンプで見て感じたあらゆるものが，僕の心を揺さぶった。(かーりー，2011 年度報告書)

こうして，当初は「自己成長」や「自己満足」のために参加したキャンパーも，自分たちを優しく助けてくれる現地の人びとに深い愛着を抱き，彼らの問題を自分のものとして引き受けるようになり，彼らへの配慮やコミットメントを強めていく。その結果，キャンプから利益や満足を得られる「私たち」の範囲も広がり，現地の人びとを含めたものとして認識されるようになる。

第 4 章 「祝祭」の共同性

写真 4-4　共に労働する村の若者とキャンパー

写真 4-5　橋を建設中の村人とキャンパー

なぜワークキャンプをするんだろう。これはただの自己満足じゃないのか。ただ好きで興味があって楽しいからやっている，確かにそんな理由しかない。でもその自己満足が他人にとってもプラスであるならそれでいいんじゃないかと思った。周りもそれで満足ならそれはもはや「自己」ではないのではな

121

いか。〔中略〕だからこそ確実にキャンプを「成功」させなければならないのであると思った。(しぇい，2012 年度下見報告書)

自己満足がだめなのではなく，自己満足「だけ」じゃだめなのだ。自分は現地で思い出や経験などたくさんのものを得ることができる。だから，その分このワークキャンプを少しでも現地の人の利益につなげられるよう努力しなければならない。(はらちゃん，2012 年度下見報告書)

　こうしてキャンパーは村人の優しさに触れて，自己の成長から他者への恩返しとコミットメントを模索するようになる。しかも，ワークキャンプの共同性の中では，キャンパーだけでなく，村人もまた意識を変容させていく。村人は，村のインフラを無償で整備しようとする風変わりな外国人を助けようとするなかで，自ら進んで打ち合わせに参加し，無償の労働に参加するなど，普段は隠されていた潜在能力を発揮させる。こうしたキャンパーと村人の相互作用は，「触媒」の概念で説明できるかもしれない。ワークキャンプは，触媒がそれなしでは無反応のままであった異なる化学物質の間で激しい反応をもたらすように，遠く隔たりそれまで接点のなかった人びとの間で日常ではあり得なかったような相互作用をもたらす。

　ワークキャンプでは，この触媒の作用によって村人の主体的な参加が促進され，いわゆる「参加型開発」が図らずも可能になる。戦後，先進国による途上国への開発援助は，冷戦を背景に米ソの外交戦略として開始され，大規模なインフラ整備といった形でトップダウンに実施されてきた。だが，こうしたプロジェクトでは，一部のエリートや企業に利益を与えるばかりだった。しかも，開発の計画・実施プロセスから排除された一般の人びとは，利益に与かれぬばかりか，土地や家を収奪されることさえあった。これに対して，1990 年代に提示されたのが，現地の人びととの主体性を活用する参加型開発である。参加型開発では，当事者の自発的な参加を促進することで，より参加的・民主的な意思決定とプロジェクトの実施を保障し，彼らのプロジェクトに対する当事者意識も高め，現地の人的資源をより有効に活用することが重視される。

3-4. 村人の参加による再配分の促進

　ワークキャンプにおける参加型開発の事例として，2004年と2005年にFIWC九州委員会が，レイテ島メリダ町マテ村で水道設備を建設したキャンプを紹介したい。マテ村は町の中心部からバイク・タクシーで20分ほど山を登った辺鄙なところにあり，飲料水の不足に長らく苦しんできた。井戸はあるが，乾季には多くが枯れてしまう。そうすると，村を流れる泥で淀んだ川の2，3メートル横を掘って，そこから得られる若干濁りの少ない水を生活に用いざるを得ない。そのため，マテ村は5キロほど離れた水源から水を引いて水道を建設しようとしたが，予算不足のため村の3キロ手前までしかパイプをつなげないでいた。そこで，キャンパー20名が1万5千円ずつ出し合った30万円で資材を購入し，マテ村までパイプを延長して地中に埋め，村に貯水タンクを建設した。翌年には，この貯水タンクを拡張し，そこから村中の各集落まで水を配分するパイプ網を建設した。

　通常フィリピンでは，村レベルの公共事業は恩顧主義(クライエンタリズム)にのっとって行われる。恩顧主義とは，上位者(パトロン)が下位者(クライアント)に様々な資源を提供して生活を支援する見返りに，後者が選挙での投票などで恩返しする垂直的な関係性を意味する。町長，下院議員，州知事らは，自らの支持基盤を強化するために，各地の村長を通じて村レベルで公共事業を実施する。その際に，自らを支持する村には積極的に利益を供与し，反対派の村には制裁として利益を与えない。そのため，公共事業は政治家に対する村人の従属と依存を助長する。一般の村人は最低賃金ほど，あるいはそれ以下で建設労働者として雇用されることはあっても，その計画・実施過程に意見を反映させることは難しい。そして建設されたインフラには，「〇〇議員のプロジェクト」といった文字が大書きされる。

　しかし，マテ村の水道建設プロジェクトは，キャンパーというよそ者の存在によって村人が触発され，積極的に参加したことで，通常の恩顧主義とは異なり，より民主的かつ参加的な形で実施された。そして，政治家から与えられたものではなく，「私たちのプロジェクト」として実施され記憶された。そのメリットは，次の3点にまとめられる。

まず，プロジェクトの計画段階において，より平等的な公共圏が開かれ，従来よりも民主的な意思決定が可能になった。水道の建設にあたっては，とりわけ配水パイプの設置が不平等にならないことが重要である。それゆえキャンパーは，計画段階で村長や村議会議員だけではなく，より多くの村人の意向を聞き出そうと，村中を歩き回ってインフォーマルな情報収集を繰り返した。また，村の全世帯が参加する総会を開き，キャンパーがオブザーバーとして参加し，全ての者が発言できる環境をつくり，特定の村人や地域の利益が蔑ろにされないように留意した。そのため，より平等的な公共圏が形成され，恩顧主義と派閥の論理ではなく，参加と公平性の論理に基づいてプロジェクトの計画が策定された。

　次に，実施段階では，村人の積極的な参加によって，偶発的な出来事にも柔軟に対応する運営が可能になった。これは，厳格な完全さを追い求めるのではなく，むしろ失敗や問題の発生を前提に，問題への柔軟な対応と修正を重視する運営スタイルである。このキャンプでは，原油価格の高騰によって必要なパイプの品不足が生じたり，当初は配水パイプを設置する予定のなかった集落からも急遽要請がくるといったトラブルがいくつも生じた。しかし，村人との密接なコミュニケーションに基づいて情報を即座に得て，現地NGOから追加予算を獲得したり，当初の計画を変更するといった対応を柔軟にとることができた。現地から離れたトップダウンのプロジェクトでは，こうした迅速かつ柔軟な計画の修正は難しいだろう。

　そして最も重要なことに，プロジェクトの実施段階で，現地社会の相互扶助慣習が活性化された。マテ村の人びとはとても協力的で，最も多い日には50人以上もの男性がワークに参加した。女性たちも，自分の家にホームステイしているキャンパーの「息子」や「娘」が働いているのだからと，毎日何十人分ものお昼ごはんを用意してくれた。「タンバイ」(*tambay*)と呼ばれる定職がなく，通常はひねもす村の中でたむろしたりバスケットボールをして過ごす若い男たちも，キャンパーと仲良くなろうと，無給にもかかわらずワークに参加した[3]。彼らは，とりわけ日本人の女の子に気に入られようと，骨

---

3)　「タンバイ」とは英語から転じた現地語のスラングで，仕事をするための「スタンバイ」は常にできているが無職の状態や人物を意味する。

写真 4-6　労働を終えたバヤニハンとキャンパー　　写真 4-7　完成した貯水タンク

身を惜しまずに額に汗して働いた。

　コミュニティの福利のために，村人が力を合わせて無給で自発的に行う相互扶助の慣習は，現地の言葉で「バヤニハン」(bayanihan) と呼ばれる[4]。この言葉の語源は「祖国・村・共同体」を意味する「バヤン」(bayan) であり，共同性と連帯の感覚を強く喚起させる。何人かの村人に尋ねてみたところ，これほど大規模のバヤニハンは彼らも経験したことがなかったという。非力ながらも額に汗してキャンパーの姿が，村人を触発し，バヤニハンの意識と実践を呼び起こし，活性化させたのだといえよう。従来の公共事業が政治家に対する村人の垂直的な従属と派閥的分断を助長してきたのとは対照的に，ワークキャンプは村人の水平的な連帯と相互扶助に基づくバヤニハンを活性化させた。

　こうした相互扶助の活性化と，それを通じて作られたプロジェクトは，再配分の促進に寄与しうる。2011 年あたりから FIWC は，山間部の村々で歩行者とバイク用の橋を建設したり，泥でぬかるみやすい山道を砂利やセメントで舗装したりするプロジェクトを実施していく。すると，こうした交通路の整備は，村の経済を活性化させることが分かった。たとえば，2012 年に

---

[4]　現地ではビサヤ語（セブアノ語）が話されているが，タガログ語の「バヤニハン」も普通に使われる。

道路を整備したマタグオブ町マサバ村では，その後，下の町と山間部の村をつなぐバイク・タクシーの数が増えて，運賃も安くなった。キャンプから半年後にプロジェクトの事後調査をしたキャンパーは，次のようにその驚きを記している。

> 一番嬉しかったのは FIWC 九州の活動目的をどのように思うか？という質問に「村の経済を良くする」と答えた人がいたことだ。私が本キャンプに参加したとき，村の人の生活が少しでもよくなってほしいと思ったが，経済に影響を与えるなどとは全く考えなかった。だから，驚き感動した。日本人の学生が村の人々とワークをすることで村の経済を発展させることができるのだ。マサバ〔村〕滞在中に村の変化を私たち自身が見て感じた。道がよくなったことで交通費が安くなり資材などを運ぶことができるようになったという理由から村の中に新しい家が建っていたり，お店が増えたりしていた。（あやな，2012 年度下見報告書）

このように，ワークキャンプは日常的には分断されていた人々が出会う接触空間を作り出し，新たな共同性を通じて非日常的な変革の力を生み出しうる。

3-5．災害時における共同性の復活

しかしワークキャンプが終わると，キャンパーも村人も再び従来の権力関係の中へと戻っていく。キャンパーという触媒によって活性化された村人の相互扶助も，再び恩顧主義の政治によって侵食されてしまう。日常に戻ったキャンパーの多くも，「現地のお父さん，お母さん，子供たちにまた会いたいです」といった感想文を書くが，自分と現地の人びとの間にある不平等な構造に言及することは多くない。彼らは祝祭の多幸感に麻痺させられたり，親密性に埋没したりして「つながり」を容易に自己目的化してしまう。それゆえ，ワークキャンプの祝祭性は，日常に埋め込まれた様々な問題や不平等を忘却させ，不満やストレスの「ガス抜き」として，既存の秩序・構造を再活性化するだけかもしれない。これは，非日常の親密な共同性でもって，日

常に宿る社会問題の改善に寄与していくというアプローチのジレンマであろう[5]。

　こうしてワークキャンプの祝祭が終わると，不平等な権力関係がキャンパーと村人を覆い尽くして日常が続いていく。しかし2013年11月，日常の中で疎遠になっていた何百人ものキャンパーと村人を再び結び付ける非日常の契機が突如として発生した。それは災害である。

　2013年11月8日，巨大台風ヨランダ（国際名ハイエン）の直撃に伴う高潮や強風によって，フィリピン中部は死者6,268名，行方不明1,061名，経済的損失は約909億円という深刻な被害を受けた[6]。FIWCが15年間にわたって活動してきたレイテ島は，もっとも深刻な被害を受けた地域のひとつである。ただし，これまでのキャンプ地はレイテ島西北部に集中したため，高潮によって多くの死者が出た東北部の沿岸地域のような壊滅的な被害は免れた。しかし強風による家屋の倒壊と，農作物の損傷が被災者を苦しめ続けている。レイテ島の主要産業は農業で，平野部ではコメ作が，山間部ではココナツ作が主に行われている[7]。ココナツ産業は搾取的で，ココナツ農家はもともと貧しい[8]。そこに台風によってココナツの8割が収穫不可能になったり，倒木する大きな被害を受けた。しかも，ココナツは新たに植えて収穫できるまでに7，8年かかる。そのため山間地域では住民が現金収入源を失い，若年層を中心に出稼ぎによる人口流出が進んでいる[9]。

　この大災害は，多くのキャンパーのなかで，疎遠になっていたレイテ島の

---

[5] 第5章と第6章で取り上げる唐桑キャンプなど，長期間にわたる災害復興活動では，災害という非日常性から日常性を回復していくことが目的となる点で，非日常性を意図的に有効活用できるフィリピンキャンプなどとは異なる分析枠組みが必要であろう。

[6] 2014年3月14日現在，フィリピン国家災害リスク削減委員会の情報による。

[7] ココナツの果実の胚乳を乾燥させたコプラは，食料油，食料品，化粧品，石鹸，シャンプー，飼料など，様々な商品の原料として国際的に取引されている。

[8] フィリピンのココナツ産業は，底辺の農民を搾取して，一部のエリートに巨万の富をもたらす形で発展した。これに対して日本の株式会社ココウェルは，ココナツを利用した様々な健康商品を開発し日本やフィリピンの消費者に提供している。これは，ココナツ農家が貧困の構造から抜け出すフェアトレードの成功例として着目に値する。またココウェルは，台風で被災したココナツ農家の支援プロジェクトにも積極的に取り組んでいる。

[9] コプラの仲買人は，特定のココナツ農家とビジネス上の「お得意さん」(suki) 関係を築き，彼らを対象とするインフォーマル金融業を営む。だが，ココナツの被災は，このインフォーマル金融も破綻させた。

写真 4-8 家を失った村人

「家族」への想いを呼び起こした。瞬く間に 10 数年前から現役のキャンパーまでが SNS 等でつながり，情報を共有しあい支援策を練り始めた。真冬の寒いなか街頭募金をしたり，資金集めが始まった。被災から 1 週間後には，マニラで留学していたり働いている元キャンパーが，マニラに出稼ぎにきていたキャンプ地の村人とともに，50 万円分の緊急支援物資を現地へと運び込んだ。年末年始には，ちょうど会社を退職していた元キャンパーと私が，かつてキャンプを行った村々を訪れて被害状況を調査し，春休みに向けて活動案を練った。

そして 2014 年 2 月から 3 月にかけて，FIWC 関東と九州は計 4 つの村でワークキャンプと現金給付労働 (cash for work) の手法を組み合わせた復興支援キャンプを実施した。現金給付労働を導入した理由には，次の判断があった。まず，被災によって現金収入源が断たれた状況で，通常のように村人に無償労働を期待するのは酷である。次に，現地の市場が既に回復しているため，災害から立ち直ろうとする被災者の多様なニーズ（住居の再建，代替的な生業の確保，生活費など）に対して，現金がもっとも柔軟な資源だと考えた。ただし，現金給付労働には従来以上の資金がいるため，キャンパーは OG・OB，友人たちに寄付を募ったり，自らも資金を提供しあって活動費を何とか捻出した。

写真 4-9　強風でなぎ倒されたココナツ

　FIWC関東は，かつてのキャンプ地であるメリダ町のカロナガン村，トゥボット村，サンホセ村で山間部の村落と低地をつなぐ道路の整備を行った。未舗装の道路は，雨が降るとぬかるんで徒歩やバイクでの移動も困難になるため，道路脇に排水溝を掘り，その土を水たまりになりやすい窪みの箇所に移動させた[10]。この作業には資材費が一切かからないため，資金を現金給付労働に集中的に用いることができた。また建築技術を持たぬ者や，女性や老人も労働に参加できたため，受益者層を広げることができた。他方FIWC九州は，被災の前から，マタグオブ町カンソソ村で歩行者とバイク用の橋を建設する計画を立てていた。川が増水すると，村と町をつなぐ道路が寸断されてしまうためである。被災後，この計画を現金給付労働の形式に変更して実施した。このワークでも，男性だけでなく多くの女性が参加して，砂や小石を運んだりセメントのバケツ・リレーを行った[11]。
　いずれのキャンプでも，村人自身が参加者リストを作成してローテーションを組んだ[12]。炎天下の下で土やセメントにまみれて働き終えた夕方時，

---

10) 倒壊したまま放置されている学校や教会といった公共施設を再建するという案もあったが，それでは技術のある大工しか労働に参加できないため，見送られた。
11) 世帯のなかで男性にバイク・タクシーのドライバーなど別の仕事がある場合，女性がキャンプのワークに参加した。
12) FIWC関東が実施したカロナガン村のキャンプでは，村の6つの地区 (*sitio*) から5世帯ずつを

キャンパーが村人一人ひとりの名前を「○○さん」と読み上げていくと，彼らは笑顔と思い思いのジェスチャーで名乗りを上げる。そしてリーダーが頭を下げて現金を村人に渡していった。どちらのキャンプでも，村人がワークに参加できる日数が限られたので，1日あたり400ペソを給付した。レイテ島の法定最低賃金は日給260ペソであり，これは大きな金額である。そのためか，彼らはとても熱心に働いた。ただし，彼らは自らのことを金で雇われた「労働者」ではなく，被災した村の復興に自発的な相互扶助で寄与する「バヤニハン」だと言った。お金を受け取った村人は満面の笑みで，それを子供の学費，コメなどの食料代，家屋の修理費，家畜の飼育代などに用いると語った。

　この復興支援キャンプは，従来のような祝祭を伴わなかった。そもそも村では，台風によって現金収入源がなくなり，電気も失われ，人びとがたむろする場所さえも壊された。そのため，夕方時に男たちが集まってヤシ酒を呑んだり，女たちがおしゃべりに興ずる風景もほとんどなくなった。食事も不十分で，おかずは塩辛い干物ばかりになった。夕方時をすぎると人影もまばらになり，夜7時もすぎると村は静まりかえった。そこには祝祭の雰囲気はなかった。

　しかし，それにもかかわらず，この復興支援キャンプでは，村人とキャンパーをつなぐ「私たち」という共同性が明確に存在した。もとよりこのキャンプは，かつてお世話になった村人が窮地にいるのでなんとか恩返しをしたい，といった愛着心に基づいて行われた。このキャンプを計画したあるキャンパーは，その動機をこう語った。

> 現地の家族は私にとって他人ではなく，本当の家族と思っていて，むこうもそう思っていて，心から大切に思っていて。だから，身内を助けるみたいな感覚だった。台風の被害があったとき，ものすごく不安で心配で，何度も電話したけど連絡を取れなかった。ユニセフとか赤十字に寄付しようかと思ったけど，自分が助けたい人たちには届かない。でも台風から一週間後くらいに，

くじ引きで選び，計60人の参加者を決定したうえで，30名ずつが5日間の労働を行った。FIWC九州のカンソソ村のキャンプでは，村長と村議会議員を除く村の全180世帯が参加した。毎日約25名ずつが3日間で交代しつつ，1ヶ月働いた。

第4章 「祝祭」の共同性

写真 4-10　労働を終えて現金を手渡す

写真 4-11　現金を手に満面の笑みの村人

お母さんがセブに物資の調達に行けて、そこから電話をしてくれた。連絡が届いた瞬間、迷わずにお金を送ることを決めた。友人たちにも協力してもらって10万円を集めてすぐに送った。現地に行ったら、送ったお金をどう使ったのか物資のレシートや写真で詳細に説明してくれて、信頼を崩したくないという向こうの想いを感じて、ますます何とかしたいという気持ちになった。(は

るか，2014 年 3 月 17 日インタビュー）

かつてのキャンプのなかで生まれた「私たち」という親密な共同性は，たとえ日常のなかで消失していたとしても，災害といった非日常時には復活し，再び強い力を生み出しうる。だからこそ，このキャンプでは改めて祝祭の力に訴える必要はなかった。

素人の限界を可能性に反転させる

　台風ヨランダによる被災は国際的な関心を呼び，レイテ島でも国連や様々な国際 NGO によって大規模な救援活動が展開された。村に滞在していると，様々な国際 NGO のフィリピン人スタッフが，聞き取り調査や物資の配給にやってきた。こうした専門的な NGO の支援活動と比較すると，どのようなワークキャンプの限界や可能性が見えてくるだろうか。

　まず国際 NGO は，被災者支援といった人道的な理由や，貧困の改善といった社会経済的不平等への介入を活動の理念に掲げる。だがワークキャンプには，そうした高次で抽象的な活動理念は希薄である。また国際 NGO は専門性と効率性の点で，ワークキャンプよりも圧倒的に優位である。国際 NGO はドナーから多額の資金を獲得し，多数の専従スタッフを雇用してプロジェクトを実施する。だがワークキャンプは，募金活動をすることはあっても基本的には手弁当で資金に乏しく，専従スタッフもいない学生主体の活動である。国際 NGO は多くの地域を対象に包括的なプログラムを実施したり，特定の町に資源を集中してパイロット・プロジェクトを実施する。しかし，ワークキャンプが支援できる対象と程度は，きわめて限定されている。こうしたワークキャンプの劣位性ゆえに，専門的な国際 NGO からすれば，学生が被災地まで出かけていって行う自前の「支援活動」など，とるに足らぬ存在で，迷惑だと批判すべき対象かもしれない。

　しかし，NGO の側にも課題はあるように思う。たとえば，多くの NGO が被災から数ヶ月後も投入し続けた大量の支援物資は，被災地における小売

店等の復興を妨げる側面もあった。またNGOが担当地域の住民を囲い込む傾向も否定できない。多くのNGOは，部外者が許可なく自らの活動地域に立ち入ることを許さない。さらには，活動地域の住民やそこへの訪問者に，自団体の倫理規定を遵守するよう課すNGOもある。その中には，子供の前で喫煙や飲酒をしてはならない，子供の写真を撮ってはならないといった，現地社会に必ずしも適さない倫理規定も含まれる[13]。一般に，こうした規制は現地の人びとの人権を守るためだと主張される。だが，NGOによる住民の囲い込みは，支援がうまくいっている間は良くとも，何らかの問題が生じた時には，住民の不満の声など都合の悪い情報を隠蔽していく危険性があろう。また先進国のNGOが，物的支援と引き換えに現地住民にも自らの道徳観を押し付けていく態度は，植民地主義的にさえ思われる。

　他方で，ワークキャンプには，専門化した国際NGOにはない，あるいはそれらが失ってしまった原初的な可能性があるかもしれない。ワークキャンプは素人による手弁当の活動であるがゆえに，そもそも現地の人びとを囲い込んだり，道徳を強要したり，庇護─従属化する能力も資源ももたない。逆に言えば，キャンパーの能力と資源が足りないがゆえに，ワークキャンプでは現地の人びとに寄り添い，彼らを巻き込んで，その協力を得られるかが決定的に重要である。そして，キャンパーにはそのための時間が十分にある。NGOの専従職員のようにホテルでドナー向けの報告書作成といった事務作業に追われることもなく，キャンパーは村に何週間も泊まりこんでひたすら現地の人びとと寝食と労働を共にすることができる。現地の人びとと共に暮らしながら彼らの身の回りの問題を解決していくという手法は，国家やエリートの支配手段に化した公共事業を，いま一度住民の自発的な相互扶助のなかに根付かせていく実践でもある。

---

13) 実の父親自身が子供の前で喫煙したり飲酒することは，フィリピン社会では当然のように行われており，それを完全に規制することは不可能に近いし，子供は自ら写真に喜んで写りたがる。また，国際NGOの聞き取り調査に同席すると，彼らは住民の問題を「人身売買」とか「児童労働」といった西洋の概念で把握しようとしていることに気がつく。だが，そうした概念と住民の生活のリアリティには，齟齬があるようにも思う。たとえば，被災後に，10代の娘が家族を支えるために学校をやめて家政婦として出稼ぎにいくことが，道徳的に否定すべき人身売買や児童労働に当たるのかは，慎重な検討を要するだろう。

だが，そのために特定の村に何週間も住み込んで，現地の人びとと歓談したり生活をし続けるのは，活動の効率性を大きく損なう。そのような時間や労力を資金調達や，活動の規模拡大等に充てたほうが，効率性に寄与するであろう。また，素人学生が何人も現地に行く航空券代があるのであれば，代わりに現金を現地に直接送った方が「無駄」な支出を省いて効率的な支援をできるかもしれない。しかし，効率性という目的は，「余計なもの」「無駄なもの」を作り出して排除していく。実際，近代社会は，効率性と利潤の名のもとに，非常に多くの人びとやものを切り捨ててきた。そのことを想起すれば，社会変革を模索する時くらい，効率性とは異なる原理に基づく活動があってもいいだろう。

 ワークキャンプの「支援」が効率的でないのは，単に能力や資源の不足だけのせいだけでなく，もともと人間を量的に捉えて効率的な資源や財の配分を目指すことを活動原理としていないからでもある。第2章でも論じたように，ワークキャンプの活動原理とは，それまで接点のなかった「私たち」と「彼ら」という異なる人びとが邂逅する接触空間を生み出し，既存の序列的なカテゴリーを侵食するかたちで新たな「私たち」という共同性を創出し，そこから社会変革を模索することである。これは，「余計なもの」「無駄なもの」「関係ないもの」として切り捨てられてきた人びとやものを改めて自分のなかに繋ぎ止め，世界をこれまでとは違う形で再構成していくことでもある。こうした実践は，前述したように多くの限界やジレンマを抱えており，必ずしも目前の差別や貧困といった問題を迅速に解決するものでもない。しかし，貧困も，差別も，戦争も，人間の水平的な共同性が切り裂かれることによって生じるのであれば，ワークキャンプはそれらに対して時間をかけつつも真っ向から根源的に対峙していく実践にもなりうるかもしれない。

• **参考文献** •

大野哲也（2011）「アイデンティティの再肯定 ── アジアを旅する日本人バックパッカーの「自分探し」の帰結」『関西学院大学社会学部紀要』(111): 155-170 頁．
佐藤　寛（2005）『開発援助の社会学』世界思想社．
Turner, Victor (1974) *Dramas, Fields, and Metaphors: Symbolic Action in Human Society*, Ithaca:

Cornell University Press. ＝梶原景昭訳（1981）『象徴と社会』紀伊国屋書店.
Fraser, Nancy (1997) *Justice Interruptus: Critical Reflections on the "Postsocialist" Condition*, New York: Routledge. ＝仲正昌樹翻訳（2003）『中断された正義 ——「ポスト社会主義的」条件をめぐる批判的省察』御茶の水書房.
古市憲寿（2010）『希望難民ご一行様 —— ピースボートと「承認の共同体」幻想』光文社新書.
——— (2011)『絶望の国の幸福な若者たち』講談社.
FIWC 九州フィリピン・キャンプ報告書，各年版.
（http://fiwckyushu.web.fc2.com/philippines/history/）より，2013 年 11 月 15 日にダウンロード.

第5章 〈つながり〉の現地変革としてのワークキャンプ
―― 東日本大震災における唐桑キャンプの経緯と意味世界

山口健一

1 唐桑キャンプとの出会いと問いへの誘い

1-1. なぜ唐桑町だったのか？

 2011年3月11日，大きな地震と津波が東北・関東地方を襲った。東日本大震災と命名されたこの災害に対して，フレンズ国際ワークキャンプ（以下 FIWC と表記）は，災害救援・復興支援のボランティア活動を実施した。
 本章は，FIWC が宮城県気仙沼市唐桑町にて唐桑キャンプを実施するようになる経緯と，その後の活動の推移，そして唐桑キャンプの終了に至る経緯を，キャンプ参加者（以下「キャンパー」とも表記）の語りや行動をもとに描き出し，その上で唐桑キャンプにみるワークキャンプの特徴を考察する。
 宮城県気仙沼市唐桑町は，岩手県陸前高田市と隣接する，宮城県北東端に位置する太平洋に面した町である（図5-1）。人口は約7000人（気仙沼市公式 Web サイト，2012年6月現在）。リアス式海岸が続き，明治，昭和の大津波の被害を受けている。主な産業は漁業であり，特に遠洋マグロ漁で栄えた町である。唐桑町の人びとからよく耳にしたのは「奥州特有の閉鎖的な風土」。すなわち唐桑町の人びとは外部者に対して心を開きにくいが，団結力が強く，一度親睦を深めると強い関係ができる風土であった（FIWC 2011）。
 これに対し FIWC は，ハンセン病療養所・快復村や貧困地域にて，また

図 5-1　気仙沼市唐桑町の地図
筆者作成

　(阪神淡路大震災などの) 被災地において，ワークキャンプを実践する NGO である (FIWC の概要は序章を参照されたい)。ではなぜ FIWC は東日本大震災において唐桑町で活動を展開したのだろうか。例えば震災後の唐桑町では，しばらくの間行政による支援が十分に届かなかったという (A 氏インタビュー)[1]。その点において確かにボランティア活動の重要性は高かったといえる。あるいは唐桑キャンプ終了後から現在まで，全国から多くのキャンパーがたびたび唐桑町を訪れていた。そうした唐桑町と FIWC との関係とはいかなるものだろうか。これらの問いを本章の展開における「導きの糸」としたい。ちなみに要点を先取りすれば，これらの問いへの応えは，〈つながり〉というキーワードによって示される。

　その前に，分析視角と調査方法と若干の但し書きを記しておこう。

1-2. 初めて参加した「驚き」からの出発 ── 視角と方法

　筆者は，2011 年 7 月と 9 月に計 2 週間程度唐桑キャンプに参加した。それは調査目的ではなく，「宮城県仙台市に以前住んでいて，今回の震災に対して何らかの支援活動をしたい」という個人的な動機と友人の紹介によるも

---

[1] インタビューデータや Facebook や E メールから引用する際は対象者を仮名で記した。

第 5 章 〈つながり〉の現地変革としてのワークキャンプ

のであった。また筆者は,それまでワークキャンプの経験が全くなかった。そんな筆者がここで,長期滞在によりみえてくる唐桑町の現状や住民の想いや活動の詳細を伝えることや,ワークキャンプの極意を指南することはできないだろう。できるのはただ素人目線から新奇さへの驚きとともにその様を描くことだけである。本章は,そのような筆者の観点から,唐桑キャンプの全体的なアウトラインを描くものである。

本章はデータとして,主に唐桑キャンプの活動記録を載せた二つのブログ(唐桑キャンプブログ,FIWC 気仙沼・唐桑キャンプ)と,補足的に 37 名のキャンパーへのインタビューデータと,長期滞在キャンパーの加藤氏のブログ(遠東記)や佐々木氏のブログ(和栄咲)を用いる[2]。本研究では唐桑の人びとへの調査を実施していない。その理由は,筆者が唐桑の人びとと調査上の十分な信頼関係を築いていないことのみならず,彼ら/彼女らへの調査を控えるという研究上の倫理的要請からである。被災から十分な時間が経過していないにもかかわらず,唐桑の人びとを調査し論文にすることは,調査を通じて彼ら/彼女らの傷口を開き直し,論文の公開によってその傷口をさらしかねないからだ。

本章は調査方法として,事例研究に適合させたグラウンデッド・セオリーを採用している[3]。二つのブログのデータは,カテゴリー別に整理するとともに時系列順に整理し[4],データから浮上した重要な概念は〈 〉で表示した。またキャンパーたちによる本章の事実確認を行った。加えて本章は,分

---

[2] これらのブログから参照ないし引用する際は,唐桑キャンプブログを「唐桑ブログ」,FIWC 気仙沼・唐桑キャンプを「気仙沼ブログ」,加藤氏のブログを「遠東記」,佐々木氏のブログを「和栄咲」と表記した。なお,インタビュー対象者の一覧表やインタビューの質問項目は第 6 章に記している。

[3] 主に A. ストラウス & J. コービン版のグラウンデッドセオリー(1998 = 2004)に依拠しつつ,本章の課題と唐桑キャンプの事例に限定した理論的飽和を設定した。なお,このデータの方法論的限定という着想は,木下(2003)から示唆を受けた。

[4] カテゴリーは,「滞在場所」「参加者」「被災地の状況」「被災者の声と反応」「その他」「ワーク内容」「ニーズ調査と視察と結果」「ミーティング」である。時系列順とは「唐桑キャンプ設立まで(2011 年 3 月 12-22 日)」と,唐桑キャンプで区分された「第一期(2011 年 3 月 23 日-5 月 8 日)」「第二期(2011 年 5 月 9 日-8 月 9 日)」「第三期(2011 年 8 月 10 日-9 月 24 日)」「第四期(2011 年 9 月 25 日以降)」の序列と,第一期から第三期において約一週間単位で通し番号が付された「1-27 陣」の序列である。

析視角としてシンボリック相互行為論を採用する。それは，多様な意味に生きる人びとがコミュニケーションを通じて形成する「意味世界」[5]に着目し，インタビューや実際のコミュニケーション場面のみならず，文書資料等のヒューマン・ドキュメントもデータとして扱うものである。

以上のことを踏まえて改めて本章の課題を述べよう。本章は，上述のブログやインタビューデータに表れるキャンパーたちの語りや行動をもとに，唐桑キャンプという意味世界の経緯を，〈つながり〉をキーワードにして描き出す。その際，ブログでたびたび言及される，現在の生活に必要なものを支援する「救援」活動，震災の直接的な被害からの「復旧」活動，今後の産業や生活にむけた「復興」活動という三つの局面の重層的な変化に着目する[6]。最後に，唐桑キャンプという意味世界の特徴を考察したい。

2　唐桑キャンプの経緯 ── 〈つながり〉の連鎖と存続

2-1. 東日本大震災とFIWC（唐桑キャンプ設立まで）

1. 二つの委員会の対応

東日本大震災直後，それへの対応についてFIWCの関東委員会と関西委員会にて話し合いがなされた。そこではともに阪神淡路大震災時のワークキャンプの経験談も挙げられた。しかし，それぞれで下された結果は異なるものであった。

関東委員会の話し合いでは次の意見が挙げられた。話し合いの前に，LB氏（30歳代，男性，長期）[7]含む3名は，宮城県の被災地へ救援物資を配達した。その反省として，数日間の滞在における少量の物資支援は効率が悪いこと，

---

[5]　シンボリック相互行為論では「社会的世界（social world）」を通常使用するが，本章では，より一般的な「意味世界（world of meaning）」を用いることにする。

[6]　これらの局面は，唐桑キャンプの二つのブログと「遠東記」に記された「救援」「復旧」「復興」の言葉を筆者なりに要約したものである。

[7]　本章に登場するキャンパーは，アルファベットの仮名表記にし，初出時に「大まかな年齢，性別，唐桑キャンプの滞在期間」を記した。

支援活動を「手弁当」で実施できず現地のガソリン等の物資を使用したこと，被災地でのネットワークが形成できず十分な情報が入手できなかったこと，が挙げられた。その他には，われわれは救援の専門家ではないため，今後の長期的な復興支援までは，被災地での活動を専門家に任せた方がよいこと，福島県の原子力発電所の放射能漏れの影響を受ける危険性，が挙げられた（唐桑ブログ）。

　これらの理由から関東委員会は，当面の間，東北の被災地における支援活動の自粛を決定した。それに代わり関東委員会は，この時点で情報とネットワークを有している，千葉県にある被災者の受け入れ施設の支援を活動方針とした（唐桑ブログ）。

　関西委員会の話し合いでも，関東委員会の場合と同様の意見が挙げられた。また，関西での被災者の受け入れや募金活動も提案された。しかし，関西委員会では加えて次の意見が挙げられた。関西委員会の「交流の家」設立にかかわった鈴木重雄氏の遺志を継ぐ人びとが，唐桑町で福祉施設を運営している。その人びとの安否を確認するために，先遣隊が現地に行き唐桑町の状況を見てくるべきである。マスメディアの情報を待つだけではなく，われわれが情報を集めてFIWCの各委員会と共有していこう（気仙沼ブログ）。

　そして関西委員会は，関東委員会と同様の危険性と困難さを自覚しつつも，当委員会と鈴木重雄氏との〈つながり〉の下にある人びとの安否確認と，被災地での情報収集という点から，唐桑町に先遣隊を送ることを決定した（気仙沼ブログ）。

2．FIWC関西委員会と鈴木重雄氏との〈つながり〉

　第2章で詳述されているように，1963年から関西委員会は，ハンセン病快復者のホテルでの宿泊拒否問題を受け，彼ら／彼女らの宿泊所として奈良市で「交流の家」建設運動を始めた。当時，長島愛生園（岡山県のハンセン病療養所）で生活していたハンセン病快復者の鈴木重雄氏は，同園の若者を何十人も連れてその建設のワークキャンプに参加し続けた（矢部2011）。

　鈴木重雄氏は，長島愛生園の患者自治会長として活躍する中，そこでの人脈を通じて，道路建設や水道設置や国民宿舎誘致等，陰ながら唐桑町に尽く

写真 5-1　国民宿舎にある鈴木重雄氏の像（尾形修一氏撮影 2011 年 4 月 19 日）

してきた。彼が唐桑町に帰った後，その功績を知った唐桑の人びとは，1973年の唐桑町長選挙に彼を擁立した。急な立候補であった。関西からキャンパーたちも応援に駆けつけた。「わたしはライを病みました。しかし，ライは治るのです」[8]。曲がった手をかざしながら，鈴木重雄氏はハンセン病を隠すことなく演説した。唐桑町住民の約半数が支持したものの，彼は僅差で敗れることとなった（矢部 2011; 交流の家 1973）。

その後鈴木重雄氏は，宮城県北部に知的障がい者施設がないことを知り，社会福祉法人洗心会の設立に邁進したが，1979 年に逝去した。現在，洗心会では，入所施設の「高松園」や「第二高松園」，通所施設の「夢の森」や「ひまわり作業所」などの福祉施設が運営されている（矢部 2011; 田中 2005）。

2007 年の洗心会 30 周年記念式典の際，「交流の家」建設や町長選挙のときから鈴木重雄氏と〈つながり〉を有するキャンパーたちが唐桑町を訪れた。洗心会の人びとは彼ら/彼女らを歓待した。キャンパーたちは「34 年前のことをいまだに覚えていてくれる」，「洗心会の人びとが鈴木さんの遺志を受け継がれ発展的に展開されていた」と語る（矢部 2011; 青山 2008）。

東日本大震災後しばらくして，鈴木重雄氏と深い〈つながり〉を有するキャンパーの SA 氏（60 歳代，男性，短期）のもとに，洗心会の職員から電話がかかってきた。SA 氏がウェブサイトに載せた安否確認のメッセージを受

---

8) ハンセン病は当時「癩（らい）病」と呼ばれていた。現在この呼び方は使われないが，ここでは発言の引用のため，原文ママとした。

けた連絡だった。「支援に行きたいけどもいいですか」。「お願いします」。このとき，鈴木重雄氏の遺志を継ぐ人びとの安全が確認されると同時に，その人びとに対して支援活動を行う道筋が整った（SA 氏インタビュー）。

3. 唐桑キャンプの形成

先遣隊を結成するに際して，関西委員会で動けるのは LC 氏（10 歳代，女性，長期）を含む学生キャンパーだけであった。しかし活動経験も浅いため，それを彼ら／彼女らだけで実行するのは危険であった。FIWC による被災地での支援活動を目指していた LC 氏は，救援物資の配達を行った関東委員会の LB 氏と連絡を取った。LB 氏は，関東委員会の自粛の決定に対し「個人でも被災地に行く」と決めていたという（LC 氏インタビュー）。

その後 LB 氏と LC 氏は SA 氏のもとを訪れ，関西委員会と鈴木重雄氏や唐桑町との〈つながり〉を詳しく知る（LC 氏，SA 氏インタビュー）。ワークキャンプや震災復興支援活動の経験を有する LB 氏がリーダーシップを取ることにより，先遣隊が実行可能になった。

「鈴木重雄の唐桑を元気にしよう」（矢部 2011）。このかけ声のもと，こうして先遣隊が結成された。そして，それがそのまま唐桑キャンプとして設立・展開することになる（最初は関西委員会の企画として，4 月以降は各委員会の合同企画として実施された）。

2-2. 唐桑キャンプの形態と参加者の構成

ここで，唐桑キャンプの形態と参加者の構成を少し述べておきたい。キャンパーたちは，洗心会職員の家や，その職員の土地に建てたテントやプレハブ家屋で生活した[9]。お風呂は 4 月から民宿にて利用できるようになったが，それまでは数日に一回利用する程度であった（唐桑ブログ）。

---

9) 第一期は，洗心会職員の家に宿泊し，キャンパー数の多いゴールデンウィークにはテントを張り宿泊した。6 月以降からはプレハブ家屋（「唐桑ホーム」と「癒し屋」）が建ち，また 8 月からは津波被害を受けた家屋（「あんぱん亭」）も改修して使用された。

写真 5-2 「唐桑ホーム」と呼ばれるプレハブ家屋（右）

1. 唐桑キャンプの組織・活動形態

　唐桑キャンプでは次のような組織形態がとられた。主な役職は，唐桑住民や他ボランティア団体との渉外や組織全体の責任を負う「総リーダー」，日々の全般的な活動を担当する「ワークキャンプリーダー」，特定の企画や活動を担当する「（各種）リーダー」，食事を作る「KP」，そして「会計」である。また人数が多い時期には活動ごとに班編成がなされ，それぞれに班長がおかれた。日々の活動では，現地で「共同生活＝キャンプ」を行いつつ，「ニーズ調査や下見→ミーティング（ワーク内容の検討と決定）→ワーク→ミーティング（感想や課題の提示と反省）」という一連の活動のセットが重層的に繰り返された。さらに時期の節目ごとに「振り返りミーティング」が実施され，持続的に活動が引き継がれていった（唐桑ブログ）。

　その他にも後方支援の活動として，参加者受付の担当者とウェブサイト上での活動報告や広報の担当者が，各委員会に設けられた（唐桑ブログ）。

2. 参加者の構成

　唐桑キャンプは，キャンパーが個々の活動資金を用意するだけではなく，FIWCのメンバーや協賛者が活動資金を出し合うことによっても成立していた。また長期滞在のキャンパーの中には，個別に支援金の提供を募り活動資金を得ている人もいた（唐桑ブログ）。

　唐桑キャンプの参加者総数は206名で，うち累計で1ヶ月以上の長期滞在

者が17名，2週間以上1ヵ月未満の中期滞在者が12名，2週間未満の短期滞在者が158名，現地在住の参加者が14名，不明が5名である。性別の比率はおよそ男性が6割で女性が4割である。年齢上の構成は，10歳代が17名，20歳代が114名，30歳代が25名，40歳代が5名，50歳代が11名，60歳代が8名，不明が26名であり，20歳代までの若者が参加者全体（不明を除く）の7割強を占めている。中期・長期滞在者は，そのほとんどが若者であり，大学生やフリーター，休職中や転職中の人，比較的時間の融通が利く自営業や自由業の人から構成されている。参加者の約半数がFIWCやQiao[10]に所属しワークキャンプ経験を有している。また多くの人が複数回唐桑キャンプに参加している[11]。

3. 活動上の理念

唐桑キャンプでは，活動やミーティングの中で形成され（再）確認される，明示的な理念が掲げられていた。その中でも特徴的なものを挙げよう。

　(1)「唐桑を元気にする」。活動する上での目的である。(2)「危険なことが起こりうる」。大きな余震が続く中，瓦礫だらけの場所でワークを行うので怪我をする危険性を自覚する。1人で行動せず必ず2-3人で行動する。(3)「自分の頭で考えて行動する」。ワーク中でも意見を遠慮なく言い合い，ワークがより安全で効率の良いものになる。ミーティング中でも，考えていることを発言することで周囲の人もそれを理解でき共同生活を深めていくことができる。(4)「長所を活かす知恵を使う」。やりたいこと，できること，できないことを自分自身で把握し，周知させることにより，各自に適したワークができる。(5)「好きにやる」。休憩を含め，リーダーと相談しながら各自のペースで活動する。(6)「責任感ある行動を」。無責任な行動により，現地で活動できなくなる可能性がある。(7)「被災地のプライバシーを意識する」。瓦礫は人の思い出が詰まったカケラであり，無神経に扱わないこと。また現

---

10) FIWCと同様のワークキャンプを行う早稲田大学のサークルである。
11) 唐桑キャンプ参加者の構成は，長期滞在者の協力を得て筆者が二つのブログをもとに作成した，「参加者一覧表」から考察されている。なお唐桑キャンプには，主流をなす「陣」のほかに，各委員会の企画で活動を行う場合もあった。本研究では，それらを含めて「唐桑キャンプ」と呼ぶことにする。

地を必要以上に撮影しないこと。(8)「C型フォーメーション」。開かれた集まりであること。閉鎖的なO字型で集まって話すのではなく，一部を開放するC字型のように誰もがその場に話し込めるような形態を作る（FIWC 2011）。

さらに，明示的に掲げられていない次の理念も挙げられる。(9)「人と人とのつながりを大切に」[12]。個人と個人との〈つながり〉があってワークが成り立つ。親密な〈つながり〉を作り，積み重ね，拡げていくことがFIWCの強みである。(10)「氷を中心から溶かす」（和栄咲）。「氷（社会問題）」を外部から溶かすのではなく，現地に飛びこみ，その内部から溶かしていく（変革していく）。

こうした特徴をもつ唐桑キャンプは，どのように唐桑町にて活動を展開したのだろうか。次節からそれをみていこう。

2-3.「救援」活動と唐桑キャンプの定着（第一期唐桑キャンプ）

1.「救援」活動の実施 ── 鈴木重雄氏との〈つながり〉から洗心会へ

2011年3月末の唐桑町は，電気や水道が回復していなかった。夜は−3℃まで下がり，時々雪が舞う。余震が続く。避難所の人びとは落ち着いていない。津波で流されたため町に商店が少なくなった。灯油や軽油は入手でき，水は井戸や給水車から入手できた。避難所には使い物にならない古着の支援物資も届けられる（気仙沼ブログ）。

洗心会の施設である高松園と第二高松園は避難所として開放されており，職員たちはその対応に追われ疲労困憊であった。3-4名の先遣隊が，関西委員会が有する〈つながり〉のもと，唐桑町へ向かった。彼ら／彼女らは，鈴木重雄氏の遺志を継ぐ洗心会職員の家に宿泊しつつ，第二高松園で，薪割りや薪とり，洗濯，水汲み，入所者の介護手伝いなどのワークを行った。また，それと並行して両避難所にてニーズ調査を行い，衣料品や生活用品が必要なことが分かった。その後先遣隊は，FIWCからの支援物資の配達や，避難所

[12) この理念は，『遠東記』(11箇所) やブログ (34箇所) に頻繁に登場する「つながり」という言葉を含む文章を，筆者なりにまとめたものである。

第5章 〈つながり〉の現地変革としてのワークキャンプ

写真 5-3 支援物資の配達

や気仙沼市唐桑総合支所に届いた支援物資の配達などを行った。これらは，唐桑の人びとが生活するために必要な「救援」活動であった。あるキャンパーは述べる。「何か必要なものがありませんかと聞く，〔それが〕人びととのコミュニケーションのはじまり」(唐桑ブログ・気仙沼ブログ)。

当初唐桑のある人から，「いきなり来た人に何も頼めるわけない，ほっといてくれ」(FIWC 2011) と言われたこともあった。被災した家屋の片づけを行う人を手伝おうとしたが断られたこともあった。ある人は断った理由を「避難所にいて考えてばかりいるので心のゆとりが無くて言葉がきつくなった」と語る。キャンパーたちは述べる。「とにかく動く，気づいたらすぐ行動！ 遠慮せずに。被災地という環境をこれ以上気まずくしないように，唐桑の人びととコミュニケーションをとり易くする」(唐桑ブログ・気仙沼ブログ)。

あるキャンパーが黙々とワークを続けていると，唐桑の人びとから声かけ，差し入れがあった。さらに，ある人からは「うちをやって」とワークの依頼を受けた。キャンパーが滞在を続けるにつれ，少しずつ顔見知りもでき，唐桑の人びとから認識され始めた (唐桑ブログ)。

しかし当時，唐桑の人びとはキャンパーたちを「(第二) 高松園に来たボランティアさん」と捉えていた (LC氏インタビュー)。

147

2.「救援」と「復旧」活動の拡がり ―― 唐桑の人びととの〈つながり〉の萌芽

　2011年4月に至り，唐桑町に電気や水道が復旧しはじめる。まだまだ寒く，余震も多い。多くの支援物資が避難所に届き，基本的な物資は足りていた。自衛隊が唐桑町に入るが，人命捜査や遺体収容に特化した活動を行った。まだ瓦礫の撤去は進んでいない。先遣隊から唐桑キャンプへと名称が変わり，人員も10名程度に増えた。4月下旬に桜が咲く（唐桑ブログ・遠東記）。

　キャンパーたちは，洗心会職員の家での宿泊や民宿でのお風呂の利用など，特定の唐桑の人びとから支援を受けていた。それが活動する上で大きな励みとなり，彼ら／彼女らは「ここでキャンプをしていいんだ」と思えた（LB氏，Eメール，2013年1月17日）。

　キャンパーたちの活動対象は，第二高松園から高松園へと移っていったが，そこに特に緊急性の高いニーズはなかった。そこでキャンパーたちは，子どもたちと野球やサッカーなどをしながら，高松園に顔を出し続けた。あるいは各々の避難所にてお菓子を配ることを通じて，顔の見える関係を形成した。それにより避難所の女性たちが化粧品を求めていることを知り，化粧品を購入し配達した。その一方で，唐桑町内の地区長に挨拶に向かい，各地区の視察とニーズ調査を行った。その結果，洗心会職員や地区長から，公共の場所での瓦礫撤去や，個人宅での漁具の回収整理，瓦礫撤去，家屋掃除といったニーズを得た。また，通学路に散乱する瓦礫の撤去ワークは，子どもたちの通学状況を見て自発的に行った。さらに小学校の入学式準備の手伝いや子どもたちへの家庭教師といったワークも行った。あるキャンパーは述べる。「ワークが唐桑の人びととのコミュニケーションのはじまり」（唐桑ブログ）。

　ある日の公共の場所での瓦礫撤去ワークは，キャンパーと唐桑の人びとが共に行った。昼に人びとが疲れて休んでいる間も，キャンパーが黙々とワークを続け，最後までやりきった。それを見た唐桑の人びとは心を動かされ，彼ら／彼女らを信用し始めた。ボランティアへの評価が「少しずつ変わってるんですよ」と，ある唐桑の人は述べる（遠東記）。

　個人宅での漁具の回収整理ワークでは，休憩中，依頼者の人が「冷たい人間もいるなかどうしてこんなに優しくて親切なんですか」と涙ぐみつつ語

第 5 章 〈つながり〉の現地変革としてのワークキャンプ

写真 5-4 瓦礫撤去ワーク

る。こうしたワークを通じて，唐桑の人びとがキャンパーの作業着姿を覚え，声をかける人が多くなっていった（唐桑ブログ）。

　その後，気仙沼市職員や唐桑在住の気仙沼市議会議員，唐桑町に詳しい新聞販売店店員とも顔見知りになった。またいくつかの地区の個人宅避難者に，唐桑キャンプの紹介を添えた情報誌（被災後の対応等を掲載したもの）を配付した。彼ら／彼女らを通じて，また情報誌を通じて，唐桑キャンプにニーズが来るようになっていった（唐桑ブログ）。

　しかしキャンパーたちは，唐桑の人びとと知り合い話す中で，活動を展開する上での唐桑町の状況を次のように捉えていた。洗心会職員や地区長，行政職員，市議会議員，事情通の新聞販売店店員など，さまざまな人びととネットワークを形成したものの，そこから地区単位や唐桑町全体の活動へと展開する見込みが少ない。なぜなら，唐桑の人びとはこれまでボランティア活動とほとんど接点がなかったため，ボランティアの外部者を積極的に受け入れていなかったからである[13]。そのため活動は，「ボランティア」という看板を通じてではなく，個人と個人との〈つながり〉を通じてのみ可能となる

---

13) この指摘は，ブログ全体と LC 氏のインタビューから筆者がまとめたものである。

（唐桑町に入った他の 2 つのボランティア団体も同様の状況に置かれていたという）。こうした「唐桑の風土」とも呼ばれる状況に対し，キャンパーたちは，眼前にある人と状況を大切にし，方針として「人との縁」「個人のつながり」を最も重視した活動を行っていくことを確認する（唐桑ブログ）。

3. 唐桑キャンプの定着と〈つながり〉の多元性

　2011 年 5 月に至る前後から，昼間の日ざしが強くなってきた。それまで唐桑町に入っていなかった気仙沼市のボランティアセンターから，ボランティアの派遣が始まる。唐桑キャンプにも，唐桑の人びとが少しずつ参加し始める。遅咲きの八重桜が満開になる（唐桑ブログ・遠東記）。

　ゴールデンウィークには，全国から総勢 57 名のキャンパーが集った。6 つの班に分かれてそれぞれ実施したのは，個人宅での家屋掃除や瓦礫撤去や漁具の回収整理，避難所での炊き出しや足湯・マッサージ，キャンパー全員の食事を作る KP，祭りの準備と運営などのワークであった。また引き続き避難所でのニーズ調査が行われた（唐桑ブログ）。

　瓦礫撤去ワーク中，写真やラケット，卒業アルバムが見つかった。依頼者は大変喜んでいた。キャンパーたちは，重機ではなく人の手でワークを行うことの重要性と，瓦礫が思い入れのある品であることを再確認した。ワーク後キャンパーたちが挨拶に向かうと，別れ際に依頼者は涙を流した。避難所での炊き出しワークでは，以前と比べて避難所の人びとと話をする機会が増えていた。あるキャンパーはこれを毎日の顔出しの結果と語る。避難所では普段の料理を女性が担当しているため，彼女らに疲労が溜まっていた。そこで希望の料理を調査し，4，5 品目の料理を作った。避難所の人びとから「俺がこんなに完食したのは初めてだ」，「今までのご飯の中で一番か二番位おいしかった」との言葉をもらう。避難所での足湯やマッサージでは，そのワークを通じて避難所の人びとと何気ない会話が生まれ，話が弾んだ。避難所の人びとは，いろいろなボランティアが来るため，震災の経験について話し慣れていた。キャンパーたちは，瓦礫撤去や漁具の回収整理などのハード面のワークだけではなく，避難所に顔を出して人びとの話し相手になるソフト面のワークの重要性を確認した（唐桑ブログ）。

第5章 〈つながり〉の現地変革としてのワークキャンプ

写真5-5　ゴールデンウィークキャンプの集合写真

　祭りの準備に向けて，第二高松園にて音響機材や自動車を借りる際，その園長は「FIWC〔唐桑キャンプ〕の頼み事は，鈴木重雄さんの遺志だと思って対応している」といい，二つ返事で許可をくれた。キャンパーたちは，FIWCと鈴木重雄氏との〈つながり〉の上に唐桑キャンプが成立していることを再確認した。祭り当日には，いくつかの班が合流し，出店や企画が実施された。最後に，あるキャンパーが作った「愛はひとつになる」という歌を唐桑の人びとと共に歌った。感動して泣き出す唐桑の人もいた。「孫に連れられて行ったんだけど，元気をもらった。もう漁をやめようと思っていたけど，明日から漁の準備を始めてみるよ」とある人は語る（唐桑ブログ）。

　この頃には，唐桑キャンプやキャンパーが唐桑の人びとに周知されるようになっていた。あるキャンパーが語るように「当初は，外部の人間など受け入れてもらえないのではないか，僕らがいることで迷惑の方が多いのではないかと不安だった」（唐桑ブログ）のに対し，この頃には「町に私たちが少しずつ定着しつつある」（遠東記）状況になった（傍点は筆者）。つまりそれは，唐桑の人びとのまなざしが，見慣れぬ「外部者のボランティア」から，顔の見える特定の集団としての唐桑キャンプ，あるいは特定のキャンパーへと移り変わっていったことを意味していた。それは別言すれば，キャンパーたち

151

が唐桑の人びとと〈つながり〉を形成し始めたことを意味している。

（振り返り）ミーティングでは，唐桑キャンプのあり方について話し合われた。それは，各キャンパーが唐桑キャンプに参加するスタンスと関連していた。あるキャンパーが「FIWCしかり，鈴木重雄さんしかり，私自身もですが，つながっているものや絆をより多く痛感した」と述べるように，複数の何らかの〈つながり〉のもとキャンパーたちは唐桑キャンプに参加していた。しかし，あるキャンパーは鈴木重雄氏との〈つながり〉を重視するのに対し，あるキャンパーは「鈴木重雄さんを強調しすぎではないか……人によってきっかけ・続ける理由は様々」と述べる。すなわち，相対的に鈴木重雄氏の唐桑町との深い〈つながり〉のもと参加するキャンパーもいれば，むしろ他の〈つながり〉のもと唐桑キャンプへ参加するキャンパーもいた[14]。そして今後唐桑キャンプは，その性格として「〈つながり〉の多元性」を有したまま存続していく（唐桑ブログ）。

2-4．「復旧」活動とワークニーズの変化（第二期唐桑キャンプ）

1．「復旧」活動に伴うボランティア諸団体のネットワーク形成

2011年5月半ばには，唐桑町の体育館に持ち主不明の思い出の品が集められた。小学生の親同伴での登校が解除された。行政の委託業者による私有地の瓦礫撤去が始まる。震災から2ヵ月が経過したが，避難所にいる人びとにプライベートな時間はなく，ストレスが溜まっていた。仮設住宅への入居が徐々に始まるが，それに伴い入居に向けた抽選の当選者と落選者との間に軋轢が生じ始めた。昼夜の気温の差が激しい（唐桑ブログ）。

唐桑キャンプが定着する中，1名から10名程度のキャンパーによって活動が再開された。ニーズ調査は，電話で調査すると唐桑の人びとは遠慮することが多いので，直接訪問の形がとられた。その際，キャンパーたちは改めて唐桑の人との信頼関係，すなわち〈つながり〉の重要性を確認した。個人

---

14) この唐桑キャンプの性格をめぐる〈つながり〉の多元性は，数多くのキャンパーが参加したことにより顕在化したものと考えられる。なお，これは理念における「鈴木重雄の唐桑を元気にする」と「唐桑を元気にする」の違いといってもよい。

宅での瓦礫撤去や漁具の回収整理，仮設住宅への引越し手伝い，高校生への家庭教師といったワークが実施された。引越し手伝い時に，あるキャンパーが仮設住宅の窓から部屋の中が見えてしまうことに気づいた。そこでプライバシーフィルムを購入し，窓に張り付けるワークが行われた（唐桑ブログ）。

唐桑町には複数のボランティア団体が入っていた。各団体が独自にニーズ調査をするために，調査内容の重複が起こり，それらの対応への負担を唐桑の人びとに引き起こしていた。しかし唐桑町の行政にはその現状に対応する余裕はなかった（遠東記）。

そこで，各ボランティア団体の現地代表者や行政職員，市議会議員が集まり，定例会の開催や掲示板の設置，情報の共有，ボランティアの受付の一元化などが話し合われた。唐桑に拠点があり，キャンパーが長期滞在し，唐桑の人びととの〈つながり〉を強く持つ唐桑キャンプがその中心となった。このネットワークは後に「唐桑ボランティア団」と命名され，LA氏（20歳代，男性，長期）がその事務局に就いた。今後それは，外部のボランティアを受け付け，ワークニーズを集め，ボランティアにそれらを割り振る役割を担っていく（唐桑ブログ）。

2．「復旧」活動の展開と「救援」活動の減少

2011年6月に至ると，日中の気温が30度になる日もあった。プレハブ家屋（唐桑ホーム）が建てられ，そこが活動の拠点となる。瓦礫から発生したハエが多く，夜寝ているとうるさい。地面が沈下しているため，大潮になると一部の道路が冠水した（唐桑ブログ）。

この時期から唐桑キャンプの活動は，これまでよりも広い唐桑町内の地域へ展開しはじめた。それに伴い瓦礫撤去等のワークニーズが増えはじめたが，キャンパーが十数名程度だったため，短期滞在の一般参加者も募るようになった。またこの時期から炎天下でのワークとなったため，ワーク中の休憩が多めにとられた。個人宅での瓦礫撤去や家屋内の整理，浜辺の清掃，運動会手伝い，運動会や避難所での炊き出し，唐桑の子どもの誕生日会の準備と実施，草刈りなどのワークが実施された。また唐桑ボランティア団の調整により，他のボランティア諸団体と合同で瓦礫撤去ワークが実施された（唐桑

写真 5-6　他のボランティア諸団体との合同ワーク

ブログ)。

　避難所での炊き出しワークは，女性たちによる避難者全員の食事作りの負担を軽減するために実施された。しかし徐々に仮設住宅の入居者が増えるにつれ，そのニーズが少なくなった。また物資支援のニーズも減った。この点についてあるキャンパーは，「本当に必要とされているニーズを綿密に調査し，実行に移すのなら結構だが，無作為な炊き出しや物資支援は自立をジャマしかねない」(遠東記) と述べる。そうした理由から，唐桑キャンプでは，炊き出しワークや物資支援などの「救援」活動を減少させていった (唐桑ブログ)。

3.「復旧」活動と〈ワークの意味づけの深化〉

　第一期と比べて唐桑町内の瓦礫は徐々に減ってきたが，活動範囲の拡大に伴い，唐桑キャンプは瓦礫が多くある地区に着手した。それらの瓦礫は，市行政から委託された業者により重機などでいずれ撤去されるものであった。しかし，ある唐桑の人はいう。「瓦礫を見てみな。あの瓦礫は 3.11 から時が止まっているんだ。瓦礫がなくなることで，初めて住民は次の一歩を踏み出せる気がするのさ」(遠東記)。キャンパーたちは，早期の瓦礫撤去が，瓦礫をなくすというハード面のみならず，唐桑の人びとの気持ちを前向きに動かすソフト面の重要なワークでもあることを自覚した。またある日，いずれ解

体される家屋の整理ワークにおいて，キャンパーたちは依頼者の「近所づきあいする上で，虫がわくなどの迷惑をかけたくない」との想いを知った。これらはともに，キャンパーたちが時間をかけて唐桑の人びとと〈つながり〉を形成する中で得られた〈ワークの意味づけの深化〉である。あるキャンパーは「今日の〔ワークの〕ように地域の人びとと関わり，そこで感じたことを大切に協力していくこと。……長時間をかけてやっと小さなことを助けることができる。どれだけ現地で地域の人びとに密着するかが重要である」と述べる。こうしたワークキャンプの特徴から得られた瓦礫撤去や家屋整理などの〈ワークの意味づけの深化〉を伴いつつ，唐桑キャンプは今後「一軒一軒まわって瓦礫撤去していって，それを1ヵ月，2ヵ月，3ヵ月，半年，続けること」（遠東記）を実施していく（唐桑ブログ）。

4．ワークニーズの漸進的な変化 ── 「復旧」から「復興」へ

　震災から4ヶ月経ち，唐桑の人びとが「皆で力を合わせて乗り切ろう」とする緊急時の状態から変化が生じはじめた。「ウチはウチ，ソトはソト」という集落ごとの共同体が回復し始めると同時に，避難所，仮設住宅，個人宅（在宅）という置かれた状況が異なる人びととの間で軋轢が生まれ始めた[15]（遠東記）。

　キャンパーたちは，2011年6月末頃からの唐桑町のワークニーズの変化を，徐々に自覚していった。個人宅での瓦礫撤去や家屋内の整理も継続的に実施されたが，草刈りのニーズが増えてきた。また，仮設住宅への入居が進むにつれ，その引越し手伝いが実施された。仮設住宅の人や在宅避難者を訪問して話をするソフト面でのワークも実施された。さらに，唐桑の主要産業である漁業に対する手伝いも実施された。これらはいわば，震災による直接的な被害の「復旧」活動から今後の生活や産業の「復興」活動へ，というワークニーズの漸進的な変化を示している（唐桑ブログ）。

　しかしこの変化に伴い，唐桑の人びとの雇用を奪う問題，あるいは公平さ

---

15) この変化は，加藤氏が，多くの唐桑の人びとと〈つながり〉を作るなかで話を聞いたことをその限りでまとめたものである。そのため加藤氏がいうように，唐桑の状況の「決めつけ」（遠東記）ではないし，それを批判する狙いもない。

の問題が生じてきた。唐桑町には，草刈りを有償で請け負う組織があった。キャンパーたちがその組織の人と話し合ったところ，「現状ではお金を請求して仕事をするような環境ではない」とのことから，唐桑キャンプは草刈りを実施することになった（唐桑ブログ）。

　牡蠣(かき)の養殖業の復興にむけて，牡蠣の種付け[16]の手伝いがワークニーズとして挙がってきた。しかしその無償のワークにより，「○○さんは，どこそこのボランティアを使って，養殖を始めてるらしい」（遠東記）といった，養殖業者間の不公平や唐桑の人びととの関係悪化にボランティアが加担する問題が生じた。そこで唐桑ボランティア団が，漁業協同組合などを通じてワークを周知し，かつ養殖業者たちの依頼を公平に扱った（唐桑ブログ）。

　そうした中，唐桑キャンプは牡蠣の種付けワークを実施した。それは，無償の労働力の提供のみならず，会話を行い〈つながり〉を形成する中で唐桑の人びとを元気にさせるというソフト面の効果もある，という〈ワークの意味づけの深化〉を伴って実施された。ある養殖業者はいう。「ボランティアさんがいるとさ，"会話"が生まれるのさ。おらい（俺ら）だけで作業やってても，話すことなんてねぇ。あるとすれば暗い話さ。……ボランティアさんは，みんな最後に『逆に私たちが元気もらいました』って語って帰っていく。でも，そうでねぇ。やっぱり元気もらってんのは，おらほ（俺たちの方）なんだ」（遠東記）。

　あるキャンパーは，「唐桑の人びとに元気になってもらいたい」との想いで，唐桑の人びとと相談しつつ「がんばっつぉー唐桑手ぬぐい」を作成した。ほぼ原価で販売された手ぬぐいは，ボランティアや唐桑の人びとが大量に買い求め，即日完売となった。それらは唐桑の人びとの家の縁側やお店や漁船に掲げられた。キャンパーはそれを頭や首に巻いてワークを行った（遠東記）。

　この時期の〈振り返り〉ミーティングでは，大人数で作業効率を上げ，唐桑の人びととの関わりが少なくなるワーク形態よりも，個々人の顔が見える小人数でゆっくり作業を行い，依頼者との〈つながり〉を優先するワーク形

---

[16]「種ばさみ」ともいい，ロープに一定の間隔で，牡蠣の稚貝を付けたホタテの貝殻を挟み込んでいく作業のこと（遠東記）。

第 5 章 〈つながり〉の現地変革としてのワークキャンプ

写真 5-7　がんばっつぉー唐桑手ぬぐい

態を重視することが確認された。その理由は，前者だと依頼者からみて相手が特定の個人ではなく「ボランティア」という評価になってしまうからであった。そのため，大人数のキャンパーが参加した場合には，細かく班分けを行い各班が同じ場所でワークを行う活動形態がとられていった（唐桑ブログ）。

2-5. 「復興」活動と唐桑キャンプの変容（第三期唐桑キャンプ）

1. 「がんばっつぉー唐桑夏祭り」の実施と各委員会の活動

　2011年8月初旬，当時唐桑町唯一のコンビニエンスストアが営業再開した。唐桑町最後の避難所が閉鎖された。8月半ば，キャンパーと〈つながり〉のある漁師の漁船が震災後初めて出港する。お盆明けごろから日中の温度が急に下がり始める。8月末，津波を受けた土地に雑草が生い茂る。余震が起きる（唐桑ブログ・遠東記）。

　この時期には，従来の唐桑キャンプの活動に加え，各委員会が企画した活動も実施された。盆祭り手伝い，草刈り，牡蠣の種付け，養殖いけす用の錨(いかり)作り，養殖用の筏作り，個人宅の瓦礫撤去，子どもへの家庭教師などが実施された。また，お盆に開催された「がんばっつぉー唐桑夏祭り」は，数か月前からあるキャンパーたちや他ボランティア団体の人びとが中心となり，唐桑町全体の祭りとして企画された（唐桑ブログ）。

　それは，「震災後数ヵ月でバラバラ感が浮き彫りになった唐桑。その唐桑

の心をひとつにするようなイベントにしたい」という想いからであった。従来唐桑町では地区ごとに盆祭りが開催されていたが，被災により祭りを開催できない地区もあった。その企画は，それらに代わる「地区を超えた祭り」として，唐桑の人びとを中心とする実行委員会形式で進められた（遠東記）。

　各委員会や唐桑キャンプのキャンパーもその祭りの準備と運営に関わった。ポスターやチラシがキャンパーたちによって作られ，唐桑ボランティア団を通じて各ボランティア団体に出店が依頼された。あるキャンパーはウグイス嬢として町内を車で往復し，祭りの宣伝を行った。祭り当日の小学校には，多くの出店がならび，ステージには大漁旗が飾られた。地元の太鼓演奏や気仙沼の高校のダンス部による踊り，ジャズ，ダンスといった演目が続く。辺りは暗くなりキャンドルアートの中，あるキャンパーが「愛はひとつになる」を歌った。キャンパーと深い〈つながり〉を有する唐桑の人が，「ごめん，私もうダメだー」と泣き出す。キャンパーたちの眼にも涙が溜まる。花火があがる（遠東記）。

　最後にボランティアたちがステージにあがり，LA氏が挨拶をした。「もうこれからはボランティアだけでは，復興活動は限界があると思っています。欲を言えば，これからは『ボランティア』そして『被災者』，こういう言葉を捨てたいなと思っています。……唐桑をひとつにしたい。こんなときだからこそ，気持ちをひとつにして歩んでいきたい。地区は関係ないです。仮設〔住宅〕も在宅も関係ないです。その想いでこのお祭りが開かれました」。祭りが終わり，LA氏は唐桑の人びとから感想をきく。「元気をもらった，ありがとう」。「本当に感動した。明日から，LAちゃんはオレの"友だち"だ」。「ボランティア―被災者」から「友だち」へ。こうしてまた，キャンパーと唐桑の人びととの〈つながり〉が紡がれていった（遠東記）。

　東海委員会はこの時期から，津波に襲われた地区の在宅避難者で，孤立して生活する人を対象としたワークを実施し始めた。ある高齢の女性は，震災後1ヵ月間孤立しながら一人で生活していた。5月初旬にキャンパーたちがそのお宅に食事を届け，瓦礫撤去を実施したことが，唐桑キャンプと彼女との〈つながり〉の始まりだった。その後，その〈つながり〉は東海委員会へと引き継がれ，キャンパーたちは彼女の畑の耕作や草刈りをし，彼女と共に食

第5章 〈つながり〉の現地変革としてのワークキャンプ

写真 5-8　キャンドルアートが灯る唐桑夏祭り

事や話をした。これらは，孤立して生活する在宅避難者へのソフト面を重視したワークといえる。複数回訪問したあるキャンパーは「一人で生活していることを知って心配していた」から，普段から手紙や電話で連絡をとり，他のキャンパーと共にお宅を訪問して，彼女を元気づけた。こうしてキャンパーたちは，在宅で孤立して生活する人びととの〈つながり〉を深めていった（唐桑ブログ）。

2.「復興」活動と唐桑キャンプの変容

2011年9月に入り，唐桑キャンプでは個人宅での草刈り，瓦礫撤去，船の清掃，牡蠣の種付けなどのワークが実施された。キャンパーたちは，〈つながり〉を有する仮設住宅や在宅の唐桑の人びとのもとを訪れ，中学校の運動会やフルート演奏会に参加した。また他ボランティア団体との合同ワークとして，瓦礫撤去，養殖いけす用の錨(いかり)作りが実施された。特にこの時期の瓦礫撤去の合同ワークは，対象地区の有力者がそれを了承したことにより実現し，その地区に対し集中的かつ一斉に行われた（唐桑ブログ）。

8月から9月にかけて，キャンパーたちの間で唐桑の状況やワークニーズの変化が自覚されてきた。LA氏は，瓦礫撤去などの「復旧」活動が最終局面に近づき，これからは「復興」活動の局面に至るようになり，この局面の主人公は唐桑の人びとであると述べる（遠東記）。あるキャンパーは「ゴール

デンウィークの時のワークは『目に見えるワーク』だった。だんだん目に見えるニーズが減ってきた」と述べる。ある唐桑の人は「これからは目に見えない支援活動が大切になってくる」，別の唐桑の人は「モノよりも人とのつながりが欲しい」と語る（唐桑ブログ）。

　この唐桑の状況のもと，第三期をもって唐桑キャンプは主要な活動を停止した。その点について，唐桑に滞在するキャンパーや各委員会の人びとの間でミーティングや話し合いがなされた。停止する主な要因は，瓦礫撤去などのワークニーズの縮小，キャンプ参加者の大半をなす大学生の夏休みの終了であった。話し合いの結果，唐桑キャンプは次の形態で実施されることになった。すなわち，各委員会による独自のワークキャンプの実施か，各キャンパーによる個人としての滞在である。そのとき責任主体は，唐桑キャンプではなく各委員会や個人となる。また唐桑町駐在のキャンパーは，各委員会や個人の唐桑滞在時の補佐を行う。こうして第四期以降，唐桑キャンプはその性格を変えながら存続していった（唐桑キャンプ臨時掲示板）。

2-6. 活動の分化と唐桑キャンプの終了（第四期唐桑キャンプ）

　2011年9月後半も続けて，他ボランティア団体と合同で集中的な瓦礫撤去や養殖いかだ用の錨（いかり）作りが行われた。また個人宅での瓦礫撤去や草刈り，祭りの手伝いや子どもたちとのサッカーなども実施された。祭りにおいてある唐桑の人は，外部者からではなく「内側から盛り上げなきゃダメなんだ」と語る。この言葉も唐桑の状況の変化を示していよう（唐桑ブログ）。

　その後，先述した唐桑の状況と唐桑キャンプの性格の変化にともない，今後唐桑キャンプは，大きく三つの方向へとその活動を分化させていった。それらはともに，「復興」局面における「目に見えない支援」に対応した活動であり，〈つながり〉を通じて展開していく。

1. 三方向への分化 ── まちづくり・在宅避難者のケアワーク・個人滞在

　瓦礫撤去などの「復旧」の局面から，産業や生活の「復興」の局面への移行にともない，長期に滞在するLA氏を中心に，唐桑町の「まちづくり」へ

向けた活動が模索された。その背景には，唐桑の人びとの間に，住んでいる地区や「仮設住宅か在宅か」といった生活状況の違いにより生じる，「まちづくり」に対する考えや意欲の大きな差異があった。また「自分たちがなんとかしなければ」と考える唐桑の人びとも増えてきた一方，被災した過去や現在の愚痴を語る唐桑の人びとも多かった。加えて LA 氏は外部者であり，被災地区の「まちづくり」は高台地域への移転か被災した土地のかさ上げかという政治的問題に関わるため，その具体的な活動にまで踏み込むことが困難だった。これまで LA 氏は，多くの唐桑の人びとと出会い〈つながり〉を形成してきた。そこで「これまで出会った人びとをつなぐ」ことが，「まちづくり」活動のキーワードとして浮上した。その後 LA 氏は，唐桑の人びとをつなぎ，彼ら / 彼女らが「まちづくり」への意欲を維持し高める活動として，LA 氏と〈つながり〉を有する唐桑の人びととがもつ「復興への期待」と「唐桑の想い」を載せたフリーペーパー（「唐桑未来予報誌 KECKARA」）を刊行していった（遠東記）。

　瓦礫撤去などのハード面のワークニーズが減少するにつれ，ソフト面でのワークニーズがより顕在化してきた。これにともない，東海委員会のキャンパーたちを中心に，津波を受けた地区の在宅避難者を訪問し，食事や会話などの交流や畑仕事の手伝いなどのワークが実施された。これは，在宅で孤立して生活する唐桑の人びとへのケアを実施するワークキャンプということができる[17]。この活動において LH 氏（20 歳代，女性，長期）は「〔唐桑町で〕出会えた方のそばに一緒になって寄り添っていたい」（Facebook，2012 年 3 月 13 日），MA 氏（20 歳代，女性，中期）は「復興に貢献しましたとか，そんな大層なことは何も出来てないけど，自分の繋がりを介して……笑顔になってくれてたら嬉しい」（Facebook，2012 年 5 月 12 日）と述べる。すなわちそのケアワークとは，当該キャンパーたちにとって，相対的に巨視的な視座である唐桑町の「復興」ではなく，特定の唐桑の人びととの顔の見える〈つながり〉

---

17) ここでいう「ケア」とは，特定の人（個体）が有する苦悩を見つけてそれを緩和することである。この定義に際して，川本（1995）の第二部第六章ならびに広井（1997）の第一章を参考にした。ただし，川本や広井の定義に即して言えば，唐桑キャンプの核（目的）自体が「ケア」ということになる。

写真 5-9　唐桑未来予報誌 KECKARA

を通じて，彼ら/彼女らを元気づけ笑顔にすることであった（唐桑ブログ）。

　瓦礫撤去などのワークニーズが減少するにつれ，キャンパーたちがワークキャンプではなく個人として，〈つながり〉を有する唐桑の人びとに会うために唐桑町に滞在するようになった。2011 年 11 月の祭りには，多くの個々人が訪れ，祭りの手伝いをしたり，祭りを楽しんだりした。2011 年の年末や 2012 年 3 月 11 日にも，個々人が唐桑町を訪れた。これもまた仮設住宅や在宅の唐桑の人びとにとって，個々人との〈つながり〉を通じて「励み」や「大きな力」となるものであった（唐桑キャンプ臨時掲示板）。

2. 唐桑キャンプの終了

　2012 年に入り，唐桑町の瓦礫集積所が閉鎖されていった。また唐桑町の体育館にある写真などの思い出の品の保管場所も閉鎖された。朝は-9℃にまで冷え込んだ。2 月には震災後初の養殖ワカメの出荷が始まる（唐桑ブロ

グ・遠東記)。

　そして2012年3月，唐桑キャンプは正式に終了した。しかし，唐桑町に在住するLA氏を中心とした「まちづくり」，東海委員会メンバーを中心とした「在宅避難者のケアワーク」，そして「個人滞在」は，その後も続いていった。これらはともに，唐桑キャンプにおけるキャンパーたちと唐桑の人びととの〈つながり〉を通じて，形成され展開されたものである。この点に関して，8月のミーティングであるキャンパーが述べたことが示唆的である。「FIWC〔唐桑キャンプ〕っていう組織はいつかのタイミングで撤退するかもしれない。人と人との関係の中で私は何ができるのか。……撤退しても個人的なつながりが続くように。ここで関係性を作って『また来たい』と思って帰りたい」(唐桑ブログ；傍点は筆者)。唐桑キャンプという組織が終了しても，ワークキャンプにより生み出された，キャンパー同士やキャンパーと唐桑の人びととの〈つながり〉は続いていく。そしてその〈つながり〉がまた，新たな行動を生起させていった。

③ 唐桑キャンプの意味世界

3-1.〈つながり〉の現地変革

　唐桑キャンプの意味世界の特徴をまとめよう。FIWCは，鈴木重雄氏との〈つながり〉のもと，唐桑町においてワークキャンプを実施した。外部者に心を開きにくく，ボランティアを受け入れる土壌がなかった「奥州特有の閉鎖的な風土」を有する唐桑町の人びとに対して，唐桑キャンプは，多様なワークを通じたキャンパーたちと唐桑の人びととの多くの〈つながり〉の形成によって，(最初は)ボランティアに対する信頼と，(後に)唐桑キャンプや個々のキャンパーに対する信頼を獲得した。これにより，唐桑キャンプはその活動を定着・展開できたといえる。

　唐桑キャンプは，「救援」，「復旧」，「復興」という局面の重層的な移行における唐桑の人びとのニーズの変化に対して，個人と個人の顔の見える〈つ

ながり〉を通じて柔軟に対応したワークを展開した。それは，現地で「共同生活＝キャンプ」を行い，「ニーズ調査や下見→ミーティング→ワーク→ミーティング」という一連の活動のセットを重層的に繰り返す，ワークキャンプの活動形態により可能になったと考えられる。また，物資支援や瓦礫撤去，牡蠣の種付けといったハード面のワークと，祭りや子どもたちとのサッカーや野球，避難所や在宅避難者宅への訪問といったソフト面のワークが，三つの局面を貫く二本の縦糸をなしている。

「〈つながり〉の多元性」を有する唐桑キャンプでは，個々のキャンパーがそれぞれ異なる〈つながり〉を有しており，また形成していた。唐桑キャンプは，それらの〈つながり〉を通じて唐桑の人びとのニーズを知り，各々のワークを行った。その際，唐桑の人びとの状況や想いがワーク内容に直接的に反映され，またワークが〈つながり〉を形成し展開させた。唐桑キャンプはときに，ハード面のワークにも（唐桑の人びとを元気にさせる）ソフト面の効果が伴うという〈ワークの意味づけの深化〉を伴いながら進められた。そのワークキャンプは ――「氷を内側から溶かす」という理念にみられるように ―― 被災という社会問題を現地から変革するものであった。その変革とは，ハード面とソフト面双方のワークに伴う〈つながり〉の形成と展開を通じた ――「唐桑を元気にする」という理念や唐桑の人びとの「元気になる」という表現にみられるような ―― 唐桑の人びとのエンパワーメント（震災後に生きる力をつけること）[18]を目的とするものであった。

また筆者のみるところ，唐桑キャンプにみるワークキャンプでは，各々のキャンパーによる多元的な〈つながり〉の形成と自律的な活動の展開を最重要視する理念と活動形態が設定されているようだ[19]。例えばそこでは，個々人がもつ関心から自律的な活動の実施を促す ――「自分の頭で考えて行動する」「長所を活かす知恵を使う」「好きにやる」など ―― 理念や，また個々人が多様な〈つながり〉と活動を形成できる活動形態 ―― 大人数のキャンパー

---

[18] 「エンパワーメント」とは，一般的にいって，諸個人が政治的，社会的，経済的に力をつけることを意味している（濱嶋・竹内・石川 2005: 954）。ここでは，「震災後に人びとが生きる力をつけること」という語義で用いる。

[19] これと対極をなすものとして，個々の活動の自律性が相対的に低く，社会的属性に基づく上意下達の脱人格的な（impersonal）人間関係である官僚制的組織が挙げられよう。

が参加したときの班編成や 9 月後半以降の活動の分化など —— がみてとれる。

以上のことから唐桑キャンプは，多元的に形成・展開される「〈つながり〉を通じた現地の人びとのエンパワーメント」を核とした意味世界である，といえるだろう。この点からいえば，ワークキャンプ（の理念や活動や組織形態）はそのための方法であり，ワークの成果や社会問題の解決はその方法を通じたむしろ結果的な産物である。唐桑キャンプは，いわば「〈つながり〉の現地変革」と特徴づけられるワークキャンプによって，東日本大震災に対するボランティア活動を実施したのである。そしてそれは，唐桑町内で対象とする地域を ── 3 月末から 9 月後半にかけて ── 徐々に拡大しながら，また唐桑の人びととの間の公平さを ── 6 月末頃の草刈りや牡蠣の種付けワークにおける諸問題への対処のように ── 考慮しながら，続けられていった（こうした公共性は第 6 章で詳述する）。

ここで，本章冒頭で挙げた問いに応えることができるだろう。FIWC が唐桑町を活動対象としたのは，そこが行政支援の不十分な地域だからではなく，鈴木重雄氏との〈つながり〉を有していたからであった。また多くのキャンパーが現在に至るまで唐桑町を訪れるのは，それぞれが特定の唐桑の人びとと〈つながり〉を有するからであった。それらはともに，〈つながり〉の現地変革としてのワークキャンプから生じたのである。

3-2. 〈つながり〉の社会学的含意

最後に，シンボリック相互行為論の観点から，〈つながり〉概念の理論的な特徴を指摘しておきたい[20]。〈つながり〉とは，対面的状況下で形成される個人間の累積的で発展的な関係である。それは，社会的属性・カテゴリー上の関係（例えばボランティアと被災者）ではなく，個別具体的な個人間の人称

---

[20] ここでの理論的展開は，A. ストラウスの相互行為論にその多くを依拠している。特に関連するのは，(1) 相互行為が累積的発展的特性をもち，社会的属性の側面とインターパーソナルな側面の双方を有していること，(2) 経験の「共有」は言葉の使用の点においてなされること，(3) 社会的世界はその存続のために諸資源を活用すること，である。その詳細は山口 (2005, 2007) を参照してほしい。

的 / 人格的な関係（例えば LC 氏と特定の唐桑の人）をさしている。〈つながり〉は，その累積的で発展的な関係を通じて，個人間に信頼や親密性（例えば「ボランティア―被災者」ではなく「友だち」）をしばしば醸成させる。またそれは，累積的に発展する個人間の「共有された」経験を通じて，その個々人が登場する物語（例えば鈴木重雄氏と関西委員会キャンパーの物語や特定の在宅避難者と東海委員会キャンパーの物語）を紡ぎ出していく。したがって〈つながり〉は，社会的属性・カテゴリー上の関係における全般的なものではなく，個人と個人の間で個別に形成されるものである（ある意味，唐桑キャンプが「〈つながり〉の多元性」を有するのは必然的であった）。この限りにおいて本研究で扱う〈つながり〉は，「対面的相互行為における個人間の親密で人称的 / 人格的な関係」[21] と言い換えることができる。

　その一方で，対面的状況下で形成される〈つながり〉は，個人と個人のものだけでなく，個人による特定の集団に対する信頼や物語（例えば唐桑キャンプの定着過程）としても形成されていた。それは，特定の集団（例えば唐桑キャンプ）に属する人びとに対して，その個人（例えばある唐桑の人）による特定の集団への信頼と物語を割り当てる。この集団に対する〈つながり〉は，活動を行う上での資源（例えば先遣隊の派遣や祭りの際の音響機器の貸出し）となった。特定の集団に対する〈つながり〉は，時と場所と人を超えて新たな対面的状況に入り込み，その集団に属する個々人がその物語に新たに登場し，継承し展開していく（唐桑キャンプの引き継ぎなど）。

　こうした〈つながり〉概念は，近年注目される，資源や信頼や社会的ネットワークに着目する社会関係資本論の考え方に近接しているかもしれない。しかし筆者のみるところ，両者の間には行為主体像と社会関係の捉え方の点において次の相違があるように思われる。

　例えば N. リン（2001＝2008）の社会関係資本論は，個人や集団などの行為主体が何らかの見返りを求めて社会的ネットワークの中で資本（資源）を活

---

21) この定義に際しては，〈つながり〉の現地変革としてのワークキャンプの特質を理解する上で有用な他の人間関係との相違を念頭に置いている。すなわち，社会的属性に基づく脱人格的な人間関係（官僚制的組織など）や，都市空間での相互行為（駅前の雑踏など）や対面的相互行為を離れたインターネット空間といった匿名的な（anonymous）人間関係である。

用するプロセスを，合理的な行為主体とヒエラルキーをなす社会構造との関係に着目して分析する．あるいは金光（2003）の社会ネットワーク分析では，個人や集団や組織などの行為主体による結合や行為のネットワーク（ないしマトリクス）が示す社会構造の分析と，行為主体が社会的ネットワークへの投資行為を通じて見返りを獲得するプロセスに着目する社会関係資本論との接合が図られている．つまりこうした考え方は，社会的ネットワークとその中で見返りを求める合理的な行為主体に焦点をあてている．

これに対し〈つながり〉概念は，資源や信頼に着目しつつ ── 俯瞰的なネットワークというよりも ── 対面的状況下の特定の個人間で形成される，あるいは個人の特定の集団に対する，個別的な関係の特殊性と物語性に焦点をあてる．その際，個々人は ── 見返りを求めて合理的に振る舞うというよりも ── 個別の物語の登場人物兼書き手として行動する[22]．意味世界にあらわれる構造的諸条件のもと，個々人は，物語の文脈や意味に基づいた選択と行動とアイデンティティを形成していく．要するに〈つながり〉概念は，意味世界に生き相互行為する個別具体的な人びととの関係を分析するための感受概念である．

あるいはこういってもよいかもしれない．社会関係資本論が社会関係の中で行為主体が「何をうみだすか」を強調するのに対し，〈つながり〉概念は社会関係の中で個々人が「どう生きるか」を強調するのである．

● 参考文献 ●

青山哲也（2008）「唐桑訪問記」『むすび便り』未公刊資料．
FIWC（2011）『第二期唐桑ワークキャンプオリエンテーション資料（参加者用）』未公刊資料．
FIWC 関東委員会（2012）「FIWC 関東委員会ホームページ」（2012 年 8 月 17 日取得，http://fiwc.jp/index.html）．
─── （2012）「唐桑キャンプブログ」（2012 年 8 月 17 日取得，http://fiwc.jp/blog/diary.cgi?field=7）．

---

22) 補足すれば，この視点は特別新しいものではない．例えば，目的を遂行する合理的な存在よりも，物語に生きる存在として人間を位置付けた W. フィッシャーの理論がある（石井・久米・遠山 2001: 56）．

─────(2012)「唐桑キャンプ臨時掲示板」(2012 年 8 月 17 日取得, http://fiwc.jp/bbs/board.cgi?mode=res&no=629).

FIWC 関西委員会 (2012)「FIWC 気仙沼・唐桑キャンプ」(2012 年 8 月 17 日取得, http://fiwckansai-karakuwa.blogspot.jp).

濱嶋 朗・竹内郁郎・石川晃弘 (2005)『社会学小辞典 (新版増補版)』有斐閣.

広井良典 (1997)『ケアを問い直す ── 〈深層の時間〉と高齢化社会』ちくま新書.

石井 敏・久米昭元・遠山 淳 (2001)『異文化コミュニケーションの理論』有斐閣.

金光 淳 (2003)『社会ネットワーク分析の基礎 ── 社会的関係資本論にむけて』勁草書房.

加藤拓馬 (2012)「遠東記」(2012 年 8 月 17 日取得, http://blog.canpan.info/entoki).

川本隆史 (1995)『現代倫理学の冒険 ── 社会理論のネットワーキングへ』創文社.

気仙沼市公式 Web サイト (2012)「気仙沼市の人口と世帯数 (平成 24 年 6 月末日現在, 住民登録人口)」(2012 年 8 月 17 日取得, http://www.city.kesennuma.lg.jp/www/contents/1146185553349/index.html).

木村聖哉・鶴見俊輔 (1997)『「むすびの家」物語 ── ワークキャンプに賭けた青春群像』岩波書店.

木下康仁 (2003)『グラウンデッド・セオリー・アプローチの実践 ── 質的研究への誘い』弘文堂.

交流の家 (1973)『むすび』No. 25 未公刊資料.

Lin, Nan. (2001) *Social Capital: A Theory of Social Structure and Action*, Cambridge University Press. = 筒井純也・石田光規・桜井政成・三輪哲・土岐智賀子訳 (2008)『ソーシャル・キャピタル ── 社会構造と行為の理論』ミネルヴァ書房.

佐々木美穂 (2012)「和栄咲」(2012 年 8 月 17 日取得, http://waeisyou.blogspot.jp).

Strauss, A. L. and J. Corbin (1998) *Basics of Qualitative Research: Techniques and Procedures for Developing Grounded Theory 2nd ed*, Sage. = 操華子・森岡崇訳 (2004)『質的研究の基礎 ── グラウンデッド・セオリー開発の技法と手順』医学書院.

田中文雄 (2005)『失われた歳月 (下)』皓星社.

矢部 顕 (2011)『38 年後の唐桑の風景 ── 復興支援キャンプはなぜ唐桑なのか』未公刊資料.

山口健一 (2005)「『鏡と仮面』におけるパーソナルな行為者の名づけと用語法の『共有』── A・ストラウスの相互行為論の基礎として」『社会学研究』第 78 号, 119-136 頁.

─────(2007)「A・ストラウスの社会的世界論における『混交』の論理 ── 相互行為と社会的世界との関係から」『社会学研究』第 82 号, 103-123 頁.

第6章 ワークキャンプにおける〈公共的な親密圏〉生成
——唐桑キャンプにみる若者ボランティア活動の意義と危険性

山口健一

1 親密圏から公共性が浮上する論理を探る

1-1. 東日本大震災と若者ボランティア活動

　本章は，東日本大震災におけるボランティア活動である唐桑キャンプの活動形態と，キャンプ参加者たち（以下キャンパーとも表記）が形成する〈つながり〉の分析を通じて，唐桑キャンプにみるワークキャンプの特質を〈公共的な親密圏〉として描き出すことを目的とする。さらにそこから，多くの若者が参加するワークキャンプの意義と危険性を指摘したい。

　東日本大震災の後，日本全国から多くの若者たちが被災地域にてボランティア活動を行った。古市（2011）はこの現象を，友人関係などの身近な関係に留まると同時に，留まることの閉塞感から「公共」や「社会」などの「大きなもの」への貢献を渇望する現代日本社会の若者たちが，東日本大震災をそうした志向の「出口」として，ボランティア活動を行ったと分析する。つまり，若者たちが留まる親密圏と「大きなもの」としての公共圏をつなぐ出来事が，東日本大震災であった。また彼は，そうした若者たちが集まる社会運動体やボランティア団体が「親密圏と公共圏をつなぐ」技能や戦略を有する点と，若者たちの親密圏から「公共」が浮上する可能性を指摘する（古市 2011: 107-113, 178-182, 192-202）。

第 5 章で触れたように，唐桑キャンプは 20 歳代の若者を中心にして構成され，中期・長期滞在者は学生，フリーター，自由業，自営業者から構成されていた。果たして，そうした若者たちが中心に担う唐桑キャンプは，どのような「親密圏と公共圏をつなぐ」論理を有しており，キャンパーたちの親密圏からどのような公共性が浮上するのだろうか。

1-2. 親密圏の二つの「顔」／公共圏の二つの「道筋」

　しかし「親密圏と公共圏をつなぐ」と一口で言っても，そこには問題点が横たわっている。例えば二つの概念とその関係は，これまでさまざまな論者により多義的に扱われてきたし，そこに歴史的な概念か実体的な概念か分析用の概念かといった概念の性格の相違も見受けられる。こうした現状に対し本章は，主として見田 (1996; 2006) の諸概念と補足的に J. デューイ (1927 = 2010) の「公」概念を，人びとが作り出す意味世界を分析する視角として着目し使用することにしたい。

　見田 (2006) は，両者の関係を親密圏と社会圏という語を用いて次のように述べている。見田によれば個々人の関係行為が存立させる「社会」には，論理的に異質な四つの類型があるという。①個々人の自発的意思により (voluntary) 主体的に形成される関係，②個々人の自発的意思と無関連に (pre-voluntary) 形成される関係，③人格的 (personal) で親密な関係の「親密圏」，④脱人格的 (impersonal) で社会的属性に基づく関係の「社会圏」[1]である。①と②，③と④で結ばれる二つの軸を組み合わせると図 6-1 のような類型が導き出され，それぞれ次のように定義される（見田 2006: 16-22, 168-201）。

　「共同体 (community)」は，伝統的な家族共同体や村落共同体のように，個々人がその自由な選択意思による以前に「宿命的」な存在として，全人格的に結ばれて存立する。そこではしばしば個々人が溶解，同質化，一体化し，

---

[1] 見田 (2006: 17) は，社会圏を利害関心などによる脱人格的な結合と定義している。筆者は，見田が社会圏の例として「会社の同僚」や「市民」，異なる共同体の人びとが出会う「社交界」，売り手—買い手の関係である「市場」を挙げていることから，それを人格ではない社会的属性に基づく関係と解釈した。

第 6 章　ワークキャンプにおける〈公共的な親密圏〉生成

図 6-1　「社会」の 4 類型
出典：見田（2006: 18,187）の図をもとに筆者作成

異質な他者を排除・抑圧する。

「交響体（symphonicity）」は，異質な個々人がその自由な意思において，人格的に呼応する形で存立する。それは個人の異質性や他者の他者性が相互に享受される圏域であり，個々人がそれらを自在に選択・脱退・創造することができる。それは「交響するコミューン」とも呼ばれる。

「集列体（seriality）」は，「市場」における個々人の私的な利害追求が「市場法則」を貫徹させるように，個々人の自由意思のせめぎ合いの帰結として，誰の自由意思にとっても疎遠な客観的な「社会法則」により存立する。

「連合体（association）」は，「会社」や「協会」のように，個々人の自由意思と特定の利害や関心や相補性等によって結ばれて存立する。そこで個々人は，人格的な結合ではなく，相互尊重の「ルール」の設定とその順守により結合する。そこはいわゆる近代の市民社会における「契約」の圏域である。

見田（2006）によると人間社会は，親密圏と社会圏が独立して存在するのではなく，個々の親密圏の間を社会圏が覆う複層的な構造を有するという。また個々の集団には，親密圏と社会圏の成分がそれぞれ独自に配合されているという。

このように見田が指摘する 4 つの概念は，それぞれを実体的な集団に限定することなく，かつ互いを二項対立的な概念とすることなく，その質において定義されている。また見田（2006）は，人間にとって他者が歓びの源泉と不幸と制約の源泉の双方であるという両義性と，幾千年かの人間の経験の歴史，リベラル―コミュニタリアン論争などを踏まえてこれらの概念を彫琢し

171

た。以上のことからこれらの概念は，人びとが作り出す意味世界の分析視角として有用性が高いといえる。

「親密圏と公共圏をつなぐ」という筆者の関心から見田の議論をみた場合，社会圏と明快に区分された親密圏に対して，公共圏がやや特殊な位置づけを与えられているように思われる。見田 (2006) は，主に相互尊重のルールの圏域である連合体をその開放性から「公共体」(見田 1996: 162; 2006: 187) と位置づけた。筆者は彼の主張に理解を示すが，しかし公共圏に含まれるのは，リベラルな観点をなす普遍的な「ルール」だけではないだろう。例えば複数の親密圏が共通の問題を自覚し，共に問題解決に取り組むような公共圏が挙げられる。この点については，コミュニタリアンの系譜に位置づけることのできる J. デューイ (1927＝2010) の指摘が参考になる[2]。

デューイ (1927＝2010) によれば，対面的状況において，「私 (private)」とは，行動の結果が，それを行う人びとのみに限定されているか，そう人びとに認識されている場合である。「公 (public)」とは，行動の結果が，それを行う人びとを超えて第三者にまで影響を与えると人びとに認識されている場合である。デューイは，「公」のコミュニケーションを行う「公衆 (the public)」が多種多様に分裂した状態に置かれる近代社会において，それらを自発的に結びつける「民主的な組織化」(植木 2010) が重要であるという。

デューイの議論においてここで着目したいのは，人びとが対象（行動の結果）に対する視座の拡大に伴い徐々に広範な公共的活動を組織化する，という点である。両者の指摘を踏まえるならば，公共圏は，個々の親密圏の間を覆うルールと，個々の親密圏を包摂していく公共的活動の組織化，という二つの特性を有することになる[3]。

以上のことから本章は，分析視角として親密圏と公共圏を次のように再定

---

2) デューイに対するこのような評価は，佐藤 (2000) ならびに小林 (2010: 311) から示唆をえた。
3) 見田 (2006) は，多様な共同体の間で形成される集列体であったこれまでの人間社会から，多様な交響体の間で形成される連合体である「自由な社会」への転換を提唱する。一方デューイ (1927＝2010) は，産業化の中で人びとが脱人格的に結合し公衆の分裂・衰退と民主主義の機能不全に陥る「グレイト・ソサイエティ」から，人びとの人格で公的なコミュニケーションの組織化を通じた民主的な「グレイト・コミュニティ」への転換を提唱する。両者の社会構想の間には大きな相違があるが，本章で両者を引用する目的は唐桑キャンプに対する分析視角の彫琢にあるため，それらの比較と評価には立ち入らない。

第 6 章　ワークキャンプにおける〈公共的な親密圏〉生成

親密圏	公共圏
・共同体 ・交響体	・個々の親密圏の間を覆う「ルール」 ・個々の親密圏を包摂していく「公共的活動の組織化」

図 6-2　親密圏と公共圏の再定位
筆者作成

位したい。すなわち，親密圏には「共同体」と「交響体」という二つの顔があり，公共圏には「ルール」と「公共的活動の組織化」という二つの道筋がある（図6-2）。

　少し議論を先取りすると，実は唐桑キャンプの活動にはこれらが密接に関わっていた。本章では，これらをキーワードにしつつ，唐桑キャンプにみられる「親密圏と公共圏をつなぐ」論理，親密圏から公共性が浮上する論理に迫ることにする。

1-3. 意味世界の正当性の探究 ── 視角と方法

　親密圏と公共圏に加えて本章は，第 5 章と同様，多様な意味に生きる人びととのコミュニケーションと意味世界を分析するシンボリック相互行為論（とりわけ A. ストラウスの相互行為論）を分析視角として採用する。本章の課題に関連する限りにおいてそれを述べておこう。ストラウスの相互行為論は，相互行為において表象される多様な意味世界を分析の俎上に載せる[4]。意味世界は，何らかの核となる活動をもち，その核に適した組織的な特徴を有する。意味世界の住人たちが，その世界に重要な論題について話し合うアリーナにおいて，他の緒世界と差異化しつつその世界を理論化することにより，その世界は正当性を有する（山口 2007）。

　本章は，事例研究に適するように修正したグラウンデッド・セオリーを採

---

[4]　シンボリック相互行為論やストラウスの相互行為論では「社会的世界（social world）」を通常使用するが，本章では，より一般的な「意味世界（world of meaning）」を用いることにする。

表 6-1　唐桑キャンプインタビュー対象者一覧表

表記	年齢	性別	滞在期間	職業	所属組織（OB・OG 含む）	インタビュー実施日
LA	20 歳代	男性	長期	会社員（休職）	Qiao	2012 年 8 月 30 日
LB	30 歳代	男性	長期	自営業	FIWC 関東	2012 年 8 月 2 日
LC	10 歳代	女性	長期	大学生	FIWC 関西	2012 年 1 月 22 日
LD	20 歳代	女性	長期	大学生	Qiao	2012 年 7 月 27 日
LE	20 歳代	女性	長期	大学生	FIWC 東海	2012 年 3 月 5 日
LF	20 歳代	男性	長期	フリーター	FIWC 東海	2012 年 6 月 17 日
LG	20 歳代	男性	長期	大学生	個人	① 2012 年 1 月 27 日　② 2012 年 8 月 5 日
LH	20 歳代	女性	長期	大学生	FIWC 東海	2012 年 3 月 9 日
LI	20 歳代	男性	長期	フリーター	Qiao	2012 年 9 月 4 日
LJ	20 歳代	女性	長期	フリーター	FIWC 関東	2012 年 7 月 23 日
LK	20 歳代	男性	長期	大学生	Qiao	2012 年 8 月 1 日
LL	20 歳代	女性	長期	自由業	個人	2012 年 7 月 26 日
LM	30 歳代	男性	長期	会社員（休職）	個人	2012 年 7 月 27 日
MA	20 歳代	女性	中期	大学生	FIWC 東海	2012 年 3 月 7 日
MB	20 歳代	女性	中期	大学生	Qiao	2012 年 8 月 1 日
MC	20 歳代	女性	中期	転職中	FIWC 関東	2012 年 3 月 2 日
MD	20 歳代	男性	中期	大学生	個人（他団体から）	2012 年 7 月 31 日
ME	20 歳代	男性	中期	大学生	FIWC 関西	2012 年 1 月 20 日
SA	60 歳代	男性	短期	無職	FIWC 関西	2012 年 2 月 12 日
SB	40 歳代	男性	短期	団体職員	FIWC 関西	2012 年 7 月 6 日
SC	20 歳代	女性	短期	大学生	FIWC 関西	2012 年 7 月 1 日
SD	20 歳代	男性	短期	大学生	FIWC 東海	2012 年 3 月 11 日
SE	10 歳代	女性	短期	大学生	FIWC 東海	2012 年 3 月 9 日
SF	20 歳代	男性	短期	飲食業	Qiao	2012 年 2 月 17 日
SG	20 歳代	男性	短期	大学生	FIWC 東海	2012 年 3 月 10 日
SH	20 歳代	女性	短期	大学生	FIWC 東海	2012 年 3 月 8 日

SI	20歳代	男性	短期	大学生	FIWC東海	2012年3月11日
SJ	20歳代	男性	短期	大学生	FIWC関西・FIWC関東	2012年1月21日
SK	20歳代	女性	短期	大学生	FIWC九州	2012年7月8日
SL	20歳代	男性	短期	大学生	FIWC九州	2012年7月8日
SM	20歳代	男性	短期	大学生	FIWC九州	2012年7月7日
SN	20歳代	女性	短期	大学生	FIWC九州	2012年7月7日
SO	20歳代	男性	短期	大学生	FIWC九州	2012年7月7日
SP	20歳代	女性	短期	大学生	FIWC九州	2012年7月8日
SQ	20歳代	女性	短期	会社員	FIWC関東	2012年8月1日
SR	20歳代	男性	短期	大学生	Qiao	2012年8月2日
SS	10歳代	女性	短期	大学生	個人	2012年7月31日

筆者作成

用する。主にA. ストラウス&J. コービン（1998＝2004）に依拠しつつ，本章の課題と唐桑キャンプの事例に限定した理論的飽和を設定した[5]。扱うデータは，筆者が唐桑キャンプ参加者37名に実施した半構造化されたインタビューである[6]（表6-1）。

大まかな質問項目は，「FIWCや唐桑キャンプに参加する経緯」「唐桑キャンプの活動や理念」「現代日本社会に思うこと」である（詳細の質問項目は多岐にわたるので割愛する）。手順としては，①それらの質問項目に沿ってデータのオープンコード化を行った[7]。②その中でも本章の課題に関連する「唐

---

[5] データの方法論的限定という着想は，木下（2003）から示唆を受けた。
[6] 滞在期間は，「長期」（1ヶ月以上），「中期」（2週間から1ヵ月未満），「短期」（2週間以内）と区分した。また所属組織は，「FIWC」（各委員会），「Qiao」（FIWCと同様のワークキャンプを行う早稲田大学のサークル），「個人」（ボランティア団体に所属せず参加した人），「その他団体」（他のボランティア団体）と区分した。なお本研究が，唐桑の人びとではなく，キャンパーを調査対象とした理由については第5章1節2項を参照されたい。加えて本研究が，唐桑キャンプへの参加観察ではなくキャンパーへのインタビューを実施したのは，筆者が緊急性の高い災害ボランティア活動に調査目的で入るという愚を避けるためでもあった。
[7] 半構造化されたインタビューのデータは，インタビューの質問項目に依存するため，それを踏まえてオープンコード化を実施した。なお付言すれば，グラウンデッド・セオリーとは，手順を厳格化した一種の「レシピ」のようなものではなく，研究目的に合わせて修正可能な方法論であ

桑キャンプの活動と理念」に着目し，その下位カテゴリーをなす「ミーティング」「キャンパー同士の交流と関係」「キャンパーと唐桑の人びととの交流と関係」「外部者と〈つながり〉」「公共性」のデータをさらにカテゴリー化した。③第 5 章で考察された唐桑キャンプの核をなす「〈つながり〉を通じた現地の人びとのエンパワーメント」を基軸のコードとし，それと諸カテゴリーとの論理的関係づけを行った。④データから浮上した重要な概念を〈　〉で括って表記した。⑤キャンパーたちによる本章内容の事実確認を行った。

　分析視角と方法を踏まえ，改めて本章の課題を述べよう。本章は，上述のインタビューデータをもとに他の諸世界との差異化の中でその核と活動形態の関係を考察し，親密圏 (共同体 / 交響体) や公共圏 (ルール / 公共的活動の組織化) といったキーワードを用いて，唐桑キャンプという意味世界の正当性を描き出す試みである。なお第 5 章で考察されたように，唐桑キャンプの意味世界は，「〈つながり〉を通じた現地の人びとのエンパワーメント」を核としており，本章でたびたび述べる〈つながり〉は，「対面的相互行為における個人間の親密で人称的 / 人格的な (interpersonal) 関係」を指している。

　具体的には次のことをみていく。まず若者たちが主に担う唐桑キャンプが，災害ボランティア活動でありながら祝祭的な親密圏であることを確認する。その後，キャンパー同士の〈つながり〉やキャンパーと唐桑の人びととの〈つながり〉から，唐桑キャンプが交響体となりうることをみていく。さらに，キャンパーと唐桑の人びととの〈つながり〉から，唐桑キャンプに二つの公共性が浮上する点をみていく。最後に，唐桑キャンプにみられる〈公共的な親密圏〉の特質と条件，若者ボランティア活動の意義と危険性を指摘したい。

る (Strauss and Corbin 1998 = 2004: iii, 3-4)。そのため本章における修正された方法は，グラウンデッド・セオリーとしての正当性を有すると考える。

② 親密圏としての唐桑キャンプ

2-1.「楽しくみんなで」

　唐桑キャンプの特徴としてキャンパーたちが重要視するのは,「楽しくみんなで」活動を行う点である。リーダーを務めた LI 氏 (20 歳代, 男性, 長期)[8] は,「第一に楽しく, みんなで」「楽しくみんなで, まとまりっていうのを大事にしている」という。
　この「楽しくみんなで」は, キャンパー同士の関係において重視されている。SF 氏 (20 歳代, 男性, 短期) は次のようにいう。

> やっぱり楽しさを重要視しているんですね。……ああ, こいつ〔＝他のキャンパー〕にも会えるし, こいつも楽しめる, 一緒に立って笑えるし, 泣けるしとか。そういう部分の楽しさがすごくあるので, 活動としても続けていけるとなるんでしょう。これが成果を求めるだけであったりとかストイックさ, 精確さを求めるだけであったらそうはならないですよね (SF 氏)。

　ここでいう「楽しさ」とは, 単に楽しむだけではなく, キャンパーたち「みんな」が共に活動を通じてさまざまな感情を含めた経験を「共有」[9]することを意味している。この語りから, 唐桑キャンプが, 活動の成果や精確さのみを求めるボランティア活動と異なることがわかる。
　その「楽しさ」は, 日常生活を送る若者キャンパーたちにとって, 唐桑キャンプに参加するに足る魅力を有していた。この点について SC 氏 (20 歳代, 女性, 短期) と LG 氏 (20 歳代, 男性, 長期) は次のようにいう。

> 例えばクラブに行って, お酒を飲んで踊るのが楽しいと……思ったらそっち行くし。でも, ボランティアみんないろんな人がおって, こう, しゃべって

---

[8] 本章に登場するキャンパーは, アルファベットの仮名表記とし, 初出時に「大まかな年齢, 性別, 唐桑キャンプの滞在期間」を記した。
[9] ストラウスの相互行為論において人びとは, 参加した対面的状況の経験それ自体を共有するのではなく, 個々の経験を同じ集団の用語法で意味づけることにより「共有」する (山口 2005)。その語義で使用する際「」で括って表記した。

酒飲んでいろんな話して。で，この生活がめちゃくちゃ楽しいと思うから，今いるだけであって。……私からしたらパック旅行よりも絶対的にキャンプの方が面白い気がするから，行くみたいな（SC 氏）。

地元の……自分の生活を営んでいく中でやっぱりそれなりの楽しさもあるんだろうけども。やっぱりワークキャンプの楽しさってまた別で，それこそまったく肩書きとか関係ない。人間的な魅力や，人間性だけでつながっていて。そういう中で感じる楽しさってまた別で，……自分も楽しいし行こうか（LG 氏）。

　SC 氏は，日常生活における他の「楽しい」活動（クラブやパック旅行）と比較しつつ，（唐桑キャンプを含む）ワークキャンプに，多様なキャンパーたちが，お酒を交えつつ交流できる点に「楽しさ」を見出している。LG 氏は，日常生活における「楽しさ」とは異なり，（唐桑キャンプを含む）ワークキャンプにおける，肩書きを外した人間的な魅力に基づく交流に「楽しさ」を見出している。これらの語りから，社会的属性（肩書き）を外した人称的／人格的な関係に基づいて多様なキャンパーたち「みんな」が交流できる点が，日常生活と異なる「楽しさ」であり，その点が彼ら／彼女らが唐桑キャンプに自発的に参加する動力となっていることがわかる。

2-2. 社会問題の下の「楽しい疑似家族」

　キャンパーたちは，このような「楽しさ」を有する唐桑キャンプを，いわば「疑似家族」として捉えていた。例えば，ワークキャンプ初参加の SS 氏（10 歳代，女性，短期）は「〔唐桑キャンプは〕家族ほど親しんではいないけど，やっぱり温かいというか，いつでも迎えてくれるっていう意味では……家族に近いものがある」という。こうした評価は，唐桑キャンプに限らずワークキャンプ全般に対してもなされていた。MA 氏（20 歳代，女性，中期），SG 氏（20 歳代，男性，短期）はいう。

ワークキャンプをやっている人はファミリーなんです。……だからどんな子でも受け入れるし，ちょっと性格に難ありでも，それでも家族だから（MA

氏)。

> 一緒に生活するわけですから，かなり仲良くなるんですね。……本音的な，本性的な部分まで分かってきますし，みんなも。もう友達というよりも家族に近いかもしれないですね (SG 氏)。

　これらの語りから，ワークキャンプは，その活動を通じて，社会的属性を外した人称的/人格的な関係の中で，多様なキャンパーたちが「家族」みたいになるものであることがわかる。
　またワークキャンプは，概して何らかの社会問題が顕在化する状況の中で実践されるものであった。この点について古参のワークキャンパーの SA 氏 (60 歳代，男性，短期) は次のようにいう。

> 〔ワークキャンプをするのは〕目の前に困っている人がいるからだよね。……〔例えば〕差別された人たちが，ハンセン病が治って社会復帰したいと思っても，泊まる場所がないと。……じゃあ泊まる場所を作ろうと。……要するに差別された人たちのところに行って肉体労働〔＝ワーク〕をするわけだから (SA 氏)。

> 災害に対して，いろんなものに対して，すぐに駆けつけてやるという，そういうのはワークキャンプとして当然なことである (SA 氏)。

　これらの語りから示されるのは，ワークキャンプは，差別や災害等の社会問題の下で「目の前に困っている人がいる」場合に，そこに駆け付けて活動する，という点である。以上のことを踏まえれば，唐桑キャンプは東日本大震災という社会問題の下で形成される「楽しい疑似家族」であるということができる。

2-3. 祝祭的な「疑似家族」によるエンパワーメント

　こうした特徴をもつ唐桑キャンプにおいて，「楽しくみんなで」の範囲は，キャンパー同士の関係だけではなかった。この点について LG 氏と SF 氏は

いう。

> やっぱり自分が楽しいというのがありますね。でもそのときにはなんというか，やっぱり相手〔＝唐桑の人びと〕の喜ぶ顔が見たい。もし自分が行くことで喜んでくれるならば，じゃあ自分も楽しいし行く（LG 氏）。

> キャンパー同士も含めて。……被災地の人たちもそうだったと思います。一緒に作り上げていくっていう。やっぱり祝祭的な意味合いがすごいあったんですよ。まあ事実，お祭りを企画したりとかねえ。……お祭り的なところって……一緒に楽しめたらいいんです（SF 氏）。

両者の語りが示すのは，キャンパーたちと唐桑の人びととの間でも，「楽しくみんなで」を実践している点である。LG 氏の語りは，唐桑の人びとが喜ぶことがキャンパーの「楽しさ」につながっている。つまり，唐桑キャンプは，ワークキャンプを通じて，キャンパーと唐桑の人びと双方を含めた「みんな」がその経験を「共有」し，喜び「楽しく」なる祝祭的なものであった。

キャンパーと唐桑の人びととの間の祝祭的な「疑似家族」の形成は，その人称的／人格的な関係を通じて，両者の関係を変化させるものであった。例えば LA 氏（20 歳代，男性，長期）と LC 氏（10 歳代，女性，長期）は次のようにいう。

> いわゆる〔唐桑キャンプに〕入る前は，可哀相で困ってて，っていう被災者。そういった被災者のイメージは，こっちに来たら，そのステレオタイプのものが崩れていくっていうのは，確かにあったんです（LA 氏）。

> 被災者っていう言葉，ほんとすっごい嫌いなんですね。もうなんかそれ，一括りにしたくない。私はあの人に会いたいから，あの人が困っているから，……友達みたいな感じとして，……ワークとか，一緒に生活していく（LC 氏）。

両者の語りは，キャンパーと唐桑の人びととの関係が，「被災者―ボランティア」関係という社会的属性上の関係から，人称的／人格的な関係へと変化した点を示している（この変化は第 5 章でも散見される）。すなわち，祝祭的

な「疑似家族」における経験の「共有」を通じて，キャンパーと唐桑の人びととの間で〈つながり〉が形成されている．さらに LC 氏の語りから，キャンパーが被災地のボランティア活動としての唐桑キャンプを，「友達みたいな」出来事と活動として捉えていることがわかる．

またこの祝祭的な「疑似家族」の側面は，唐桑キャンプの核をなす「〈つながり〉を通じた現地の人びとのエンパワーメント」へとつながるものであった．特にこれは，唐桑キャンプにおいて若者たちが中心となった点に顕著に表れている．LI 氏はいう．

> 〔唐桑の人びと〕みんなが総じて言うのは，お手伝いに若い学生の子たちがたくさんいると．……50 歳代超えた人たちで……やるのとはちょっと違う活気を感じた．……元気をもらった，と声をそろえて言います（LI 氏）．

また SC 氏は，「食堂で〔お金を払い〕ご飯を食べて経済を発展させるという……大人がやること」に対し，「FI〔＝唐桑キャンプ〕はお金がないから，自分たちで作ろう，作るときも『何作ったらいいか分からんから，教えてよ』とか『これ，食べや』とか，〔唐桑の人びとと〕そういう交流ができる」という．すなわち両者の語りが示すのは，活動資金の少ない若者たちによる唐桑の人びとへのワークや交流を通じた祝祭的な経験の「共有」と，そこで形成される両者の〈つながり〉が，比較的高齢の唐桑の人びとのエンパワーメント（震災後に生きる力をつけること）に寄与した点である．

これまでの指摘をまとめておこう．唐桑キャンプとは，東日本大震災という社会問題が顕在化する唐桑町において形成された，「楽しくみんなで」を具体化する祝祭的な「疑似家族」であった．それは，キャンパー間やキャンパーと唐桑の人びととの間でさまざま〈つながり〉を形成し，またそうした〈つながり〉によって展開される．以上のことから唐桑キャンプは，公共的問題（社会問題はそれ自体が公共的である[10]）の下で形成される祝祭的な親密圏である，ということができよう（この指摘の前半部分は第 1 章で，後半部分は第 4 章

---

10) 「社会問題」とは，人びとが行う集合的定義過程の中で初めてそのようなものとして表れる（Blumer 1971＝2006）．またそれは，広く第三者に影響を与えるという人びとの認識を伴うものであることから，（デューイのいう意味で）「公」的である．

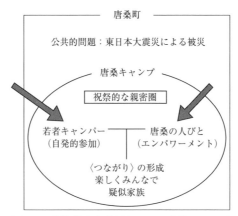

図 6-3　祝祭的な親密圏としての唐桑キャンプ
筆者作成

で述べられている）。「家族に近い」「友達みたい」と表現されるその親密圏は、若者たちを自発的に参加させる魅力を有し、比較的高齢の唐桑の人びとのエンパワーメントに寄与するものであった（図 6-3）。

　次節では、親密圏としての唐桑キャンプが、異質な個々人が自発的かつ人格的に呼応する交響体と、個々人を一体化し異質な他者を抑圧する共同体の狭間にあることをみていきたい。

3　交響体としての唐桑キャンプとその脆弱さ

　親密圏としての唐桑キャンプが交響体となるには、①ワークキャンプの活動形態（特にミーティングや話し合い）におけるキャンパー同士の関係、②被災地でのボランティア活動におけるキャンパーと唐桑の人びととの関係、の双方において一定の条件を満たす必要があった。またそれらの条件がそのまま交響体としての唐桑キャンプの脆弱さを示している。前者から順にみていこう。

3-1. 交響体の条件① ──「対等」な関係と話し合いの創発性

唐桑キャンプを含むワークキャンプは，キャンパー同士の交響的な関係を可能とする，活動形態を有していた。それは第一に，キャンパーたちが「対等」な関係を形成する点である。古参のワークキャンパーのSB氏（40歳代，男性，短期）はいう。

> 年齢も社会的地位も何も関係がないという前提でお付き合いしている関係やからね。……誰もが一キャンパーとして，関わりあいが持てるというのがワークキャンプの面白さちゃうかな（SB氏）。

この「対等」な関係は，年齢や社会的地位の差に限らず，ボランティア活動歴の差をも除外する。例えばSF氏はワークキャンプでは「ボランティア何年やってんの，とかいう話にはならない」といい，ワークキャンプ初参加のME氏（20歳代，男性，中期）は「ワークキャンプを知らないような僕でも，対等に見てくれたっていうか，同じように」という。つまりキャンパー同士は，（年齢や地位や活動歴を含む）社会的属性ではなく人称的／人格的な点において「対等」な〈つながり〉を形成していた[11]。

第二点は，ミーティングや話し合いにおける発言の自由と，それらによる活動の多様性と創発性である。ミーティングや話し合いでは，一日の経過の報告や次の日の予定，反省点や感想の共有などが行われた。ワークキャンプ初参加のMD氏（20歳代，男性，中期）は，それらについて次のようにいう。

> やっぱり自分も若いから，自分の意見というのはやっぱり強いと思うんですよ。その分，みんな対等であると，やはりその，けんかになりそうな，まあ場面も多分あると思うんですけど。その分，やっぱりお互いに思っていることも言いやすいし，お互い感じていることも言いやすいし，……自分がやりたいと思っていることをやり易くする環境なのかなあ，と思いました（MD氏）。

---

[11] ただしこれは「前提」であり，実際の完全な対等性を示すものではない。筆者が参加したとき，唐桑キャンプでは，活動上のリーダー等の役職の有無により，部分的に上下関係が発生していた。また長期滞在者と短期滞在者の間では，唐桑の状況についての知識量や唐桑の人びととの〈つながり〉の数と深さの点において，格差が生じていた。

MD氏は，〈つながり〉における「対等」な関係では，若者のキャンパーが自分の意見を自由に主張できるという。そのような「環境」が整えられたミーティングや話し合いを通じて，キャンパーたちは自分のやりたい活動を自由に遂行できた。しかしMD氏が「けんかになりそうな，まあ場面も多分ある」と語るように，社会的属性に応じて意見や批判が制限されるような関係ではなく，人称的/人格的な点において「対等」な関係だからこそ，キャンパー間の意見の衝突が生じうる場面もあった。この点についてSF氏は，ワークキャンプが「衝突というのが，例えば意見の食い違いで言い争いをするとかはもちろんありきの世界」であるという。すなわちキャンパーたちにとって，ミーティングや話し合いでは意見の衝突が発生する，と想定されていた。

　こうした意見の衝突の発生は，ワークキャンプの活動に多様性と創発性を与えているようだ。SG氏は「〔衝突は〕些細なことから何から何までです……ぶつかっていいんじゃないですか，ぶつかった方が面白いアイディアが出るかもしれないし」という。またSB氏は「議論して……いろんな意見がある中でやっぱりみんなができるだけ納得する答えを見つけるというのが大切やと思うし，どうしても相容れへんかったらそれぞれやっぱ旗をあげるしかないんちゃうかなと，……それが多様性につながるんじゃないかな」という。すなわち意見の衝突は，両者が納得する新たな活動が生じるか，あるいは互いに異なる多様な活動を生み出す契機となっていた。

　意見の衝突が想定されたミーティングや話し合いは，次の二点を通じて ── 理論的な帰結の一つとして想定されうる ── キャンパー同士の関係の破綻を避けているようだ。第一に，SG氏が「最終的な目的はたぶん一致しているので，修正はいくらでも利く」，LE氏（20歳代，女性，長期）が「自分たちのキャンプをよくしたいから意見が出る」というように，キャンパーたちの目的が一致しており，それに向けた改善について議論がなされている点である。第二に，SF氏が「〔衝突ありきの世界〕だからといって人間同士の関係が切れる……というわけではない」，SG氏が「〔破綻など〕そんなんないですね，ていうか5分後ぐらいには仲良くしゃべってますよね」というように，キャンパー同士の〈つながり〉が意見の衝突を含むミーティングや

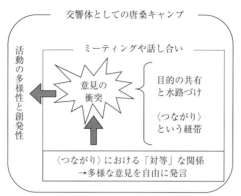

図 6-4　唐桑キャンプにおける話し合いの創発性
筆者作成

話し合いの紐帯をなしている点である。

　〈つながり〉における「対等」な関係は，キャンパー個々人がもつ互いに異質で多様な意見を自由に発言することを可能にした。またそれによりミーティングや話し合いに発生する意見の衝突は，ワークキャンプの活動の創発性と多様性を生み出す契機となった。意見の衝突を生み出すミーティングや話し合いは，キャンパーたちの意見が，最終的な目的に向けた改善へと水路づけられることで，また〈つながり〉をその紐帯とすることで，キャンパー同士の関係の破綻を回避している。以上のことから，キャンパー同士の「対等」な〈つながり〉を紐帯とし，意見の衝突を想定しつつ自由な発言を交わすミーティングや話し合いは，個々人が一体化し異質な他者を抑圧する共同体ではなく，異質な個々人が自由に呼応し合う交響体の条件である，といえよう。そして交響体の条件を満たすミーティングや話し合いは，キャンパーたちの活動の多様性や創発性を生み出す基盤であった（図6-4）。

3-2. 交響体の条件② ──〈つながり〉に伴う外部者の〈緊張〉

　唐桑キャンプが交響体となるもう一つの条件は，被災地でボランティア活動を実施する際の，キャンパーたちと唐桑の人びととの関係におけるものであ

る。先述した唐桑キャンプの「楽しくみんなで」という祝祭的な側面は，両者の関係形成上いくつか重大な困難さをうみだしていた。この点についてSI氏（20歳代，男性，短期），LD氏（20歳代，女性，長期），リーダーを務めたLF氏（20歳代，男性，長期）はいう。

> ワークキャンプって……「自分も楽しく，みんなも楽しく」みたいな。それが，うーん，……被災者と触れ合って，自分が楽しくなって，その被災者も楽しくなるっていうのは，被災者でも結構差が出てくるなと思います（SI氏）。

> 〔ある唐桑の人と〕結構仲良い関係なんですけど，私が……無神経に傷つけることを言っちゃって。〔その人が唐桑〕ホーム[12]に遊びに来てたんですね。……〔その人に震災を思い出す〕「海に遊びに行ってきなよ」みたいな感じのことを，すごい無神経に言っちゃって。で，その時は全然それで傷つけたことは気づかなくて。……ああ，なんてこう，人の気持ちとか，想像とか……考えてないんだろうって（LD氏）。

> 何よりも，そこで亡くなった人に対しての態度，ということ。……〔唐桑の人の〕身内が死んでいるわけですからね。そういうところで，騒いだり，楽しんだり，っていうのは本当はできないはずなのに，〔キャンパーたちに〕そういう意識もないんじゃないかっていう。やっぱり，〔唐桑の人びとに〕「見られてる」っていう意識。自分たちが何のために来たのか，っていう意識を持つべきっていう風には考えていました。だから，……そういう意味では緊張感のあるキャンプだったのかなと（LF氏）。

三者が指摘するのは，震災により傷ついた状況に生きる唐桑の人びとに対して，〈つながり〉を形成し「楽しくみんなで」を実践する祝祭的な活動が有する問題と危険性である。SI氏は，被災地である以上，祝祭的な活動がすべての唐桑の人びとのエンパワーメントに寄与するわけではない点を指摘している。LF氏は祝祭的な活動が，唐桑の人びとにとって「はしゃぐ」（LF氏），「遊びに行く」（SF氏）と映る危険性を指摘している。またLF氏とLD氏は，キャンパーたちが〈つながり〉を形成していても，被災した唐桑の人びとの境遇への無自覚により，唐桑の人びとを傷つけてしまう危険性を指摘

---

12) キャンパーが滞在した，唐桑町でワークキャンプを行うためのプレハブ小屋のこと。

している。こうした危険性を踏まえて，自覚的に祝祭的な活動を実施すること。それがキャンパーたちに〈緊張〉を生み出していた。

その〈緊張〉は，ワークや交流におけるキャンパーたちと唐桑の人びととの〈つながり〉や「共有」された経験において，各々のキャンパーに自覚された。また〈緊張〉を伴う出来事は，しばしばミーティングや話し合いでキャンパーたちに共有された。LD 氏と ME 氏は次のようにいう。

> 何か遺品みたいなもの，残ってるじゃないですか。スプーンだとか，……そういうのを見て，「何か普通だったら怖がるはずなのに，何か今はそういう怖いとかいう気持ちもないのよね。……普通だったら，嫌だ，みたいな感じになるのに，残ってるから……使わないと」みたいな，ていうことを〔〈つながり〉を有する唐桑の人が〕話してて。……その，一人の方とかが突然亡くなったら持つような感情っていうのが，きっと，もういろんなものを飛び越え過ぎて持てない気持ちなんだなあっていうのを，その時初めて私は言葉で聞いた気がして（LD 氏）。

> 〔津波の被害を受けた地区に住むある唐桑の人の〕お話も聞いて，〔被災前の地区の〕写真を見せてもらったんですね。すごいたくさん家が並んでいた風景だったんですけど。……それがこんなになったのかと。……本当にそれが，一番僕の中の衝撃で，被災地に来たと強く思った（ME 氏）。

LD 氏は，特定の唐桑の人との〈つながり〉の展開の中で，言葉のやりとりを介した〈現地の人びとの意味世界との接触〉により，その唐桑の人の境遇を自覚している。また ME 氏の語りは，言葉のやりとりを介した〈つながり〉を有する唐桑の人の〈意味世界との接触〉を通じて，被災地にいる〈外部者の自覚〉をキャンパーが獲得する点を示している。

キャンパーたちと唐桑の人びととの「共有」された経験における〈現地の人びとの意味世界との接触〉は，キャンパーたちが〈外部者の自覚〉を得る契機となっていた[13]。それが，人称的 / 人格的な関係である〈つながり〉を紐帯とした祝祭的な親密圏に，再び「外部者―被災者」関係を喚起させてい

---

13) ただし言葉のやりとりを直接介さずに，キャンパーが唐桑の人びとに対する〈外部者の自覚〉を得る場合もあった。

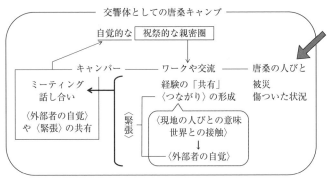

図 6-5　外部者の〈緊張〉を伴う唐桑キャンプ

筆者作成

る。すなわち，キャンパーたちが有する〈緊張〉とは，人称的／人格的な〈つながり〉と「外部者―被災者」関係の間で生じたものであった。

こうした活動に伴う〈緊張〉は，ミーティングや話し合いでキャンパーたちに共有された。例えば LC 氏はいう。

> 私たちのモットーとしては，唐桑を元気にするっていうのを，毎日，朝〔ミーティングや話し合いで〕言ってて。……うちらがさあ，そういう話〔＝震災に関する話〕を聞いて，しっとりするのも逆に違うかなと思って。そんなん，私は味わってないから分からんし，いくら苦しくても，〔キャンパーは〕絶対笑顔でおって，……その人がちょっとでも元気になれるような努力を私たちはしなあかんっていうことを〔ミーティングや話し合いで〕言ってて。……うん，とりあえず，自分の中でピリピリさせて（LC 氏）。

唐桑キャンプという祝祭的な親密圏は，人称的／人格的な点において「対等」な〈つながり〉を重要視するがゆえに，ステレオタイプとしての「被災者―ボランティア」関係を外すことができた。しかしそこには，結果として互いに異質な社会的属性を有する個々人の他者性そのもの（この場合「外部者―被災者」関係）を除外する危険性があった。それは，キャンパーたちが唐桑の人びとを傷つける，被災地にいる自覚を消失する危険性であった。また同時に祝祭的な親密圏には，「楽しくみんなで」を推進するがゆえに，異

質な他者を「楽しければ一緒」という同質性へと回収する「はしゃぐ」「遊び」の共同体へと至る危険性があった．しかしLC氏の語りが示すように，ミーティングや話し合いにおいてキャンパーたちに以下の点が確認されている．すなわち，唐桑の人びとの境遇に立ちえない「分からん」という〈外部者の自覚〉を伴いつつ，「現地の人びとのエンパワーメント」という目的のために，キャンパーたちが「苦しくても」「笑顔」で唐桑の人びとと一緒に「楽しくみんなで」を実現する，そのための「ピリピリ」とした〈緊張〉を伴って活動すること．それは，被災地における祝祭的な親密圏が，異質な個々人の他者性を踏まえて人格的に結びつく交響体をなすための条件であった（図6-5）．

3-3. 交響体の脆弱さ ── 共同体への変容

ここまでみてきたように，ワークキャンプの活動形態の点であれ，被災地のボランティア活動の点であれ，交響体の条件は，主に「対等」な〈つながり〉によるミーティングや話し合いにおいて／を通じて表れている．しかしそのことは，そのまま交響体が崩壊する脆弱さへと結びついていた．ミーティングや話し合いと交響体の崩壊との関係について，SF氏はいう．

> だらけるやつはだらけるし，甘えるやつは甘えて，現地の人と遊びに．……人間関係でも変に慣れちゃってるから．細かいところでいったら就寝時間を守らないで起きてるとか．緊張感がなくなる部分というのは．旅行みたいな感じになっちゃうんですね．……で，〔ミーティングや話し合いはそれを〕制する力はありますね（SF氏）．

SF氏が指摘するのは，唐桑キャンプが「楽しくみんなで」を実践する祝祭的な親密圏であるがゆえに，キャンパーたちが〈現地の人びとの意味世界との接触〉を通じた〈外部者の自覚〉と〈緊張〉を喪失し，彼ら／彼女らにとって「遊び」や「旅行」のようになる危険性である[14]．それが進めば，唐

---

14) リーダーたちは，それを避けるためにミーティングや話し合いにおける口頭での「注意」や「風紀の管理」を実施していた．

桑キャンプの「〈つながり〉を通じた現地の人びとのエンパワーメント」という目的は，単に「楽しい」という共同性により冷却されていくと考えられよう[15]。その危険を回避するためにSF氏は，ミーティングや話し合いが重要な役割を果たすと指摘する。

しかし唐桑キャンプでは，ミーティングや話し合いの頻度が減少する局面があった。LI氏とSL氏（20歳代，男性，短期）はいう。

> 基本的にその日にミーティングして，こういうことをやったとか，こういう感想をそれぞれ共有するとか。……ミーティングなくてやってしまうと自然と雰囲気に出てくるんですよね。……こんなに雰囲気悪くなるのかっていう（LI氏）。

> ミーティングっていう体で，そういう〔＝情報を共有する〕風にしてたと思うんですけど。……〔あるキャンパーたちは〕日中，行動を絶対共にしない。別のことをやってる。……正直，一緒にいたキャンパーと僕が話していた時に，全然〔話題に〕入っていけない（SL氏）。

両者の語りが示すのは，情報を共有するミーティングや話し合いの頻度の減少は，「楽しくみんなで」の「雰囲気」が満たされないために，キャンパー同士の関係に悪影響を与えた点である。また前項の考察から，ミーティングや話し合いの頻度の減少が，キャンパーたちが〈外部者の自覚〉や〈緊張〉を確認し共有する頻度を減少させる点が導き出される。

さらに交響体が崩壊する場合として，ミーティングや話し合いの内容に関する次の2点が挙げられる。LG氏は，ある時期の「ミーティングのほうがですね，それぞれ自分の意見とか感じたことなどをいう空気ではなかったので，……他人の意見を聞いて，それに対する他人の意見を聞いて触発されるっていうことが全くない」という。LG氏の語りが示すのは，各キャンパーの一日の活動報告や次の日の予定，反省点などの情報共有を目的としたミーティングは十分に実施されるものの，キャンパーたちが活動を通して得た自分の意見や感想を共有する機会が消失していた問題である。その場合，

---

15) この指摘は古市（2010）を参照。

第6章　ワークキャンプにおける〈公共的な親密圏〉生成

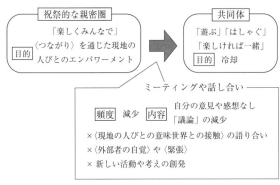

図 6-6　唐桑キャンプの共同体への変容
筆者作成

キャンパーたちが，それぞれ〈現地の人びとの意味世界との接触〉を通じて得た自分の意見や感想を互いに共有し，そこから互いに触発しながら新しい考えや活動を生み出す契機が消失してしまった。

また，ミーティングや話し合いにおいて，唐桑キャンプの活動の意味づけをめぐる「議論」が少ないという指摘もなされた。SA 氏はいう。

> ワークキャンプで瓦礫を片付けることに意味があるのかないのかということも含めて。意味がないことをやっているのかも分からない。僕は意味があると思うよ。だけどある人から見たらそんなもの重機を持ってくればいいんだっていうことだってあるじゃない。そういうことから含めて，やっぱり議論が少ないと思いますね（SA 氏）。

SA 氏が指摘する「議論」とは，唐桑の人びととの〈つながり〉の中でキャンパーが自覚したことを互いに共有し，そこから唐桑キャンプの活動の意味づけをめぐって各人の意見を交わすことである。「議論」を通じて，各キャンパーの意見をつきあわせ，ときに衝突し，そこから新しい活動の創発や既存の活動の〈意味づけの深化〉が生じる[16]。しかしミーティングや話し合いにおいて「議論」が少ない場合，活動の創発性や〈意味づけの深化〉を生み出

---

[16] 第5章で指摘した〈ワークの意味づけの深化〉は，ここでいうような「議論」を経て形成されたと考えられる。

す契機は減少してしまった。

　唐桑キャンプにおける交響体の脆弱さについてまとめよう。ミーティングや話し合いの機会が減少すれば，それらの内容に〈外部者の自覚〉や〈緊張〉を含まなくなれば，それらにおいて〈現地の人びとの意味世界との接触〉を通じて得た意見や感想が語られなければ，それらにおいて意味づけをめぐる「議論」が少なくなれば，唐桑キャンプは交響体ではなくなる。そのとき祝祭的な親密圏である唐桑キャンプは，おそらく個々人を一体化し異質な他者を排除する共同体へと容易に変容していくだろう（図6-6）。交響体としての唐桑キャンプは，個々人の異質性と活動の創発性を顕在化させるミーティングや話し合いを十全に作動させることによって，その特質を保持できるのである。

　さて次節では，こうした特質を有する唐桑キャンプに浮上する公共性をみていきたい。

④　唐桑キャンプから浮上する公共性

　「〈つながり〉を通じた現地の人びとのエンパワーメント」を目的とする唐桑キャンプにおいて，キャンパーたちは，唐桑の人びととの〈つながり〉を通じて，対象への視座の拡大と転換を伴いながら，〈公平さ〉と〈地域の改善〉という二つの公共性を帯びた活動を展開していた。それらの論理がよく表れているので，唐桑キャンプから分化した「まちづくり」，「在宅避難者のケアワーク」，「個人滞在」の諸活動をみていく[17]。

4-1．視座の拡大と転換による〈公平さ〉

　唐桑キャンプに浮上する公共性の一つは，視座の拡大と転換によりキャンパーたちが自覚する〈公平さ〉である。「個人滞在」を実施したME氏はい

---

[17] とはいえ第5章で触れたように，唐桑ボランティア団や分化する以前の唐桑キャンプにも公共性はみられた。唐桑キャンプが分化する経緯は第5章を参照してほしい。

う。

> 僕は個人のつながりで〔祭りに参加した〕。……おばちゃんたちと仲良くなって，話を聞いたんですけど。その人は家を流されたんですけど，仮設〔住宅〕に入らずに，早々に避難所から賃貸の住宅に移されているんですよ。そういう方っていらっしゃるんですけど，支援ってだいたい仮設〔住宅〕に行くじゃないですか。……〔支援のたびに〕「また仮設かよ」っていう話になって。僕も夏の時点では，仮設〔住宅〕にしか目がいってなかったんですけど。……その人も，高齢のお母さんが避難所に入れないからって，外に出ていったんです。……理由があって出ていったのに，〔賃貸住宅の被災者に〕何の支援もない。ということで，もっとミクロな視点を持って，やっていかなくてはいけないっていうのは，その時初めて感じましたね。それも地元の方と個人的に知り合えたから，そういう風になったんで（ME氏）。

〈つながり〉のもと「個人滞在」として祭りに参加したME氏は，そこで出会った「おばちゃん」の〈意味世界と接触〉し，それにより仮設住宅に支援が集中し，理由があって仮設住宅から出た賃貸住宅の被災者に支援がほとんど回らないことに気づいた。このときME氏は，以前に彼が「仮設〔住宅〕にしか目が行ってなかった」点を自覚し，仮設住宅の被災者から賃貸住宅の被災者へと活動の重要性を移している。これは次のように考えることができるだろう。ME氏は，その自覚と共に，新たに〈つながり〉を有した「おばちゃん」も含めて視座を拡大した。そしてその視座における，既存の〈つながり〉を有する仮設住宅の人びとと，新たに〈つながり〉を有した賃貸住宅の人との間にある〈不公平さ〉に直面した。その結果，ME氏は，仮設住宅に住む特定の人びとの支援から，賃貸住宅の被災者の支援へと視座を転換した。すなわち，〈つながり〉を有する特定の人びとの支援から，被災者間の〈公平さ〉へ，という視座の転換がなされている。

4-2. 視座の拡大に伴う〈地域の改善〉と〈公平さ〉

唐桑キャンプに浮上するもう一つの公共性は，〈地域の改善〉である。それは，部分的に〈公平さ〉と関連しながら，視座の拡大を伴いつつ「まちづ

くり」と「在宅避難者のケアワーク」の双方にみられた。まずは「まちづくり」についてみていこう。中心的な担い手のLA氏はいう。

> 〔〈つながり〉を有する唐桑の人びとの〕愚痴が，個人的な愚痴ではなくて，町に対する愚痴だったんですよ。……あとショックだったのは……復興が遅いから唐桑は……だから唐桑を出たいと，というような話もあったりとかして。じゃあ，そのためには町全体のことを，やっていきたいなっていう（LA氏）。

LA氏は，〈つながり〉を有する多くの唐桑の人びとの〈意味世界と接触〉し，彼ら／彼女らの愚痴を聞いた。それは「私」の領域に属す「個人的な愚痴」ではなく，「公」の領域に属す（例えば「復興が遅い」などの）「唐桑町に対する愚痴」であった。こうした中LA氏は，〈つながり〉を有する唐桑の人びとのために，唐桑町の改善に向けた活動を始めた。このときLA氏は，唐桑の人びととの〈つながり〉から唐桑町の〈地域の改善〉へと視座を拡大している。しかしながらその視座は〈つながり〉を無視するものではなかった。LA氏はいう。

> 〔外部からある大学が〕アンケート調査だとか学術的なヒアリングをしていって，こういうまちづくりのためにはどうですかって提言しているところもありますけど。でも，そういうのは俺はあんまり好きじゃなくって。どっちかっていうと，本当に個人レベルで話をしながら，進めていければいいなと思う（LA氏）。

LA氏が語る「まちづくり」は，大学のチームによる学術的な提言のような，唐桑の人びととの〈つながり〉をほとんど介さずに唐桑町の社会問題の解決を目指すのではなく，唐桑の人びととの〈つながり〉を通じてその解決を目指すものであった。さらにその視座は，唐桑町の人びとの間の〈公平さ〉という視座から転換したものであった。LA氏はいう。

> 今まではいわゆるボランティアで，〔唐桑町の人びとに対して〕平等に，平等にやっていこうと。でもこれからはたぶんそうじゃなくて。……唐桑の人と人をつなぐ（LA氏）。

第 6 章　ワークキャンプにおける〈公共的な親密圏〉生成

　唐桑キャンプのリーダーや唐桑ボランティア団の事務局を務めた時期のLA氏は，唐桑町の人びとに対する〈公平さ〉を重視していた。しかし「まちづくり」は，唐桑の人びとによってその熱意や立場が異なるものであった。そのためLA氏は，その人びとに対して「平等に」接するわけにはいかなかった。こうした中LA氏は，ボランティア活動における唐桑町の人びとの間の〈公平さ〉から，その一部であれ熱意を有する人びと同士を新たに〈つなぐ〉ことを通じた〈地域の改善〉へと，その視座を転換していった。
　「在宅避難者のケアワーク」における公共性について，MA氏はいう。

> 私が自分の中で，唐桑でやりたいことは，その地区の活気を出すこと。……どうしてその地区を元気にしたいかっていうのは，おばあちゃんを笑顔にしたいからなんですよ。ずっと一人で暮らしている。ずーっとここまであった日常がもう今ないわけだから，やっぱりそれは，すごく寂しいわけで，つらいわけで。……やっぱり目的としては，おばあちゃんとの絆が出てくるのかな（MA氏；一部の固有名詞は変更）。

　この語りが示すのは，キャンパーと特定の在宅避難者との〈つながり〉を通じたその人へのケアという視座から，その人が住む〈地域の改善〉という視座が生じている点である。津波の被害を受けた地区に住み，一人暮らしで「寂しく」「つらい」「おばあちゃん」の〈意味世界との接触〉を通じて，〈つながり〉を有する彼女へのケアのために，MA氏は彼女が住む〈地域の改善〉へと視座を拡大している。そして，その拡大された視座は，〈公平さ〉へと接続されることになった。MA氏はいう。

> 実際行ったらやっぱ，唐桑は田舎であるがゆえに，こう，うーんと，近所の人との距離が近すぎて。……おばあちゃんが，いっつもうちばっかりこう，畑仕事とか，いろんなことやってもらってるから……他の人たちが気にするというか，ちょっとやらないで欲しいって言われました。……私とか私たちの中には，その地区を元気にしたいっていうのがやっぱり常にあるので。……周りのお宅とか……その人たちにこう話をして何かこう……ニーズ調査とかをして行けたらいいなと思います（MA氏）。

　〈つながり〉を有する「おばあちゃん」のために〈地域の改善〉という視座

にMA氏が立つとき，言葉のやりとりを介した「おばあちゃん」の〈意味世界との接触〉から，その地区内に住む他の人びとと彼女の間の活動の分配における〈不公平さ〉が浮かび上がってきた。このときMA氏は，彼女を含めたその地区に住む人びとの間の〈公平さ〉を期して〈地域の改善〉に向けた活動を展開しようとしている。ここから示されるのは，〈つながり〉を有する特定の唐桑の人のために（ケアなどの）活動を遂行するがゆえに，そこから〈地域の改善〉という視座の拡大と，さらに地区内の人びとの間の〈公平さ〉という視座の転換が，浮上してきた点である。

4-3.〈公共的な親密圏〉の生成

「個人滞在」であれ「まちづくり」であれ「在宅避難者のケアワーク」であれ，ここで挙げたキャンパーたちは，唐桑の人びとの〈意味世界との接触〉を通じて，彼ら/彼女らが置かれた境遇を自覚し，対象への視座を拡大し，その結果〈公平さ〉や〈地域の改善〉という公共性の視座を獲得した。〈公平さ〉は，唐桑の人びとの〈つながり〉からの視座の転換により，〈地域の改善〉は，〈つながり〉を有する唐桑の人びとを含む地域への視座の拡大により生じた。また，（「在宅避難者のケアワーク」のように）〈地域の改善〉が〈公平さ〉を導き両者が共存する場合もあれば，（「まちづくり」のように）〈公平さ〉から〈地域の改善〉へと転換する場合もあった。このことが意味するのは，二つの異なる公共性が，互いに独立して形成されるのではなく，キャンパーたちの視座の拡大に伴い（一方から他方の導出や転換のように）互いに関連し合いながら浮上してきた点である[18]。さらに二つの公共性は，ともにキャンパーたちが〈つながり〉を有する唐桑の人びとのために活動を遂行しようとすることから生じたものであった。つまり，唐桑キャンプという親密圏は，「〈つながり〉を通じた現地の人びとのエンパワーメント」という目的を重視するがゆえに，二つの公共性を浮上させる。この意味において唐桑キャンプは，

---

18) 親密圏から浮上する公共性とその諸条件は，親密圏と公共圏の研究の重要なテーマだと思われる。しかし筆者は，その十分なデータと分析視角を持ち合わせていないため，詳しく扱えなかった。今後の課題としたい。ただし付言すれば，ここでいう二つの公共性が互いに関連して浮上する事象自体が，本章で彫琢した分析視角を必要とする根拠となっている。

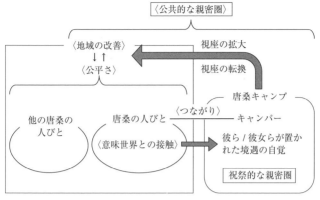

図6-7　唐桑キャンプにおける〈公共的な親密圏〉の生成
筆者作成

〈公共的な親密圏〉の特質を有していたのである（図6-7）。

5　〈公共的な親密圏〉の成立にむけて

5-1．唐桑キャンプにみる〈公共的な親密圏〉
　　　── ワークキャンプの特質と条件

　本章で考察されたことをまとめよう。唐桑キャンプは，活動の成果や精確さのみを求めるボランティア活動と異なる，（東日本大震災という）公共的問題の下に形成される祝祭的な親密圏である。それは，ワークキャンプという活動形態を通じて，キャンパー間やキャンパーと唐桑の人びととの間で社会的属性を外した人称的 / 人格的な〈つながり〉を形成し，「〈つながり〉を通じた唐桑の人びとのエンパワーメント」という目的を遂行する。
　〈つながり〉という紐帯によって成立する，目的に水路づけられた内容についての，「対等」な関係に基づくミーティングや話し合いは，社会的属性に基づく関係よりも相対的に自由な発言を可能にし，その中で発生する意見の衝突が，活動の多様性と創発性を生み出す契機となった。また，キャンパー

と唐桑の人びととの間で形成される〈つながり〉は，〈現地の人びとの意味世界との接触〉を通じて，人称的／人格的な関係に再び「外部者―被災者」関係を喚起させ，キャンパーたちが〈外部者の自覚〉と〈緊張〉を得る契機となった。これらを満たしたとき，祝祭的な親密圏としての唐桑キャンプは，一体化し異質な他者を抑圧する共同体ではなく，異質な個々人が自発的かつ人格的に結合した交響体であったといえる。

　唐桑キャンプでは，その目的を遂行する中で〈公平さ〉と〈地域の改善〉という公共性が浮上した。それらは共に，〈現地の人びとの意味世界との接触〉を通じたキャンパーたちの視座の拡大を通じて，互いに関連し合いながら生じた。〈公平さ〉は〈つながり〉からの視座の転換を伴って，〈地域の改善〉は〈つながり〉を包摂する視座の拡大を伴って，それぞれキャンパーたちに自覚され活動が展開された。〈公平さ〉は，特定の人びととの人称的／人格的な関係から（被災者間などの）社会的属性関係における「等しきは等しく，不等なるは不等に」という普遍的な「ルール」（正義）への転換[19]を，〈地域の改善〉は，特定の人びとを含めて対象範囲を拡大した「公共的活動の組織化」を意味している。この二つの意味において，唐桑キャンプは〈公共的な親密圏〉の特質を有している。これらが，被災地でワークキャンプを実施する災害ボランティア活動としての，唐桑キャンプという意味世界の正当性である。

　しかしその意味世界の正当性を考える上で注意しなくてはならないのは，唐桑キャンプにみる交響体の脆弱さである。その脆弱さとは，ミーティングや話し合いの機会が減少すれば，それらの内容が〈外部者の自覚〉や〈緊張〉を含まなくなれば，それらにおいて自分の意見や感じたことが語られなければ，それらにおいて意味づけをめぐる「議論」が少なければ，唐桑キャンプが「遊び」「はしゃぐ」共同体に変容していく点である。それは，被災地において唐桑キャンプが祝祭的であろうとするがゆえに不可避的に抱え込む脆

19）キャンパーと唐桑の人びととの〈つながり〉において，〈外部者の自覚〉により喚起される「外部者―被災者」関係も，「不等なるは不等に」扱う「ルール」が表れたものということができる。こうした「等しさ」の基準を個体性ではなく属性（関係も含む）に求める「正義」の考え方については，井上（1986）を参照した。しかし筆者の意見を述べれば，こうした身の回りの親密圏から浮上するルールが，「人権」といった高度に普遍的なルールにまで到達できるとは考えがたい。

第6章　ワークキャンプにおける〈公共的な親密圏〉生成

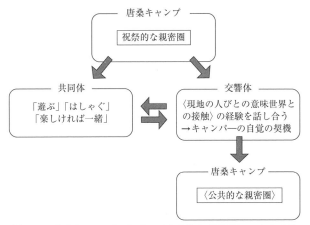

図6-8　唐桑キャンプにおける〈公共的な親密圏〉の成立条件
筆者作成

弱さであった，といえるだろう。さらに本章の展開から理論的な帰結として示されるのは，交響体の喪失は，〈現地の人びとの意味世界との接触〉を通じたキャンパーたちの自覚の契機を消失させるため，公共性の喪失をも意味する点である。つまり，唐桑キャンプが〈公共的な親密圏〉となるためには，唐桑キャンプが交響体（交響するコミューン）であることが不可欠の条件であったのだ（図6-8）。

　以上の考察から，本章の検討課題である「親密圏と公共圏をつなぐ」論理と親密圏から公共性が浮上する論理を，次のようにまとめることができる。唐桑キャンプにみるワークキャンプが，「〈つながり〉を通じた現地の人びとのエンパワーメント」を目的として，公共的問題の下に祝祭的な親密圏を形成するからといって，それが直ちに〈公共的な親密圏〉の特質を有するわけではない。むしろワークキャンプは容易に，目的を冷却した「はしゃぐ」「遊び」の共同体に変容し，公共的問題に苦悩する人びとの眼前で繰り広げられる場違いで醜悪なお祭り騒ぎとなりうる。それを回避するには，〈現地の人びとの意味世界との接触〉や〈つながり〉の経験に基づく多様な意見が交わされるミーティングや話し合いを十全に作動させ，ワークキャンプを異質な個々人が呼応し多様な活動が創発する交響体にしなくてはならない。そのと

199

き初めて，人称的/人格的な〈つながり〉という親密性の先に「公共的活動の組織化」（〈地域の改善〉）や普遍的な「ルール」（〈公平さ〉）という公共性が浮上しうるのであり，（唐桑キャンプを含む）ワークキャンプは〈公共的な親密圏〉となりうるのである。

5-2. 若者ボランティア活動の意義と危険性

　最後に，本章のもう一つの課題である，若者たちが主に担うワークキャンプの意義と危険性を述べて閉めることにしたい。唐桑キャンプにみるワークキャンプは，日常生活の人間関係やクラブやパック旅行などと比べても，若者たちが参加するに足る魅力を有するものであった。それが個々人の異質性や他者性を担保する交響体である限りにおいて，参加した若者たちは，目的を冷却し人間関係上の承認だけを求める「村々する若者たち」（古市 2010: 254; 2011: 107）になることなく，公共的問題の下で現地の人びとと〈つながり〉を形成し活動を行う。若者たちが形成する〈つながり〉は，金銭的支援やワーク等による物理的支援とは異なる形で，比較的高齢の現地の人びとのエンパワーメントに寄与している（この論理は第1章が詳しい）。これらが，唐桑キャンプにみるワークキャンプの，若者ボランティア活動として有する意義である。

　さらに，ワークキャンプの活動形態は若者たちに適しているようだ。人称的/人格的な〈つながり〉における「対等」な関係は，社会的属性上の関係において弱い立場に置かれがちな若者たちに，より自由な発言の機会を与えると同時に，若者らしい「自分の意見」（Q氏）を強く主張する機会を与えている。またそうした若者たちの意見の衝突が，活動の創発性や多様性を生み出す契機にもなっている。

　しかしながら，ともすれば若者たちは，"私だけの特別なつながり！"を求めて，キャンパーや現地の人びととの〈つながり〉を形成し展開することに傾倒しがちであった。この点についてリーダーを務めたLI氏は，「この人っていう，〔特定の〕人にハマってしまうキャンパーが多い」という。これは，（本書タイトルに倣えば）「承認欲望の社会変革」と特徴づけられるワークキャ

ンプが必然的に抱える事態かもしれない。その事態に付きまとうのは，活動の公共性が縮小ないし喪失する危険性である。すなわち，特定の現地の人びととの〈つながり〉を通じた自己承認を渇望する若者たちが，〈つながり〉のない現地の人びとに関心を抱かない〈不公平〉の問題や，〈つながり〉に没頭するあまり彼ら/彼女らが置かれた〈地域〉の状況に対して鈍感になる想像力欠如の問題が生じうる。

　これらの危険を避けるには，若者たちが対象への視座を拡大するような「気づき（自覚）」と「きっかけ（契機）」が必要である。そのためには何よりも，交響体の条件を満たすミーティングや話し合いにおいて，若者たちが活動を通じた〈現地の人びとの意味世界との接触〉の経験談を共有し意味づけることが重要である。それらが理性的かつ十全に行われて初めて，（第3章が指摘する）「名づけの力」も発揮されることになるだろう。

　キャンパーが口にするフレーズに「言葉より行動を」がある。それは今後，「行動から言葉を」に変えるべきではないだろうか。

・参考文献・

Blumer, H. G. (1971) Social Problems as Collective Behavior, *Social Problems*, 18: 298-306.＝桑原司・山口健一訳（2006）「集合行動としての社会問題」『経済学論集』66号，41-55頁.

Dewey, J. (1927) *The Public and its Problems,* Henry Holt Company.＝植木豊訳（2010）『公衆とその諸問題』ハーベスト社.

古市憲寿（2010）『希望難民ご一行様 ── ピースボートと「承認の共同体」幻想』光文社.

────（2011）『絶望の国の幸福な若者たち』講談社.

井上達夫（1986）『共生の作法 ── 会話としての正義』創文社.

木下康仁（2003）『グラウンデッド・セオリー・アプローチの実践 ── 質的研究への誘い』弘文堂.

小林正弥（2010）『サンデルの政治哲学 ──〈正義〉とは何か』平凡社.

見田宗介（1996）「交響圏とルール圏 ── 社会構造の重層理論」『社会構想の社会学』岩波書店，149-175頁.

────（2006）『社会学入門 ── 人間と社会の未来』岩波書店.

佐藤 学（2000）「公共圏の政治学 ── 両大戦間のデューイ」『思想』No. 907, 18-40頁.

Strauss, A. L. and J. Corbin (1998) *Basics of Qualitative Research: Techniques and Procedures for Developing Grounded Theory 2nd ed*, Sage. ＝操華子・森岡崇訳（2004）『質的研究の基礎 ―― グラウンデッド・セオリー開発の技法と手順』医学書院.
植木　豊（2010）「訳者あとがき」『公衆とその諸問題』ハーベスト社，221-225頁.
山口健一（2005）「『鏡と仮面』におけるパーソナルな行為者の名づけと用語法の『共有』―― A・ストラウスの相互行為論の基礎として」『社会学研究』第78号，119-136頁.
──── (2007)「A・ストラウスの社会的世界論における『混交』の論理 ── 相互行為と社会的世界との関係から」『社会学研究』第82号，103-123頁.

終章

親密圏が誘発する公共性
―― ワークキャンプ論のアリーナへ

山口健一・日下　渉・西尾雄志

　これまでの各章の議論が示すように，本書に通底する大きなテーマは「ワークキャンプにおける親密性の公共機能」である。しかしその捉え方に関しては，執筆者によりいくぶんの相違がみられる。つまり本書には，ワークキャンプにおいて共通する部分と多様性のある部分とが含まれている。そこで終章では，各章の議論を踏まえ，執筆者それぞれの観点からワークキャンプ論を展開することにしたい。それはいわば，各章の議論を改めて比較検討することにより，また社会理論や政治理論と突き合わせることにより，ワークキャンプの現代的意義をすくい取る試みである。

　まず第1節において山口が，阪神・淡路大震災時の「震災ボランティア」論や本書各章の議論と比較しつつ，唐桑キャンプ（第5，6章）にみられるワークキャンプの含意を検討する。次に第2節では日下が，ワークキャンプは生の被傷性と相互依存を基盤とする親密な共同性を育むことで，新自由主義による社会的分断に抗して，生の保証と復元力に寄与しうることを主張する。最後に第3節では，西尾が執筆者3名の議論を包括的にまとめることを試みる。その際，公共性が誘発される親密圏の条件，理性，アマチュアリズム，そして国家や市場に対する対抗性を論点としていきたい。

1 「震災ボランティア」とワークキャンプ
―― 理性・公共性・市民社会

山口健一

1-1. 阪神・淡路大震災における「震災ボランティア」論

　山下・菅 (2002) は阪神・淡路大震災時の「震災ボランティア」を次のように考察している。本節ではその議論のうち，公共性と親密性に関連する箇所を中心にまとめよう。

　「震災ボランティア」とは，立場を問わず誰でも参加できるものであり，不特定多数の人びとをつなぐ，匿名性の高い人びとの間での共同行為を可能にする仕掛けである。それは，人びとの間に新しい「共同性」を生み出した。ここでいう「共同性」とは，暫定的問題解決のために特定の社会ないしコミュニティに限定して成立するものである。それは，震災により「困っている人を助けたい」という素朴な動機をもつ不特定多数の人びとを，情や共感の媒介により，匿名的な被災者と結びつけた (山下・菅 2002: 1-2, 13, 18, 242-243, 256-257, 282, 285)。

　そのような「ボランティア」は，これまで永らく日本では定着しないと言われていた自発性・援助性・無償性を強調する"volunteer"が，震災現場の行為者による試行錯誤のうちに翻訳されたものである。「ボランティア」は，援助者の贈与と被援助者の返礼という「相互性」を強調する。しかし両者はしばしば互いに匿名的な関係であり，かつ偶然的で一時的な出会いとなるために，援助者への返礼を伴わない未完成の「相互性」となった。しかし，それが未来における返礼としての被災者の自立や新たなボランティア参加者を生み出した。つまり「震災ボランティア」は，未完成の「相互性」により，不特定多数の人びとを社会全体の「助け合い」の論理へと結びつけるものであった (山下・菅 2002: 234, 247-248, 250, 256, 259, 290)。

　その翻訳を通じた意味転換により，被災地の問題解決に向けたボランティ

ア組織間のネットワークが形成され，新たな参加者が増加し，「震災ボランティアの沸騰現象」と呼べる状態が生じた。しかしその現象は，彼ら／彼女らが「市民」として活動することにより正義や人権などの普遍的理念を掲げる「市民的公共性」を体現したものではない。ここでいう「公共性」とは社会や個人をこえて普遍的に成立しうるものであり，合理的・抜本的な問題解決に向けて構成されるものである。ボランティア参加者による普遍的な理念の主張はすべて，手近に達成される「共同性」では解決できない被災地の問題に向き合う中で，より広い枠組みの問題として提示していくための手段として持ち出されたものである。したがって「震災ボランティア」はそのまま市民社会の形成に結びつくわけではない（山下・菅 2002: 4, 18, 258, 260,271-272, 274, 278, 284, 288）。

　こうしてみると，「震災ボランティア」と唐桑キャンプとの間に，いくつかの共通点が浮かび上がるだろう。例えば，現地の問題解決のために「共同性」（本書でいえば親密な共同性や〈つながり〉）を活用すること，未完成の「相互性」（本書でいえば互酬性）が被災者の自立や活力に結びつくこと（第1章ならびにYamaguchi (2014) 参照），「困っている人」に対する活動（第6章参照）などである[1]。

　しかし，ここで着目したいのは両者の相違点である[2]。第一に，匿名的な多数の人びとをつなぐ「震災ボランティア」と人称的／人格的な〈個人間の親密なつながり〉を重視する唐桑キャンプ（第5章）は，人びとのつながり方の点で異なっている。第二に，山下・菅 (2002) は，「共同性」に基づく「震災ボランティア」が「公共性」を体現しないと判断するのに対し，唐桑キャンプの分析（第6章）において山口は，親密圏から浮上する公共性にその意義を見出している。

---

[1] 唐桑キャンプが「助け合い」の論理と適合するかどうかには，検討の余地がある。それについては別稿を期したい。
[2] 他には，震災の違いに加えて，大都市社会の神戸市と村落社会の唐桑町という対象地域の違いもある。唐桑キャンプが，村落社会の唐桑町における「奥州独特の閉鎖的な風土」に対して有効な活動形態を有していた点については，第5章を参照されたい。またYamaguchi (2014) は，村落社会をなす唐桑町に色濃くみられる「世間」に適した唐桑キャンプの活動の論理を，匿名的な多数の人びとによる〈派遣型ボランティア活動〉との比較において考察している。

山口はこれらの相違点の考察を通じて，上述の「震災ボランティア」論とは異なる，災害ボランティア活動としてのワークキャンプの含意を考えてみたい。要点を先取りすると山口は，そのままでは市民社会の形成に結びつかない「震災ボランティア」と異なり，唐桑キャンプがある道筋で市民社会の形成に結びつくと考えている。まずはそれに先立ち，他のワークキャンプと比較しつつ唐桑キャンプの特徴を指摘しよう。

1-2．ワークキャンプにおける理性の必要性

　中国（第3章）・フィリピン（第4章）・唐桑（第5，6章）のワークキャンプの間には，ハンセン病や貧困，台風災害，東日本大震災といった公的問題の違い，実施される場所の違い，参加者の構成の違い等，多くの相違点がある。ここで特に注目するのは次の相違点である。中国のハンセン病快復村やフィリピンの貧困地域におけるワークキャンプは，現地が日常的な状況に置かれていた。一方，東日本大震災に対する唐桑キャンプとフィリピンの台風災害に対するワークキャンプは，現地が非日常的状況に置かれていた。

　中国のハンセン病快復村やフィリピンの貧困地域におけるワークキャンプでは，キャンパーが居場所や承認を求めて現地に「帰る」（第3章）ことにより続く「公と私の円環運動」（第1章）がおそらく当てはまるだろう。なぜなら現地の人びとは，日常を生きているがゆえに，「帰ってきた」キャンパーを受け入れる余地を有するからである。あるいはそれらのワークキャンプでは，現地の人びとが生きる日常の構造を，よそ者のキャンパーが現地に非日常を持ち込むことにより解体・再構築する「コミュニタス」的祝祭の戦略（第4章）も有用であろう。なぜなら現地が日常的な状況に置かれているがゆえに，キャンパーは相対的に非日常的な状況をつくりだせるからである。

　しかし唐桑キャンプの場合，現地は深刻な非日常的状況に置かれていた。そのため相対的に唐桑キャンパーに日常性が立ち現われることとなった。例えばLC氏の「ずっとワークをしていると，どっちが被災者かわからなくなるから，そういうときは一週間ぐらい〔日常生活の場所に〕帰る」（フィールドノーツ2011年9月6日）という言葉が示すように，キャンパーたちは被災

地において自らが有する日常性に立ち戻らざるをえなかった。

　したがって唐桑キャンプの場合，キャンパーが現地の人びととの間で，キャンパーの承認感を生む「ありのままでいられる場，居場所」(第3章)やコミュニタス的祝祭による「親密で平等的な共同性」(第4章)を構築し拡大することは難しい。なぜならキャンパーたちは，現地の人びととの親密な共同性構築の中で，既存のカテゴリーや差異の秩序が解体した平等な関係の不可能性に立ち戻らざるをえないからだ。これはいわば，両者を「私たち」(序章，第4章)で括ることの不可能性といってよい。そのため唐桑キャンプに求められたのは，〈外部者の自覚〉と〈緊張〉，交響体の条件をなすミーティングであった(第6章)。つまり唐桑キャンプは，日常を生きる外部のキャンパーたちによる，非日常を生きる被災した人びとに対する災害ボランティア活動である。それゆえ，ミーティングにおける理性的な思考や話し合い，被災した人びとに対する〈外部者の自覚〉や〈緊張〉を伴う理性的な言動が，キャンパーたちに強く要請されたと考えられる。

　また唐桑キャンプは，同じく深刻な非日常的状況の現地において活動したフィリピンの台風災害に対するワークキャンプとも次の点で異なっている。フィリピンの台風災害に対するワークキャンプでは，キャンパーと現地の人びとがすでに〈つながり〉を有していたため，祝祭的な雰囲気を必要としなかった[3]（第4章）。これに対し唐桑キャンプでは，〈つながり〉の形成のためだけではなく，キャンパーたちの「楽しみ」や「現地の人びとのエンパワーメント」のためにも祝祭的な要素が求められていた(第6章)。唐桑キャンプにみられるこの祝祭的な要素こそ，フィリピンの台風災害に対するワークキャンプと異なり，若者キャンパーたちが参加するに足る魅力と感じる，承認欲望や情念や快楽の住みかであった(第6章)。そして理性的な思考と言動と話し合いは，承認欲望や情念や快楽の暴走によって被災地において「醜悪なお祭り騒ぎ」(第6章)をさらすことを避けるために，求められたのである。しかしながら日下の議論(第2，4章)では，なぜか理性的なものが後景に退

---

[3]　第4章の切り詰められた記述から推測するしかないが，フィリピンの台風災害に対するワークキャンプでは，承認欲望や快楽よりも，繋がりを有する他者への情念が強く全面にでているように思われる。

いている。

　このように考えると唐桑キャンプは，中国やフィリピンのワークキャンプよりも，むしろ「根拠地からの社会変革」を構想するワークキャンプ（第2章）に近いのかもしれない。「根拠地からの社会変革」という構想は，よそ者のキャンパーが現地に生きる人びととの間で矛盾に満ちつつもエロス的で情念的な親密な共同性を形成し，その中で生まれるどうしようもない両者の断絶を見据え，そこで得た傷や痛みを社会変革のエネルギーに変えることである。この構想に即して考えるならば，「〈つながり〉の現地変革」（第5章）としての唐桑キャンプを次のように言い換えられるだろう。すなわち，承認欲望を有するキャンパーは，「楽しい」祝祭的な活動を通じて，被災地の人びとと〈個人間の親密なつながり〉を形成する。その中でキャンパーは，被災地の人びととのどうしようもない断絶を自覚し，そこで得た人称性（他ならぬ「わたし」と「あなた」の関係）と他者性（「被災者―外部者」関係）の矛盾を現地変革のエネルギーに変えなくてはならなかった。唐桑キャンプは，そのエネルギーを得るために理性的な思考と言動と話し合いを重視したのである。

　以上の比較検討から山口は，本書で考察されたワークキャンプ全般に対する見解として次の提言をしたい。承認欲望と情念と快楽を原動力とするワークキャンプは，理性の歯止めと羅針盤を活用してこそ，親密圏（「私たち」）の拡大による公共的機能を果たすことができるのではないか。

1-3．ワークキャンプから浮上する公共性

　加えて，先述した唐桑キャンプにおける理性の重視は，〈個人間の親密なつながり〉を通じた活動に公共性を浮上させる契機となっている（第6章）。では山下・菅（2002）が指摘する「震災ボランティア」論の「共同性」と「公共性」の関係と，唐桑キャンプにおける親密性（＝〈個人間の親密なつながり〉）と公共性の関係はどう違うのだろうか。

　阪神・淡路大震災において「震災ボランティア」の活動は，徐々に，被災者の生命の安全を保持する時期から被災者の生活を再建する時期へと移って

いった。双方の時期において「助け合い」としての「震災ボランティア」の「共同性」は貫かれていたが，後者の時期から「市民活動」の要素が入り込んできた。それは次のように説明される。被災地の状況の変化に伴いボランティア参加者は，被災者の自立などの新たな問題に「気づき」，対象や問題の視野を拡大するとともに活動に新たな意味づけを与える。さらにボランティア参加者は，その問題に共同で取り組むべく活動をネットワーク化していく。その中で，ときに人権や市民といった「市民的公共性」が，被災地の問題解決のための手段として持ち込まれてきたのである（山下・菅 2002: 9-11, 276-280, 288）。

　山下・菅（2002）のこの指摘は，唐桑キャンプと次の点で類似している。被災者の生命の安全保持から生活再建へという活動時期の推移は，唐桑キャンプの救援から復旧そして復興へという局面の変化と大筋で対応しているだろう（第5章）。また確かに唐桑キャンプにおいても，生活再建の時期（復旧から復興の局面）にまちづくりなどの公共的な活動が芽生えていた（第5章）。また「市民活動としてのボランティア」の論理は，ボランティア参加者の気づきと視野の拡大，新たな意味づけといった点において，唐桑キャンプの〈公共的な親密圏〉の論理と重なる部分も多い（第6章）。

　しかし，山下・菅（2002）は，具体的な問題解決のための「共同性」に可能性を求め，普遍的理念としての「公共性」は「震災ボランティア」活動に体現されないと判断した。その理由はいくつか考えられるが[4]，ここでは次の理由を挙げておきたい。山下・菅（2002）は，不特定多数の人びとをつなぐ匿名的な「共同性」と，特定の人びとが形成する人称的な「共同性」との理論的な相違を十分に考慮しないまま，前者の匿名的な「共同性」に光を当てた。そのため「震災ボランティア」論から，人称的な「共同性」から生まれる普遍的理念としての「公共性」が捨象された点である。実はこれが，「震災ボランティア」と唐桑キャンプとの重要な相違点をなしている。

---

[4] 山口のみるところ，次の二つの理由も考えられる。第一に，当時「ボランティア」に対する評価として「市民的公共性を体現するボランティアが市民社会を実現する」というある種の短絡的な理想論が流布しており，それへの批判的応答であったこと（山下・菅 2002: 287）。第二に，普遍的な理念を持ち込んだ「震災ボランティア」活動は，人びとの注目を受けたにせよ，結果的に現実の問題解決に結びつけることが困難だったこと（山下・菅 2002: 288）。

唐桑キャンプの場合，キャンパーは現地の人びとと〈個人間の親密なつながり〉を形成して活動を実施する。キャンパーたちは，その〈つながり〉を通じた〈現地の人びとの意味世界との接触〉により視座の拡大の契機を得た。そしてキャンパーたちは，ミーティングや話し合いなどを通じた新たな意味づけとともに，〈地域の改善〉と〈公平さ〉という二つの公共性を帯びた活動を展開するに至った（第6章）。

　山下・菅（2002）のいう「共同性」と「公共性」は，大まかにいえば唐桑キャンプにみられるこの二つの公共性に対応している。〈地域の改善〉とは，〈つながり〉を有する現地の人びとを含めたより大きな地域の問題を解決するための人称的な「共同性」といえる。一方〈公平さ〉とは，（〈個人間の親密なつながり〉に基づく）人びとの人称的な判断から（被災者や外部者といった）社会的属性に基づく人びとの判断へ，という視座の転換を伴って生じた「公共性」といえる。これはいわば，井上（1986; 1999）が指摘するような，個体的同一性に基づいて「等・不等」を判断するエゴイズムから，社会的属性に基づいて「等・不等」を判断する正義への視座の転換により生じた，普遍主義的な「公共性」である。

　ここで，「震災ボランティア」は不特定多数の人びとが匿名的な関係を形成するのに対し，唐桑キャンプは〈個人間の親密なつながり〉という人びとの人称的な関係を形成する点に注目してほしい。唐桑キャンプは，〈個人間の親密なつながり〉を重視するからこそ，キャンパーたちの視座の拡大に伴って，上述の二つの公共性が互いに関連しつつ浮上したのである。そのような観点は，山下・菅（2002）の「震災ボランティア」論にはみられない[5]。その理由は分からないが，山口なりにそれを推論して次の点を挙げておこう。「震災ボランティア」の場合，人びとは互いに匿名的であるがゆえに，「ボランティア―被災者」という社会的属性に基づく関係（＝社会圏）を形成した。そのため，ボランティア参加者が「Aさん―Bさん」といった人称的な

---

[5]　山下・菅（2002: 286-287）は，匿名性の高い不特定多数の人びとをつなぐ「震災ボランティア」は，それへの接近可能性という点では「万人に開かれている」が，その実際の活動では特定の人びとが人称的な関係を形成するという。しかし山下・菅（2002）は，このような匿名的な関係と人称的な関係の区別を，具体的な問題解決を目指す「共同性」のみに結びつけ，普遍的理念に至る「公共性」には結びつけていない。

関係（＝親密圏）との対比において公共性に「気づく」契機が少なかった点である（社会圏と親密圏については第6章参照）。

要するに唐桑キャンプの場合，キャンパーたちと現地の人びとが親密圏を形成する中，理性的な思考や言動や話し合いを通じて，キャンパーたちはその親密圏との対比から二つの公共性を自覚し活動することができたのである[6]。これが，唐桑キャンプという「ワークキャンプにおける親密性の公共機能」である[7]。

さらにここから山口は，本書で考察されたワークキャンプ全般に対して次の仮説を提示しておきたい。ワークキャンプの公共性とは，現地の人びととの共感や共苦や交歓により生まれるキャンパーの私的な情念やコミットメントを，公共的なものに接続する理性的な思考や話し合いに経由させることにより初めて，生まれるものなのだ。

1-4. ワークキャンプと市民社会の接続

山下・菅（2002）や山下（2004: 71-74）は，「震災ボランティア」がそのまま市民社会に結びつかない理由を次のように述べる。「震災ボランティア」は，研究者や思想家が指摘する市民社会に求められる，国家や市場の「失敗」に対する「対抗性」を有していないこと。「震災ボランティア」現象そのものは市民社会を体現していないこと。「震災ボランティア」の参加者は，現場の問題解決のために普遍的理念を持ち込んだだけであり，「市民的公共性」を体現した「市民」として活動していないこと，である[8]。次に，それらの理由に対して順次応答しながら，唐桑キャンプが市民社会と結びつく道筋を示そう。

---

[6] ただし本節で「キャンパーたちが自覚した」というのは，彼ら／彼女らが親密圏や公共性や正義といった学術的な概念を理解しており，それらを当てはめて活動していた，という意味ではない。それらの概念を知らずとも，キャンパーたちが同様のことを（別の表現であれ）自覚して活動をしていた，という意味である。

[7] しかし山口は，キャンパーたちの意思に関わりなく生じる「誘発」という表現よりも，キャンパーたちの自覚的なプロセスを含意する「浮上」という表現の方が適切だと考えている。

[8] 山下（2004）は，「市民的公共性」を体現しない，協働や共同を重視した「日本型市民社会」にその可能性を見出している。

「震災ボランティア」と同様に唐桑キャンプは，国家や市場とは異なる領域に位置するが，それらへの「対抗性」を有していない。なぜならそれは，東日本大震災により生活が破壊された「困っている人を助ける」ために実施されたものだからである。つまり唐桑キャンプは，福祉国家の限界や新自由主義的な市場経済による貧困といったグローバルな社会・経済構造への「対抗」のためではなく，自然災害により傷ついた人びとの（物質面と精神面を合わせた）人間的な生存を回復するための，災害ボランティア活動である。

　「震災ボランティア」と同様に唐桑キャンプは，それ自体が市民社会を体現していない。ただしその根拠が異なっている。「震災ボランティア」の場合，多数の人びとの参加とボランティア組織間のネットワークの形成を通じて，日本社会に影響を与える大規模な現象となったが，その参加者が「市民的公共性」を体現しない匿名的な「共同性」を形成した。いわばそれは市民社会の「質」を満たしていない。唐桑キャンプの場合，人称的で親密な関係の形成と理性的な思考や話し合いを通じて，キャンパーたちが二つの公共性を自覚して活動したが，参加人数（206名）や対象地域（唐桑町）からいっても，それは相対的に小規模な現象であった。いわばそれは市民社会の「量」を満たしていない。しかしこの違いこそ，山口が唐桑キャンプに市民社会への希望を見出す箇所である。

　「震災ボランティア」と異なり唐桑キャンプは，条件と限界を伴うが普遍主義的な「公共性」を内発的に体現した「市民」を生み出すことができる。その条件とは，唐桑キャンプが目的を冷却し個々人を融解させる「共同体」ではなく，明確な目的のもと異質な個々人に開かれた「交響体」となることである（第6章）。その限界とは，唐桑キャンプから内発する普遍主義的な「公共性」に人権といった高度に普遍的な理念はおそらく含まれない，という山口の予見である[9]（第6章注19）。それらの制約があるにせよ，活動の中でキャンパーたちは，人称的で親密な関係の形成を通じた「ケア」（第5章）の視点，視座の拡大を通じたより大きな枠組みの問題解決の視点，そして視座の転換による正義感覚を獲得し，かつそれらの連関と両立の困難さを学ぶ

9）　それゆえ山口は，人権といった高度に普遍的な理念は外部から持ち込まれなくてはならない，と考える。

ことができた。これはまさにキャンパーの「陶冶」(第1章) の内実であろう。この意味において唐桑キャンプは，キャンパーが「市民になる」営みでもあったのだ[10]。

1-5. 唐桑キャンプにみられるワークキャンプ論

　唐桑キャンプは，自然災害により非日常を生きる人びとの人間的な生存を回復する，災害ボランティア活動である。しかしそれは，日常を生きる人びとに対して定例的に実施される他のワークキャンプ(第3, 4章) と比べ，期間限定で実施される「例外的なもの」でもある。本書第5, 6章でそれに着目すると，理性的な思考と言動と話し合いが親密圏から二つの公共性を浮上させる論理がみえてきた。さらに唐桑キャンプは，参加者が「市民になる」ための陶冶の仕組みを有していた。山口はそうした論理と仕組みが，ワークキャンプ全般に適用可能であることを主張したい。

　ただしワークキャンプは，その論理と仕組みを十全な意味で有したとしても，匿名の多数の人びとが集いつながる「震災ボランティア」や「ボランティア」と比べ小規模な活動である。そのためワークキャンプは，それらと比べ社会全体に与える影響力が弱いだろう。しかしながら，山口にはそんなワークキャンプの方が，市民社会へと続く長い小道の確かな入口のように思える。

　要するに，唐桑キャンプにみられるワークキャンプ論の含意とは，ワークキャンプ全般に適用可能な，理性と公共性の内的連関の論理と市民社会への小さな展望である。

---

10) ここでは「市民」を，現代社会において特定のコミュニティや人びとに対する複合的な関係や諸問題を自覚し行動する素養を持つ個人，という意味で用いた。したがってそれは，国民と同一ではないし，特定のコミュニティから遊離した「地球市民」でもない。「市民」やそれと「地球市民」の区別については佐伯 (1997) を参照。

2 ワークキャンプの政治的潜勢力

日下　渉

2-1. 新自由主義の逆説

　本書の目的のひとつは、ワークキャンプという若者の実践が紡ぎ出す共同性の特徴に焦点を当てて、新自由主義による社会的断片化に抗する論理と方途を模索することであった。ワークキャンプを通じて、キャンパーは中国のハンセン病快復村、フィリピンの貧しい農村、東北の被災地などに飛び込み、そこで現地の人びととの間で、緊張や矛盾もはらんだ親密な共同性を深化・拡大させてきた。このような実践の積み重ねは、社会的断片化に抗して、誰しもが共有する生の被傷性に対する相互依存を深めることで、生の保障と苦境からの復元力を強化しうる。本節では、そう主張したい。

　新自由主義の問題は、私たちの生存を保障し生を豊かにするための経済活動が、逆に私たちの生を深刻に切り詰めて脅かしてしまう逆説に他ならない。多くの者が「善き生」を実現するために働きたいと願うように、経済活動は生を豊かにして支える重要な手段である。だが、経済活動に生が従属を強いられ、過労や仕事のストレスで病んだり命を落とす人びとも後を絶たない。皮肉なことに、「自由」を称揚する新自由主義は、多くの人びとが「善き生」を追求し実現する自由を深刻に蝕んできたと言わざるをえない。

　序章で論じたように、私たちが「善き生」を追求しようとする際、社会的連帯は大きな支えとなる。私たちは様々な資源を互いに保障し合い、リスクを共有することで、より安心して自己決定を行い、より自由に自らの望む「善き生」を追求していける。例えば、相互信頼のある地域社会では、人びとは安全という資源を保障し合うであろう。また社会保障の発達した国民国家では、人びとは自らの収入の一部を国家に提供することで、病気や怪我のリスクを保障する医療保険、貧しい子供にも教育の機会を保障する公教育、やむをえぬ事情によって収入源を断たれた時に生命線となる生活保護などを共有

する。窮地に陥った時に支えてくれる人間関係や制度があるからこそ，私たちは生に対する安心感を得て，ある程度のリスクをおかしてでも「善き生」を実現すべく勇気ある決断を行うことができる。

しかし福祉国家は，国民という匿名の連帯によって支えられた一方で，人びとの国家に対する依存を助長することで，具体的な他者との社会的連帯を喪失させてきたかもしれない。しかも昨今の新自由主義の下では，福祉国家も解体の一途を辿り，敵意と怨嗟が社会に蓄積し，人びとは互いに切り裂かれ，社会的断片化が助長されている。J. スコット（2012: xvi）は，この二百年間にわたる国家と自由経済の拡張と浸透によって，私たちは相互依存的な協力関係の慣習の多くを失ってしまい，皮肉なことにもホッブズがリヴァイアサン（国家）によって飼い慣らそうとした危険な掠奪者になりつつあると指摘する。リヴァイアサンとそれによって守られた自由経済は，自然状態に巣食う非社会的な利己主義者を飼い慣らしたというより，むしろ生み出してしまったというのである。

2-2. 新たな社会的連帯の模索

私たちはいかに社会的連帯の基盤となる共同性を再興できるだろうか。もっとも，「私たち」という共同性は，異なる人びとの排除や抑圧を生み出したり，個人の自由を制限したりしやすい。たとえばM. サンデル（1982＝2009）らの共同体主義は，土着の歴史や文化を共有する共同体こそが「私たち」の基盤であり，正義の構想にも共同体の「共通善」が反映されるべきだと主張する。しかし，共同体主義が支配的な社会では，特定の共通善を共有しない少数派が排除される危険が伴う。また，その共同体の成員も，自文化の存続といった共通善の名のもとに，個人の自由な選択や決定を制約され，多様な善の構想も限定されかねない。

個人の自由を保障し，誰に対しても開かれていて，排除や同質化を伴わない人びとの連帯は，「公共性」と概念化することもできる。齋藤（2000: 5-6）によれば，公共性は，価値の複数性を条件とし，共通の世界にそれぞれの仕方で関心を抱く人びととの間に生成するという。また公共性は，特定の争点や

出来事に対する関心の共有を通じて，人びとに苦難を強いる社会経済的構造を変革する基盤ともなりうる。それゆえ，多元化した社会で，排除や抑圧を伴わない共同性や公共性を生み出す方途をめぐっては，活発な議論がなされてきた。

　合理的なコミュニケーション的行為や討議を基盤に新たな連帯を構想する論者には，J. ハーバーマスがいる。彼の憲法パトリオティズムは，幾世代もの市民たちが討議の対象としてきた憲法原理への自発的忠誠や愛着に社会統合の基盤を求めるものである（ハーバーマス 1996＝2004）。しかし実際には，教育や財産を持つ者ほど大きな発言力を持つし，どの国民国家にも国語を自由に操れない少数派が存在するため，憲法をめぐる自由で平等な討議は困難だろう。こうした場合，討議において周縁化されたり，そこから実質的に排除された人びとが，憲法に深い愛着を抱き，連帯意識を深めることは難しく思われる。

　他方，リベラル・ナショナリズムは，排他的ではない文化の再興と共有に基づいた連帯を訴える。合理的な討議だけでは多様な人びとを連帯させるにはあまりにも弱く，そもそも文化や言語の共有なくしては合理的な討議も不可能だというのである。D. ミラー（2005＝2007）は，少数派の「私的文化」を認めつつ，彼らの意見や利益も含めて，全ての国民が共有し忠誠の対象とする「公共文化」を創出し，国民の連帯を再興させることを主張する。公共文化は言語，政治制度，歴史意識などを含んでおり，国民アイデンティティの基盤となる。だが，こうした公共文化は，依然として多数派の文化を反映しており，やはり少数派に中立ではないように思われる。また，国民という境界線を防衛しつつ，少数派の人びとや文化を排除しない公共文化を創出することも容易ではないだろう。

　このように考えると，多元化が進んだ社会であればあるほど，合理的な討議や共通の文化によって，多様な人びととの間で調和や合意を実現して公共性を創出していくという試みには限界があるように思う。むしろ「我々／彼ら」の対立関係と「分かりあえなさ」が解消しないことを前提としつつ，公共性を模索することが重要であろう。その際に参考になるのは，C. ムフや W. コノリーの主張する「闘技」という概念である。

ムフ（2005＝2008）によれば，敵対を調和や合意によって解消することは不可能であり，むしろ「彼ら」を破壊すべき「敵」ではなく，正当な「対抗者」として構築し，敵対を「闘技」（agonism）へと変容することが重要である。闘技とは，対抗者同士が最終的な合意と解決はないことを認めながらも，互いの正統性を認め合う「我々/彼ら」の対立関係である。だが，ムフの議論は，闘技が成立する条件についてそれほど明確ではない。この点，コノリー（1991＝1998）の方が詳しい。彼によれば，固定化されカテゴリー化されたアイデンティティは人間の生の豊穣さを抑圧し，他者や自己の従属や排除を招く。だが，生とアイデンティティの偶然性や齟齬を自己と他者が共有しているという認識を深めることで，他者への闘技的敬意が呼び起こされる。そして，各人が敵と対立しながらも，敵に関わり，抵抗し，挑戦し，敬意を抱いて相互が依存する闘技が可能になるというのである。

　一人一人の個人的な営為として，こうした闘技を成立させるのは難しいだろう。討議民主主義の理論によれば，他者と関わり合い，他者を「聴く」ということは，しばしば彼らの意見や生のあり方を自己の内部に引き入れ，自らが抱く価値，文化，序列の構造を変容させていく。他者を自らのうちに受け入れることによって，これまでの自己の安定性は揺るがされ，単一のカテゴリーに収まりきらないような，しばしば対立する複数の自己が形成される。こうして複数の自己を持つことによって，私たちは最終的な合意は不可能であっても他者に対してより寛容になれるというのである（Dryzek 2000; 斎藤 2008; 田村 2008）。

　このように考えると，闘技的な公共性が成立するためには，まず具体的な他者と関わり合う親密性が必要である。親密性は，いかに歴史や文化が異なり意見や道徳の相違をめぐって対立しようとも，他者と関与し続けることを私たちに要請する。また同時に，私たちも親密性のなかでは彼らによる私たちへの関与を期待し，要求する。共通の歴史や文化でもなく，特定の共通善でもなく，また理性に支えられた合理的討議でもなく，この親密性の容易ならざる相互依存性に深く根を張ることによってこそ，排除や抑圧を伴わぬ公共性は可能になるかもしれない。日下はここにワークキャンプの可能性を見出している。

だが山口は，この見解を批判して，「理性的な話し合いや言動」や「理性による歯止め」の重要性を説く。この議論を整理するには，ワークキャンプで理性の果たす役割を，「自己の抑制」と「他者との媒介」に分けることが有効だろう。前者は，理性が自己や自集団の欲望が暴走して他者を省みなくなる危険性を防ぐ役割で，山口が強調するものである。日下も，第4章で論じたワークキャンプの落し穴を回避するものとして，この理性の役割は否定しない。だが後者の役割，すなわち自己と他者との関係を媒介するものとして理性や合理的コミュニケーションを重視する立場には，懐疑的である。理性を偏重したコミュニケーションは，キャンパーと現地の人びととの間にもともと横たわる非対称な権力関係を助長しかねない。都会から来た学生が，高等教育を受ける機会を持たなかったフィリピンや中国の村人，深い悲しみを抱えた被災者を前にして，理性や合理的コミュニケーションを強いるのは，時に暴力的にならざるをえない。

　他方，西尾は，「ボランティア・コーディネーター」なる者が，キャンパーが承認欲望に埋没することなく「公と私の円環」を実現できるよう導く役割を重視する。たしかに，キャンパーが他者の苦しみや社会問題を利用して「自分探し」などに終始している場合，誰かが批判的な介入をして彼らを公共的な視座に導くことは必要であろう。だが，指導的立場にある者も，キャンパーと現地の人びととが親密な共同性を築く過程に介入するのは難しい。他者への親密な感情，彼らの生に対する深い共感・共苦と畏敬の念は，あくまで自己の内面から湧き出す自発的なものからこそ，より強く持続的なコミットメントの意志を生み出す。困難な状況に置かれた自他への情念から生まれた世界に対する公共的な眼差しは，誰かに指導されて生まれた公共性などよりも，はるかに力強いであろう。

　以上の理由から日下は，理性やボランティア・コーディネーターの存在は，キャンプにおいて親密性から公共性を誘発する十分条件ではないと考える。そして，自他の関係を媒介し，親密性から公共性を誘発するものとして，生活と労働を介した自発的な他者への共感・共苦，敬意，彼らとの軋轢や反目，そしてコミットメントの意志を重視する。キャンパーが親密性や承認欲望に耽溺して公共的な視座を得られないのであれば，それは独り善がりな欲

望を抑制する理性の欠如だけではなく，他者の生を内在的に理解しようとする情念の欠如のためでもあろう。

2-3. 被傷性と相互依存が織り成す親密性

　ワークキャンプでそのような感情が自発的に生まれる契機について，日下は「祝祭」（第2章）と「根拠地」（第4章）をキーワードに論じた。ここでは，改めて「生の被傷性」と「相互依存」に着目して，これまでの議論を整理したい。一般に，親密性は同質的な人びと同士の関係性だとされるが，ワークキャンプでは異質者同士が邂逅し，親密な関係性を織り成していく点に特徴がある。キャンパーと現地の人びととの関係は，きわめて非対称的である。既存の社会経済的構造のもとでは，一般にキャンパーは優位な位置にあり，現地の人びとは劣位の状況を余儀なくされている。多くのキャンパーは若く健康で，高等教育を受ける学生であり，長期休暇に自己成長や他者との出会いを求めて移動する自由もある。他方で，現地の人びとは貧困，病い，差別，災害など様々な困難を抱えており，キャンパーの暮らす場所に移動する自由さえないことも多い。それゆえ，非対称的な他者同士の間で，親密性は成立しにくいように思える。

　しかし，誰しもが何らかの弱さと傷つきやすさを抱えている。そうした生の被傷性への認識は，非対称的な他者同士の交感と連帯の基盤ともなりうる。私たちは，ある生の領域で運よく優位性を享受していても，別の領域では劣位にあったりする。もとより国籍，学歴，階層，ジェンダー，セクシュアリティ，身体，健康，年齢，承認，道徳など，生のあらゆる領域において優位に立てる者などいないだろう。誰しもがある領域では強く，別の領域では脆く弱い。そうした錯綜した優劣の関係への着眼と，自らの弱さの発見や他者の強さに対する敬意は，既存の序列関係を破綻させ，新たな連帯の繋争点になりうる。たしかに，インターネットなど表象の世界では，特定の生の領域における固定化された序列性を強調する言説が飛び交い，排除と分断が再生産されやすい。だが，ワークキャンプのように具体的な他者と肌身をもって関わり合う場では，互いの生への関心と配慮を通じて，より豊穣な生のあり

方への認識へと至りやすい。

　ワークキャンプでは，「支援者」であるはずのキャンパーの弱さがさらけ出され，現地の人びとの優しさによって承認され癒されるという倒錯が生じる。そもそもキャンパーの強い承認欲求は，不安定な自己肯定的アイデンティティの反映である。また，現地の人びとの生の豊穣さは，しばしばキャンパーの優位性を揺るがし，転覆させる。たとえば，裕福さと学歴に裏打ちされたキャンパーの優位性は，フィリピンの農民の逞しい生活の知恵と身体性によって揺るがされるだろう。日本社会の物質的な富に支えられたキャンパーの生活様式の優位性は，フィリピンの地域社会における濃密な共同性と相互扶助によって疑問を突きつけられるかもしれない。若さと健康に裏打ちされたキャンパーの優位性は，ハンセン病快復者の威厳ある生の前では覆されるだろう。そして，そこから彼らの生に対する深い敬意が生まれる。

　キャンプで盛んに交わされる労働と生活を介した非言語コミュニケーションも，既存の序列関係を侵食する。言語コミュニケーションでは，多くの場合，より多くの教育や知識を持つ者，年長者，男性，支配的言語の話者といった元々優位な人びとが，より強力な発言権を持ち，そうでない者たちを周縁化してしまう。だが，たとえば強靭な肉体を持つ男性による熱心なワークへの奉仕は，病弱な者や女性に喜ばれはしても，彼らを周縁化することはない。また言語に不自由だからこそ，お互いの困難に対してより鋭敏になれる。労働や気遣い，共にご飯を食べる，ふざけて笑い合う，歌って踊り合うといった非言語コミュニケーションは，既存の序列権力や支援/非支援の構図を破綻させ，親密な共同性を導き出していく。

　しかし，現地の人びととキャンパーの間に横たわる断絶は深く，両者の完全な相互理解は不可能に近い。キャンパーは，貧困による様々な可能性や自由の剥奪を，ハンセン病による差別と隔離の苦しみを，家族を失った被災者の悲しみを，最終的には内在的に理解できない。だが，こうした最終的には理解できない，分かりあえないというキャンパーの葛藤は，現地の人びとの生に対する畏敬の念をいっそう強める。他方で，現地の人びとも，なぜキャンパーが不安定な自我に悩んで承認を追い求め，階層，国境線，病い，差別といった境界線を越境して彼らの元へと来たがるのかを，おそらく最終的に

は理解できない。村人がキャンパーに尋ねてみても、大抵の場合、「この村が好きだから」、「あなたが好きだから」といった返事しか返ってこない。そのため、現地の人びとは、しばしばキャンパーのなかに打算を超えた「本当の優しさ」を見出す。このような関係のもとでは、完全な相互理解と調和に基づいた連帯ではなく、齟齬や葛藤も含んだ差異への敬意から親密性が立ち上がる。

さらに両者の不可避的な相互依存が、この親密性をいっそう深めていく。ワークキャンプでは、「他者に迷惑をかけない」という配慮を実践するのがきわめて難しい。現地社会に着くとキャンパーは無力で、現地の人びとに助けてもらわなければ、ワークはおろか生活もままならない。だが、このことは、外部からの不躾な訪問者が、支援の名のもとに現地の人びとに迷惑をかけるという、ありがちなボランティア批判には収まりきらない。第4章で論じたように、キャンパーは現地の人びとに助けてもらったことに恩義を抱き、彼らの困難な状況をなんとか改善しようと、より深いコミットメントに身を投じていく。他方、現地の人びとは、「キャンパーを助けてやろう」と奮起して、村の仲間たちと相互扶助の慣行を活性化させる。このように、一人ひとりが独立的に完結できないため、それぞれの生の弱さを互いに配慮し支え合う尊厳ある相互依存が深まっていく。

こうした生の被傷性を基盤とする親密な共同性は、多元化が進む現代社会において、何ら同質的な基盤や道徳の共有を必要とせずに、連帯の基盤を作り出していける点で有効だと思われる。また生の保障が不安定化するなかで、自らの苦しみや恐怖を他者に転嫁してルサンチマンの政治を助長するのではなく、異なる他者も自分と同様に善き生の希求と生の披傷性を共有しているという自発的な共感・共苦をもたらす点でも重要だろう。

2-4. 越境と連鎖から生まれる公共性

こうして人間の生の被傷性に対する共感・共苦と、弱さを支えあう相互依存を軸に織り成された親密性は、いかに公共性を誘発できるのだろうか。本書では、ワークキャンプが何ら公的機能を果たさない危険性について批判的

に検討しつつ，親密性が公共性を誘発する様々な可能性を論じてきた。しかし，ワークキャンプの親密な共同性が，誰しもに開かれ，また政治的な潜勢力も持った公共性に昇華しうると主張するには，まだ2つの課題がある。

ひとつは，ワークキャンプの共同性が，どの集団に属する人びとへのコミットメントを優先するのか，という問題である。もうひとつは，ワークキャンプの作る親密な共同性にどれだけ多くの人びとが参加できるのか，という範囲と規模の問題である。もしワークキャンプが，特定の人びとを当初から排除していたり，ごく限れられた人間同士で「仲良しグループ」を作るだけならば，公共性を生み出したとはいえないだろう。これら2つの問題は，どちらも「私たち」という境界線の引き方に関わるもので，互いに関連している。ワークキャンプに批判的な意見を検討しつつ，ワークキャンプの作る親密な共同性が，次第に拡張されて公共性を誘発していく可能性を示してみたい。

まず，ワークキャンプは遠くの他者ばかり優先して，身近な家族や友人といった既存の親密圏を蔑ろにしているという批判があろう。こうした議論は，直感的に支持しうる。ただし，親密圏への奉仕という道徳的義務は，自らの善き生を実現したいと願う個人の欲望と，しばしば深刻な軋轢をはらむ。また，地域社会が弱体化し福祉が後退するという昨今の状況において，親密圏への奉仕という義務は，個人に多大な負担とストレスを与えかねない。親による子どものネグレクトや虐待，介護疲れによる親の殺害といった事件も，そうした負担やストレスの反映かもしれない。半永続的に続く親密圏への義務が完全に果たされなければ，より遠い他者に関与していけないといった制約は，私たちの自由をかなり窮屈に狭めてしまう。それゆえ，時には既存の親密圏とは離れた何らかの活動や集団に参加して，新たな自分の生を模索することも否定されるべきではないだろう。しかも，遠い他者との交流は，既存の親密圏を再発見するきっかけにもなりうる。実際，キャンパーのなかには，中国やフィリピンで出会った「家族」に優しくされて，蔑ろにしがちであった自分と家族との関係を改めて見直したと語る者も多い。

次に，ワークキャンプは国内の日本人を軽視していると批判して，「国民」への奉仕を訴える議論があろう。たしかに，日本では未曾有の大震災によっ

て未だに多くの被災者が苦しんでいる。また格差社会化に伴い貧困世帯が増加しているし，自殺や独居老人の孤独死も日常的に生じている。だが，誰よりも日本人を優先すべきだという考えは，既存の序列秩序と結びついて，劣位の他者を作り出し排除する性格を持つ。実際，日本人の優先を叫ぶ声は，しばしば移民や外国人を排除してきた。また，戦時中の「非国民」探しのように，「悪しき日本人」を選別して排除するため，たとえば日本人のホームレスや生活保護受給者にも排他的な傾向をもつ。国民への奉仕を優先すべきという声が，排除を生み出すのであれば，それを支持することはできない。

逆に，途上国における貧困を考えるならば，積極的に国境を越えてよりグローバルな活動を展開すべきだという意見もある。世界では多くの子どもたちが飢えているし，安全な水を飲めない人びとも多い。彼らの貧困の背後には先進国が途上国を搾取する経済構造があり，日本人もその恩恵を受けてきた。それゆえ，支援活動の対象をどんどん拡大して，国際的な再配分や貧困の撲滅に積極的に取り組むべきだというのである。こうした議論は，一見正義にかなっているように思われる。しかし，私たちが世界を知覚し関与する能力には限界があり，共感と支援の対象を無条件に拡大することはできない。世界中の不幸や貧困を救うために，自らの資源や時間を際限なく供出することが道徳的に掲げられるような社会は，私たちの自由を息苦しく奪っていくだろう。

これらに対して，ワークキャンプが実践するのは，家族や国民といった既存の「私たち」を前提とせず，また無制限に拡大するグローバルな活動を優先することもなく，あくまでも偶発的な他者との出会いに身をまかした越境的な共同性の創出である。ワークキャンプは，予期せぬ他者との出会いをもたらす。キャンパーは，そこで現地の人びとや仲間たちに優しくされ，かけがえのない存在として承認されたという経験をもとに，今度は身近な家族や友人，あるいはこれまで日本社会で目を向けてこなかった人びとに対して，より優しい眼差しをもつことができるようになる。実際，少なからぬキャンパーが，中国のハンセン病快復村での活動を通じて，日本国内におけるハンセン病快復者との交流を始めたり，フィリピンでの経験を通じて，在日フィリピン人のおかれた状況に共感的な考えを抱くようになった。しかも，予期

せぬ他者との出会いは,「なぜ彼らは苦しい経験を強いられてきたのだろうか」といった自発的な問いをもたらし,ハンセン病差別の歴史や途上国における貧困の構造といった,よりマクロな問題へとキャンパーの関心を導いていく。

こうして,偶発的な出会いによってつくられた他者との親密な共同性は,まず限定的な人間関係から始まるが,やがて自分の受けた優しさや癒しを次の人にも届けようという無数の連鎖を生みだして拡大し,また構造的問題への関心を呼び起こすことで,公共性を帯びていく。

2-5. 社会変革の構想と幻視

ワークキャンプにおいて親密性から誘発された公共性は,いかに社会変革に寄与しうるのだろうか。第3章と第4章で,西尾と日下はそれぞれ N. フレイザー(1992 = 1999)にならい,社会変革を承認と再配分に分けて検討した。西尾がもっぱら承認と差別の解消を促進する役割を強調したのに対して,日下はキャンパーと村人の親密な共同性が,村人の相互扶助を活性化させ,再配分を促進する点を主張した。両者は異なる点を強調するが,ワークキャンプの労働そのものよりも,労働を通じて生まれる新たな連帯に着目して社会改革の可能性を検討した点で共通している。だが,改めて考えてみると,ワークキャンプの労働には,単に人と人を繋ぐ手段という意味以上の可能性があるように思われる。最後に,それを検討してみたい。

たしかに,ワークキャンプの労働が提供できる建設活動やサービスは,政府,国際機関,国際 NGO 等が実施するものに比べて微々たるものであり,効率性も悪く,大規模な再配分を促進できない。しかし,大規模な開発プロジェクトが,常に望ましい結果をもたらすわけではないことにも留意すべきである。スコット(1999)が論じるように,国家による様々な近代の開発プロジェクトは,人間の生と自然の豊穣さを強制的に画一化・単純化することで,人間の生存基盤を貧困化させてきた。巨大官僚組織によるトップダウンの開発は,人間が本来的に有する土着の知と相互依存を蝕むというのである。これに対して,自発的結社は,人間の水平的連帯でもって国家権力を抑制す

る可能性を持つ。だが，多くのNGOが法的地位を確立して財政基盤を安定化させるために，むしろ国家の枠組みに自らを積極的に合致させ，官僚組織化を進めてきたことも否定できない。

　ワークキャンプの労働が持つ意味とは，こうした支配的な潮流に抗して，支援者の合理性や優位性を一切前提とせず，あくまで地域における土着の知と相互依存に基づく原初的な労働を通じて，身近で切実な問題を改善していくという方法論にある。こうした方法は，国家の福祉制度と企業の終身雇用による生の保障を失いつつある私たちにも，重要な示唆を与えてくれる。すなわち，生存と善き生を模索するにあたって，新自由主義の強いる熾烈な競争で他者を出し抜き続けようとするのではなく，むしろ他者との間で生の被傷性を支えあう共同性と相互依存を再興させていく可能性である。

　もちろん，これはワークキャンプの潜勢させている可能性にすぎず，たかが2，3週間の活動を数10回行う程度で，それを実現できるわけではない。ただし，ワークキャンプには，人間の共同性と相互依存に関する新しい認識を抱いた人びとを社会に輩出していくという役割もある。キャンパーはやがて就職したり日常に埋もれていくが，キャンプで培った感性と優しさを様々な職場や生活の場で発揮するかもしれない。またキャンプを経験した現地の人びとも，困難な状況を変えるべく仲間たちと自ら立ち上がるかもしれない。こうした人材の創出は，もっとも長期的な効果をもつワークキャンプの力であろう。

　ワークキャンプの作り出す親密な共同性は，様々な困難を抱えた人びとに承認を与えると同時に，「私」の問題を「私たち」の問題へと練り上げ，その解決を求めて再び外へと大きく開かれていく活動の基盤となり，公共性を帯びる。その公共性は，抽象的な理念や正義ではなく，具体的な他者との親密性に深く根ざしている。また国家や，国家政策に影響を与えようとする社会運動の掲げるものとは異なり，中央から全体を包括するようなものではない。むしろ，社会の底辺で形成されたいくつもの根拠地からモザイク状に広がっていくものである。そして，それらの根拠地に出入りする無数の者たちは，親密な共同性と生活に根ざした素朴な労働でもって，不平等と苦難を強いる権力構造を根元から少しずつ侵食し，空洞化していく。こうしたミクロ

な実践は,防御的もしくは漸進的なものであり,劇的な権力構造の転換をもたらさないだろう。しかし,巣から這い出た小さなシロアリの群れは,巨大な建築物を基礎部から蝕んでいき,ついには倒壊させることもある。日下はワークキャンプの潜勢的な社会変革の可能性をそのように幻視している。

3 ワークキャンプ論のアリーナへ
――― 執筆者3人のスタンスと論点

西尾雄志

3-1. 親密圏から公共性が誘発される条件をめぐって

西尾は執筆者3者の議論を包括的にまとめてみたい。その際まず,公共性が誘発される親密圏の条件をめぐって3者の見解を検討しよう。そして,理性,アマチュアリズム,そして国家や市場に対する対抗性を論点として3者の見解をまとめていきたい。

本書では,中国ハンセン病快復村,フィリピンレイテ島の農山漁村,震災後の東北をフィールドとして,ワークキャンプが形成する親密性から公共性が誘発される様態に関して論じてきた。それぞれの議論は,ワークキャンプが形成する親密圏から公共性が誘発/浮上するということに関しては共通したものだが,その条件に関してはそれぞれの議論で,若干の相違がある。

西尾はこれに関して,公と私の円環運動として捉えようとする。ここではまず,承認欲求という私的な動機をもちつつ,労働奉仕という公の活動を行なおうとするところにその特徴を見出す。しかしながらこれは,動機が承認欲求であるだけに,承認が得られる状況に達した際,「目的性が冷却される」(古市2010) 事態を不可避に生み出す。そこからさらに公の視点を取り戻す契機として西尾が論じるのは,メンターの存在であり,ボランティア学習の文脈でいえばボランティア・コーディネーターの役割である。これにより目的性を再燃させることに西尾は期待を寄せる。これを西尾は,社会運動にお

ける運動家と調査者（研究者）の関係性を論じる A. メルッチの「暫定的同盟関係」の概念と接合する形で論じている。つまりここでは活動の有する公的な意味合いを運動の「ポテンシャルを高める反省的知識」としてキャンパーに伝えていくメンターの役割を重視する[11]。これにより，冷却された目的性が再燃する，つまり私から公への再飛躍が生まれることに期待をよせる。そして再飛躍した「公」が，そこにとどまることなくふたたび「私」の次元に立ちかえることにより，目的性が抽象的な理念へと上滑りしない具体的な足場を確保する。こうして活動が，公と私の円環運動として螺旋的に進化していくことをモデルとして示している。

　それに対して，日下と山口は，親密圏を二つの位相で捉えている。当然のことながら，親密圏は親密圏であるがゆえに，無条件にすべてが公共的なものを実現するわけではない。簡略に言えば，ある親密圏は親密圏にとどまり，その一方で別の親密圏は公共的な性格を宿していく。

　日下は，鶴見俊輔の「根拠地」の概念を参照して，それがフレイザー的な「対抗的な公共圏」としての機能をもちうることを論じている。「根拠地」とは，「どんなに疲れ果てていてもそこに住み着くことのできる安心感」をもたらす場所であると同時に，「対抗的な公共圏」のような「抵抗の潜勢力」をも有している場所であるという。この点で「根拠地」とは，閉鎖的な共同体とは区別される。つまり日下は，親密圏を「根拠地」と「閉鎖的な共同体」というふたつの位相で捉えつつ，前者の役割に期待する。そしてその条件として，「根拠地」における「異なる他者」との衝突や緊張関係を重視する。日下の議論は，この「他者性」に力点を置くことにより，「根拠地」をフレイザー的な「対抗的公共圏」と区別している。つまり，「対抗的公共圏」が支配構造から周辺に追い込まれた「共通の」苦しみを紐帯とするのに対して，「根拠地」は，「他者性」「異質性」による緊張関係を有している点に着目し，日下はそこから誘発される公共性に変革の可能性を見出そうとする。

　これに対して山口は，見田宗介の概念を援用し，親密圏を「交響体」と「共同体」のふたつの位相で捉えようとする。前者は，人格的な関係から成

---

11) なお本書それ自体が，メンター的な役割を果たすことを期待して執筆されている。

り立ち，異質性や他者性を許容するものであると同時に，自発的なものとされる。これに対して後者は，前―意志的なものであり，異質性が許容されず，均質な性格をもつものである。これは村落共同体のイメージに近い。山口は前者の親密圏である「交響体」に期待をよせ，それが公共性を有する条件を詳細なインタビュー調査から探っている。その条件とは，視座の拡大と転換であり，そこにおけるミーティングや話し合いの機能に山口は着目している。付言するならこれは，ボランティア教育において強調される「振り返り」に相当しよう。

　日下と山口の議論は，親密圏をふたつの位相で捉えるという共通点をもちつつも，次の点で相違していると思われる。つまり異質な「他者」に対する態度である。日下は，他者に対する安直な理解を拒絶し，そこにおける断絶や「分かり合えなさ」，そしてそれゆえの緊張関係を重視する。しかし日下はここにこそ期待をよせており，ここに抵抗の潜勢力を見出そうとする。一方山口は，他者に対する安直な理解を警戒しつつも，それでもその「他者性」「異質性」とどう向き合っていくかという現実的な対応を，こまかな事実に即して突き止めようとしている[12]。そして他者との断絶の緊張感ゆえに，キャンパー同士の理性的な思考を基礎としたミーティングや対話が不可欠であると結論づける。

3-2. 理性的なるものの位置取りをめぐって

　なお，本書のなかで明示的に示されているわけではないが，ワークキャンプという共通のテーマをもちつつ，執筆者3名の間で「理性的なるもの」に対する見解，ないしは態度が微妙に相違している。これが各執筆者の論調に対して微妙な影響を与えている。

　日下はフィリピンのスラムに住み込み，スラム住民の視点から見える政治

---

12) 日下の議論や姿勢が「変革者」的であるのに対し，山口のそれはボランティアに対する「メンター」的なものであると思われる。序章のことばを繰り返すなら，日下は「研究者の理性」をはみ出すことをおそれず，その根底にある人間の情念に対して誠実であろうとしているようにもみえる。一方山口は，そのようなパトスを共有しつつも，あくまで禁欲的な記述につとめ，「なぜそういえるのか」という問いに対して，誠実であろうとしているように見える。

的風景や道徳を研究テーマとしているがゆえに（日下2013），「市民的理性」や「ブルジョワ的な市民社会論」に対する根強い疑念があると思われる。それは本文中における，「エロス的な快感に連帯の基盤をおいていた」といったことを強調する表現や，「土民的な実感」への期待などに現われている。それゆえ「構造化された社会がいったん解体され，再統合されるまでの移行期に生じる一種の祝祭」を日下は重視する。「市民的理性」の欺瞞を警戒する日下は，それゆえに，近代的理性よりもむしろ，「バヤニハン」のような前近代的な価値の再生に，ワークキャンプの可能性を見ている。

その一方山口は，日下の言うところのワークキャンプの親密性がもたらすエロス的な情念のエネルギーを重視しつつも次のような条件を課している。山口は，ワークキャンプが形成する親密な人間関係が，必ずしも公共的な性格を帯びるとは限らず，それが目的を冷却した「はしゃぐ」「遊び」の共同体と紙一重であることに警鐘を鳴らしている。それゆえ，「理性的な思考と言動と話し合い」を不可欠なものとして捉え，「承認欲望と情念と快楽を原動力とするワークキャンプは，理性の歯止めと羅針盤を活用してこそ，親密圏の拡大による公共的機能を果たすことができる」と述べる。つまり山口は，エロス的な情念をエンジンにしつつも，理性によるブレーキとナビを不可欠なものとして捉えており，そうした理性が「親密性から公共性が誘発される条件」であるとする。ただ山口，日下両者ともワークキャンプを，地域共同体的なものに親和的であるととらえている点は共通している。また日下は終章において，理性をめぐる山口との相違に関して，「自己抑制」のために用いられる理性と，「他者との媒介」のために用いられる理性を分けて整理している。つまり山口の言う理性を前者の理性として整理し，その役割には賛同している。その反面，キャンパーと現地の人たちとの間で，理性のみを媒介にした関係に懐疑的な見解を示している。

理性的なるものをめぐって西尾は，理性よりも非理性的，情緒的な次元に軸足をおく。西尾の問題意識はハンセン病問題が，理性的な領域，つまり政治的公共圏の領域で進展したにもかかわらず，親密圏に近い領域では強い忌避反応があることにある。それゆえ，親密圏の次元でのハンセン病の「意味」に着目して論じている。つまり西尾はハンセン病問題にあたって，「ハ

ンセン病の正しい知識の普及」といった理性的・啓蒙的なアプローチよりも，ワークキャンプによって情緒的な人間関係が構築されることに期待をよせている。

3-3. 学生キャンパーのアマチュアリズムをめぐって

　ワークキャンプに関して，参加者の属性を考慮するなら，学生という要素も重要な論点となろう。それを論じるにあたっては，そのアマチュアリズムや「劣位性」がキーワードとなるだろう。

　日下はこれに関して，「自分探し・自己成長の落し穴」「他者承認の落し穴」「無知・独善の落し穴」としてアマチュアリズムが陥る失敗を指摘する。しかし逆にそのアマチュアリズムゆえに，恩顧主義などの既成の構造から外れた活動が実現する可能性にも目を向けている。そこにおいて日下は，V. ターナーの「コミュニタス」の概念を参照し，「構造化された社会がいったん解体され，再統合されるまでの移行期に生じる一種の祝祭」としてワークキャンプの可能性を論じる。ここに日下が期待をよせるのは，「バヤニハン」などそこに前近代的な価値の再生の契機も含まれているからである。また「生の被傷性」に着目し，これにより往々にして「劣位性」が逆転することで，ワークキャンプにおいて対等な関係が構築される可能性を見ている。

　一方西尾は，アマチュアリズム，つまり学生という「劣位性」によって，ボランティアの贈与性が支配―服従関係に転化することを期せずして避けていることを指摘する。さらにはそこからエンパワーメントの地平が拓かれることに期待をよせている。ここで西尾が着目するのは，カテゴリーの変容でありこの視点は，「構造化された社会がいったん解体され，再統合されるまでの移行期に生じる一種の祝祭」の観点にも重なる。つまり「被災者＝弱者」「援助者＝強者」というカテゴリー化・構造化を変容させることに学生ボランティアの可能性を見ている。同時に西尾が強調するのは繰り返しになるが，その意味を行為者である学生に伝えるボランティア・コーディネーターの役割である。

　なお，西尾はボランティア・コーディネーターの役割を重視しているが，

同様の問題意識をもちながら既述の通り山口は，ミーティングによる「視座の拡大」や「視座の転換」に期待している。西尾と山口の見解は次の二点で異なる。西尾は山口のいうところの「視座の拡大」や「視座の転換」がミーティングによって自動的・必然的に保証されるとは必ずしも言えないという立場に立つ。それゆえそれを促す役割を不可欠なものとして考え，コーディネーターの存在を重視する。逆に山口は，このような認識に，家父長制や権威主義に陥る危険性をみるだろう。つまり山口は，「視座の拡大」や「視座の転換」は，ミーティングの水平的な話し合いによっても十分実現可能であるとする[13]。

　一方日下は山口，西尾とは違った見地に立つ。日下は理性的な対話であるミーティングや，それをファシリテートするコーディネーターに大きな期待するよりも，むしろ疑念を抱いている。日下が期待するのは，「自己の内面から湧き出す自発的なもの」ないしは「他者の生を内在的に理解しようとする情念」である。それゆえ日下は，「キャンパーが親密性や承認欲求に沈溺して公共的な視座を得られない」のは，「他者の生を内在的に理解しようとする情念の欠如」ゆえだとする。しかし西尾からすれば，このような見解自体には納得できるものの，それでは実際にそのような状況になったときには，どうしたらよいかと問いたくなる[14]。

---

[13] より実利的に言えば，これはワークキャンプやボランティアの期間にも影響される。山口が参加した宮城県気仙沼市唐桑町のワークキャンプは，FIWC関西委員会主催のもので，長期参加が可能なものだったのに対し，西尾が言及した宮城県石巻市牡鹿半島での活動は日本財団学生ボランティアセンター主催のもので，参加期間が移動含め5日程度の短期のものであった。一般論からして，長期間滞在すれば視座の拡大や転換が期待できるが，現地滞在期間が3日しかなければそれを期待するのは現実的ではない。

[14] 日下，山口，西尾が同じワークキャンプに参加して，問題行動を起こすキャンパーがいたとき，このような内容の口論になるような気がする。山口は言うだろう。「もっとしっかりと時間をとって，ミーティングをしよう」。西尾は言うだろう。「だらだらミーティングをしてもしょうがない。誰かガツンと言ってやれ」。日下は言うだろう。「いや，あいつには情念が足りない」。

3-4. 国家や市場に対する対抗性をめぐって
── 連帯の契機と作法，およびその原理

　さて最後に「国家や市場に対する対抗性」を軸に検討してみよう。

　西尾は，新自由主義的趨勢がもたらす格差や貧困，さらに言えばそれらが引き起こす社会統合の危機に問題を見ている。さらには格差や貧困が，経済的な次元の問題にとどまらず，「仕事の場における承認の不足」という文化的次元の問題を引き起こし，それが排他的趨勢を呼び，排外主義に行きつくことを危惧する。ここで西尾が注目するのが，承認欲求が排他的な行動をもたらすこともあれば，公的な活動の源泉にもなり得るというその両義的な性格である。その延長線上に，承認を原動力とした活動がエンパワーメントに寄与しえることや（第1章），ハンセン病の「再」表象をもたらしうることを示している（第3章）。

　日下は，「国家や市場に対する対抗性」に関して，その問題を新自由主義がもたらす社会の断片化に定める。そしてワークキャンプの可能性と特性を，断片化が進む社会のなかで，「何ら同質的な基盤や道徳の共有を必要とせずに」可能となる連帯形式にみている。日下は代表的な政治哲学の議論を参照しながら，ワークキャンプの連帯の原理を「親密性の容易ならざる相互依存性」に見出す。日下の議論の特徴は，「完全な相互理解の不可能性」を前提にしつつ，それゆえの葛藤が差異への敬意や相互尊重を生み出すとし，ここに連帯の原理を見出すところにあるといえよう。その点は，NGOを含む権威主義的な国際協力のあり方を退け，参加型開発や地域共同体的な相互扶助といった伝統的・土着的な価値の再生を重視することからもうかがえる。そしてこのような親密圏が誘発する公共性の特徴に関して，いくつかの条件を付けつつも，おもに分配の観点から論じている。

　これに対し西尾は，分配の問題をほとんど論じることなく，もっぱら承認の観点から論じている点で日下の議論と対照的である。もっとも西尾も，近年の社会運動に見られる「再分配から承認へ」の議論を踏襲しているわけではなく，分配の問題であると同時に，承認の問題でもある視点を確保しようとするN. フレイザーの「パースペクティヴ二元論」の立場をとっている。

終章　親密圏が誘発する公共性

がしかしその考察は，もっぱら承認の問題に軸足がとられている。その意味で，「パースペクティヴ二元論」の視点からいえば，ワークキャンプの特質を明らかにするなかで，西尾と日下の議論は相補的な関係となっている。

一方山口は，ワークキャンプが「国家や市場に対する対抗性」を有していないことを率直に認め，ワークキャンプの意義を「人間的な生存を回復する」営みに見出そうとする。つまり山口はワークキャンプを，メルッチ (1989＝1997) のいう国家や市場との連関を問わない「前―制度的」，「前―システム的」，「前―政治的」なものとして捉えている。また山口は，ワークキャンプを「『市民になる』営み」と位置づけ，そこに活動の可能性を見出している。それはいわば，ワークキャンプの「民主主義の学校」的要素である。理性的な話し合いやミーティングを重視する山口の姿勢もここから頷けるだろう。この意味で山口の見解は，ワークキャンプの自己言及性を浮かび上がらせており，そこに市民社会への道筋を見ている。

以上のことを踏まえ，3者の見解の共通点と相違点を次のようにまとめることができる。まず，ワークキャンプにおける新自由主義的な「国家や市場に対する対抗性」についていえば，西尾と日下がそれに関して，社会統合・社会連帯の観点から論じる。これに対し，山口はそこから距離を置きつつも，ワークキャンプに市民社会の入り口をみている。このような立場の相違にかかわらず3者が共通して着目するのは，社会連帯であるといってよい。公共性と親密性の位相からワークキャンプを論じる中で，期せずして浮かび上がった不可欠の論点がこの連帯であった。3者の到達した論点をまとめるなら，西尾が提示を試みたのが連帯の契機（承認欲望の両義性）であり，同様に山口が示したのが連帯の作法（理性の歯止めと羅針盤）であり，日下が示したのが連帯の原理（生の被傷性を基盤とした連帯）であるといえよう。その連帯の契機と作法，そして原理を，ワークキャンプのエッセンスとして暫定的に提示したい。「承認欲望の社会変革」として本書が示したかったのは次のことである。承認欲望を契機として発生したエネルギーが，理性の歯止めと羅針盤を活用し，生の被傷性を原理とした連帯を形成することによって，公共的機能を果たす力を宿し，社会変革へと向かっていく。これが本論考の到達点である。

さて「言葉より行動を」をモットーとして1920年から続くワークキャンプに関して，おもにFIWCの活動を中心として論じてきた。あと数年たてば100年を迎えるこの活動に関して，少なくとも論点を示すことはできたように思う。言葉には出さなかったが，行動で流した汗と同じくらいの量のインクで，その背後にある意味を文字にしようと苦心したのが，執筆者3名の共通点であったと思う。

今後課題となるのは，本書における考察が取りこぼした論点を洗い出すこと，そしてそれらの論点を統合する試みであろう。ボランティアや学生運動に比しても，けして短くはない歴史を有しているにもかかわらず，ほとんど研究対象とされてこなかったこのワークキャンプは，「研究の空白領域」とも言われる。「ワークキャンプ専門の研究者も存在しない。このような現状の中で十分な歴史研究とともに実践研究がなされていない」（北見 2009: 19-20）この領域に，本書をそっと差し出し，今後の活発な議論を期待したい。

・参考文献・

Connolly, W. (1991) *Identity/Difference: Democratic Negotiations of Political Paradox*. Ithaca: Cornell University Press. ＝杉田敦・斎藤純一・権左武志訳（1998）『アイデンティティ／差異 ── 他者性の政治』岩波書店.

Dryzek, J. (2000) *Deliberative Democracy and Beyond: Liberals, Critics, and Contestations*. Oxford: Oxford University Press.

Fraser, N. (1992) Rethinking the Public Sphere: A Contribution to the Critique of Actual Existing Democracy, in *Habermas and the Public Sphere*, Craig Calhoun (ed.) The MIT Press. ＝山本啓・新田滋訳（1999）「公共圏の再考 ── 既存の民主主義批判のために」『ハーバーマスと公共圏』クレイグ・キャルホーン（編）未来社.

Fraser, N./Honneth, A. (2003) *Redistribution or Recognition?*, Verso. ＝加藤泰史監訳（2012）『再分配か承認か ── 政治・哲学論争』法政大学出版局.

古市憲寿（2010）『希望難民ご一行様 ── ピースボートと「承認の共同体」幻想』光文社新書.

Habermas, J. (1996) *Die Einbeziehung des Anderen: Studien zur politischen Theorie*. Frankfurt am Main: Suhrkamp. ＝高野昌行訳（2004）『他者の受容 ── 多文化社会の政治理論に関する研究』法政大学出版局.

井上達夫（1986）『共生の作法 ── 会話としての正義』創文社.

─── （1999）『他者への自由 ── 公共性の哲学としてのリベラリズム』創文社.

北見靖直（2009）「ワークキャンプの可能性を広げる」西尾雄志（編）『ワークキャンプ —— ボランティアの源流』早稲田大学平山郁夫記念ボランティアセンター．
日下　渉（2013）『反市民の政治学 —— フィリピンの民主主義と道徳』法政大学出版局．
Melucci, A. (1989). *Nomads of the Present: Social Movements and Individual Needs in Contemporary Society*, Temple University Press. ＝山之内靖・貴堂嘉之・宮崎かすみ訳（1997）『現在に生きる遊牧民 —— 新しい公共空間の創出に向けて』岩波書店．
Miller, D. (1995) *On Nationality*. Oxford: Oxford University Press. ＝富沢克・長谷川一年・施光恒訳（2007）『ナショナリティについて』風行社．
Mouffe, C. (2005) *On the Political*. London and New York: Routledge. ＝酒井隆史監訳・篠原雅武訳（2008）『政治的なものについて —— 闘技的民主主義と多元主義的グローバル秩序の構築』明石書店．
佐伯啓思（1997）『「市民」とは誰か —— 戦後民主主義を問いなおす』PHP 新書．
齋藤純一（2000）『公共性』岩波書店．
───（2008）『政治と複数性 —— 民主的な公共性にむけて』岩波書店．
Sandel, M. (1982) *Liberalism and the Limits of Justice*, Cambridge: Cambridge University Press. ＝菊池理夫訳（2009）『リベラリズムと正義の限界』勁草書房．
Scott, J. (1999) *Seeing Like a State: How Certain Schemes to Improve the Human Condition Have Failed*, Yale: Yale University Press.
───（2012）*Two Cheers for Anarchism: Six Easy Pieces on Autonomy, Dignity, and Meaningful Work and Play*, Princeton: Princeton University Press.
田村哲樹（2008）『熟議の理由──民主主義の政治理論』勁草書房．
Yamaguchi, K. (2014) "An *Intimate Interpersonal Ties* Approach to Earthquake Disaster Volunteer Activities: Examples of Work Camp Reciprocity Observed at Karakuwa Camp," *Sociology in the Post-Disaster Society*, "Reconstruction from the Great East Japan Earthquake─The Road to Overcome the Earthquake, Tsunami, and Nuclear Disaster─", Grant-in-Aid for Scientific Research (A), pp. 33-49.
山下祐介・菅磨志保（2002）『震災ボランティアの社会学 —— 〈ボランティア＝NPO〉社会の可能性』ミネルヴァ書房．
山下祐介（2004）「新しい市民社会の生成？ —— 阪神・淡路大震災から 10 年後のボランティアと NPO」『都市問題』第 95 巻 8 号，69-83 頁．

あとがき

　私たち3人は,「親密圏と公共圏」という理論枠組みの中でワークキャンプを分析すると同時に, 単なる研究のための研究ではなく, 時代を切り開く変革の可能性をワークキャンプに見据えつつ本書を執筆した。そのため読者の中には,「この本は研究書なのか, はたまたワークキャンプ運動の綱領的文書なのか」という感想を持たれた方も少なくないだろう。実は, そのような本書の性格は, 著者3人の軋轢や反目も孕んだ親密圏 — 無数の酒盃と愉快な放談と情け容赦ない論争のなか — から捻出された公共性の産物に他ならない。本書を閉じるにあたって, そのあたりの事情を告白しておきたい。

　早稲田大学のキャンパスから高田馬場方面に向かって, 早稲田通りを少し歩くと, 華翠園という本格飲茶の楽しめる中華料理屋がある。料理人も店員も香港人である。ぷりぷりの海老の入った餃子がうまい。辛めのスパイスとネギの辛味を料理人の腕で微妙に合わせたネギチャーシューもうまい。どちらもビールによくあう。学生街を意識してか, 味に比べて値段はかなり安めに設定されている。

　2009年の初夏, 西尾と日下はこの店にいた。両者は大学生であった1990年代よりFIWC関東委員会のワークキャンプに深く携わってきた。日下は, 西尾が企画して刊行した『ワークキャンプ — ボランティアの源流』早稲田大学平山郁夫記念ボランティアセンター (2009) を手に, 何気なく議論をふっかけた。「西尾さんの論文は面白いと思うんだけど, なんか違うんだよなあ」。日下の一言でそれとなく始まった議論は, まもなく論争に発展した。しばらくして,「じゃあ, 論争形式で本を書こうぜ」と, 西尾が提案した。西尾としては, 他分野の研究者がワークキャンプをどのように考察するかに興味があった。

　もっとも日下は, 少なくない研究仲間から「ワークキャンプなんて素人学生の自己満足だ」といった否定的な評価を繰り返し受けてきたため, この活

動に深く関わってきたことを研究業界で公表することに抵抗感があった。しかし，時に強く幻滅しながらも，なぜこの活動を愛してきたのかを改めて考えると，善悪の道徳や正義を掲げる運動や政治への違和感，境界線を侵食して創出する共同性といった長年の研究テーマに相通ずるものがワークキャンプにあると気がつき，それを深めたいと思うようになった。また，院生時代にワークキャンプをしすぎて本業の論文をあまり書けなかったという悔いを，本書の執筆によって晴らすことができるかもしれないとも考えた。

こうして本書の構想が立ち上がった。しかし，西尾の度重なる催促にもかかわらず，日下の原稿執筆が進まず，構想は進展しなかった。それが本格化するのは，2011年末，奈良で開催された年末キャンプでのことである。年末キャンプとは，毎年1回年末に，FIWCの各委員会のメンバーが全国から「交流の家（むすび）」に集まる催しである。現役の大学生から，私たちのような30代の者，学生闘争を経験したOB・OGの方々までが参加する。そしてとにかく酒を呑む。そんな折，日下が執筆する分量の負担を減らそうと，「例の本の話なんだけど，面白いのがいるから執筆者に加えよう」と西尾に提案した。それが山口である。山口は京都大学のグローバルCOE「親密圏と公共圏の再編成をめざすアジア拠点」で日下と同僚であり，その紹介を通じて既に唐桑キャンプに参加していた。

狭いフロアにおさまりきらないくらいのキャンパーが全国から集まる中，西尾，日下，山口は，交流の家の台所で，ダボダボと一升瓶から湯呑みに注がれた焼酎を立ったままがぶがぶ飲みつつ話をした。年末キャンプでは，参加者が多いので，つまみが回ってくるとはかぎらない。したがって当然酔いも早くまわる。記憶も定かでない酒席ではあったけれども3人は，ワークキャンプの経験談を交えながら，ワークキャンプの学術評価の低さを嘆いたり，本の出版に向けた構想を語ったりした。酔いもぐんぐんまわる中，さっそく山口は年末キャンプに来た唐桑キャンパーたちにインタビューの依頼を始めた。一方，西尾と日下は酔っぱらって取っ組み合いを始めた。たしかこんな風に夜が更けて，本書の構想は，実現への一歩を踏み出した。

山口は，京都大学グローバルCOEの出版助成に申請することを提案し，また締め切りの厳守を課して西尾と日下を執筆に駆り立て，何年も停滞して

いた本書の構想を強引に動かし始めた。山口はもともとワークキャンプに馴染みがなかったが，唐桑キャンプに参加した体験を基礎に「唐桑キャンプの美しさを描きたい」との想いから本書の構想に参加した（その経緯は第5章参照）。山口は，唐桑キャンプに触れ，若者たちが自身で考え行動し，計画を練り実行することを楽しく真剣にやっていることに驚いた。しかしすぐに経験豊富な若者キャンパーと比べ，自分自身は行動面でも計画面でも何もできないと気づいた。被災者に半分同一化して憂鬱になりながらも活動を続ける長期滞在のキャンパーたち。山口は，彼ら/彼女らを「笑いで元気づけることしかできない」というまじめな開き直りから，一人二役の音楽ユニットを即興で作ってアカペラで歌った。唐桑キャンプにおける山口のキャラクターはこれに定着した。日下が山口を「面白いの」と呼んだゆえんである。

2012年5月からは，京都大学グローバル COE の助成も受けて，京都や東京で定期的に研究会を実施した。研究会での忌憚のない相互批評やコメントの応酬の後は，必ず酒を交えて語り合った。そこでは，OB キャンパーの明石康氏や，ワークキャンプと深く関わった鶴見俊輔氏に帯の推薦文を書いてもらおうとか，若者論の古市憲寿氏にお願いすれば世間の注目を集められるだとか無責任な放談を繰り返した。そして酒席も終盤になると，昔のキャンプの思い出や，最近のキャンプに対する期待や心配などを，へべれけになりながら垂れ流しあった。ただし，こうした愉快な酒席には，本書を完成させるという責任の重さと，それに対する各人の思想的対立がゆえに，常にどこかリラックスしきれない緊張感が漂っていた点も否めない。そのため何度か激しい論難が飛び交ったこともあった。その意味で本書は，著者3名の馴れ合いの産物というよりも，むしろ酩酊と闘争のなかから誘発されたものであった。

いくつかの論争は，各著者の思想的な立場や研究関心に由来した。また各々の経験したキャンプの多様性に由来するものもあった。というのは，同じ FIWC のワークキャンプとはいえ，キャンプ地（中国，フィリピン，日本，唐桑），担い手（各委員会や世代），実施時期（1960年代，1990年代，2010年代）などの違いによって，私たちが当初想定した以上に多様性が含まれていたからである。また，本書のタイトルをめぐっても議論があった。だが最終的に

は,「(従来否定的に評価されてきた) 若者ボランティアにおける承認欲望が世界を変えるかもしれない」という逆説を強調しようとの点で合意がなされ,「承認欲望の社会変革」に決めた。ちなみに「欲求」ではなく「欲望」としたのは, 心理学的な研究書という誤解を避けると同時に, キャンパーを突き動かす承認欲求の深さと切実さを表し, そこに宿る可能性を強調したかったからである。加えて, 見慣れた「承認欲求」ではなく「承認欲望」とした方が, 人目を引いて本書が売れるのではないかという期待もあった。その意味では, まさにタイトルに著者たちの「承認欲望」が表れている。

最後に, 本書を執筆するに当たりお世話になった方々に謝辞を記そうと思う。まず著者一同から共通して, 本書執筆の機会をくださった京都大学グローバルCOEの先生方, とくに落合恵美子先生, 松田素二先生, 伊藤公雄先生, 押川文子先生, 森本一彦先生に御礼を申し上げる。この機会をいただかなければ, 本書は構想のままお蔵入りしていたかもしれない。そして京都大学学術出版会の鈴木哲也氏と國方栄二氏に御礼を申し上げたい。両氏の的確なコメントは, それぞれ方向が異なる著者たちの論考を結びつける一つの指針を与えてくださった。

西尾からは最初に, 指導教授である早稲田大学社会科学総合学術院教授の田村正勝先生に御礼申し上げる。田村先生は私にとって, 学問ばかりではなく人格形成においても, フィリピンやネパール, バングラデシュ, 中国, そして震災直後の神戸や3.11以降の東北などボランティアの現場での私の戸惑いの場面でも, そしていかに生きるべきかという「命の使い方」に関しても, 座標軸だった。回答のないボランティアの現場で常に「先生ならどう考えるか」を考えていた。田村先生のご指導の機会を与えてくださった両親にも感謝したい。

日下からは, まずインタビューに快く応じ, また貴重な資料を提供してくれたFIWCのOG・OBに感謝申し上げたい。彼らが切り開いた実践と思想を今日の文脈において再解釈し, 現代の若者に伝えていくことで恩返しさせて頂きたい。また本書の構想は, ワークキャンプを共に作り, 同じ釜の飯を食べた日本とフィリピンの仲間たちとの親密な付き合いがなくては生まれ得なかった。とくにレイテ島の友人たちは, 私をフィリピンに魅了させ, 研究

あとがき

　生活への道に誘ってくれた。だが彼らは，2013年11月にフィリピン中部を襲った台風ハイアンによって被災し，きわめて困難な生活を強いられている。お世話になった現地の友人たちへの感謝を形にするべく，長期的な支援活動を模索し続けていきたい。

　山口からは何よりも，無理な日程における急なお願いにもかかわらず，インタビューを快く引き受けてくださった唐桑キャンプのキャンパー37名のみなさまに御礼を申し上げる。中でも特に，インタビューに同行し調査を補助していただくとともに，8ヶ月程度という圧縮された調査期間の中で山口の心が折れそうになるのを図らずも支えてくださった難波亮太氏。そしてブログのデータだけではどうしても不明箇所が出てきた「唐桑キャンプ参加者一覧表」の作成において，長期滞在者の観点から記憶を頼りに情報を丁寧に記入してくださった豊田みなみ氏。両氏に深く感謝いたすとともに厚く御礼を申し上げたい。

　本書はワークキャンプに関する初の学術的な理論書であり，また様々な団体で活動する若者たちに向けた実践書でもある。そのようにしたのは，学術研究は単なる研究者の関心のためにあってはならず，本書を通じて若者たちがワークキャンプの危険性と可能性を自覚し，今後の活動に活かしてもらいたいとの想いからであった。果たしてその試みが成功したかどうかは，読者の判断にゆだねることにしたい。ワークキャンプを学術的に位置づけるという営みは始まったばかりである。本書を呼び水に，今後ワークキャンプに関する研究が広がり，その可能性の深化に寄与できるならば，著者一同この上ない喜びである。

　　2014年12月25日　　　　　　山口健一・西尾雄志・日下　渉

索　引

【ア行】

アイデンティティ　13, 23, 24, 26, 45, 46, 70, 71, 91, 107-109, 112, 167, 216, 217, 220
　——の序列化　22, 23
アマチュアリズム　16, 203, 226, 230
アメリカン・フレンズ奉仕団　27, 47
居場所　2, 3, 12, 33, 100, 206, 207
意味世界　41, 137, 140, 163, 165, 167, 170, 172, 173, 176, 187, 193-196, 198
N. ウェクスラー　89
C. エルズリッシュ　87-89
エンパワーメント　13, 15, 19, 36, 164, 165, 176, 179, 181, 182, 186, 189, 190, 192, 196, 197, 199, 200, 207, 230, 232

【カ行】

〈外部者の自覚〉　15, 187, 189, 190, 192, 198, 207
学生　3, 11, 19, 24, 31, 37, 38, 46, 49-52, 57, 64, 67, 69, 70, 83, 90, 93-95, 97, 99, 100, 107, 126, 132, 134, 143, 170, 181, 218, 219, 230
　——運動　13, 45, 46, 49, 57, 234
　——ボランティア　24, 27, 36-39, 230, 231
家族　83, 85, 86, 98, 101, 109, 110, 113, 116, 119, 128, 130, 133, 178, 179, 182, 220, 222, 223
　——共同体　170
唐桑キャンプ　15, 127, 137-140, 143-146, 148-166, 169, 170, 172, 173, 175-183, 185, 186, 188-193, 195-200, 203, 205-213
疑似家族　28, 31, 40, 41, 93, 178-181
共同性　2-4, 9, 13, 14, 30, 32, 33, 41, 61, 63, 64, 68, 69, 71, 72, 101, 105, 108, 112-115, 117-119, 122, 125, 126, 130, 134, 190, 204, 205, 207-210, 214-216, 220, 222, 223, 225
共同生活　10, 27, 28, 30, 61, 63, 68, 69, 116, 144, 145, 164
共同体　5, 9, 51, 53, 54, 57-59, 62, 63, 65, 69, 109, 118, 125, 155, 170, 172, 173, 176, 182, 185, 189, 192, 198, 199, 212, 215, 227-229, 232
S. ギルマン　89
近代的不幸　13, 45, 71, 72
〈緊張〉　15, 185, 187-190, 192, 198, 207
クェーカー　27, 47, 57
A. クラインマン　85-87, 94, 99
N. クロスリー　78, 90-92, 95
ケア　161, 192, 195, 196, 212
現代的不幸　13, 45, 46, 71, 72
見田宗介　170-172, 227
〈現地の人びととの意味世界との接触〉　187, 189, 191, 192, 198, 199, 201, 210
交響体　100, 171, 172, 173, 176, 182, 183, 185, 189, 190, 192, 198-201, 207, 212, 227, 228
公共機能　1, 203, 211
公共圏　3, 13, 16, 19, 69, 77-80, 84, 118, 124, 169, 170, 172, 173, 176, 196, 199, 227, 229
公共性　15, 16, 19, 27-29, 31, 32, 165, 169, 170, 173, 176, 192, 193, 195, 196, 198-201, 203-205, 208-213, 215-218, 221, 222, 224-229, 232, 233
公共的機能　12, 208, 229, 233
〈公共的な親密圏〉　3, 15, 169, 176, 196-200, 209
公と私の円環　19, 31, 39, 77, 78, 97, 206, 218, 226, 227
〈公平さ〉　192-196, 198, 200, 210
合理性　15, 41, 225
交流の家　51-55, 58, 68-70, 141, 142
J. コービン　139, 175
コミュニタス　38, 118, 206, 207, 230

【サ行】

災害　3, 4, 10, 11, 30, 47, 48, 112, 118, 126-128, 132, 137, 179, 206, 207, 212, 213, 219
　——ボランティア　175, 176, 198, 206,

207, 212, 213
災害リスク　127
E. サイード　89
齋藤純一　6, 19, 31, 215
再配分　14, 112, 113, 123, 125, 223, 224
差別　4, 6, 11, 14, 21, 31, 46, 48, 53, 60, 70, 79, 80, 82, 85, 90, 93, 95, 101, 105, 109, 110, 112, 134, 179, 219, 220, 224
参加型開発　14, 122, 123, 232
暫定的同盟関係　32, 33
視座の拡大　15, 34, 172, 192, 193, 196, 198, 210, 212, 228, 231
視座の転換　34, 193, 196, 198, 210, 212, 231
市民　5, 8, 11, 16, 65, 170, 205, 209, 211-213, 216, 228, 229, 233
市民社会　2, 15, 171, 204-206, 209, 211-213, 229, 233
市民的公共性　205, 209, 211, 212
社会運動　3, 8, 9, 14, 16, 21, 24, 61, 67, 72, 77-79, 84, 86, 90, 91, 94, 101, 169, 225, 226, 232
社会関係資本論　166, 167
社会圏　170-172, 210, 211
社会闘争　84
社会変革　1-4, 9, 10, 13, 14, 46, 60, 67, 68, 77, 78, 95, 98, 106, 108, 112, 113, 134, 200, 208, 224, 226, 233
祝祭　3, 14, 16, 46, 55, 105, 106, 108, 117-119, 126, 127, 130, 132, 179-181, 186, 187, 198, 206-208, 219, 229, 230
祝祭的な親密圏　15, 176, 181, 187-189, 197-199
宿泊拒否事件　6, 21, 77, 78, 80, 87, 93-96
承認　2, 9, 10, 12-14, 19-21, 23, 33, 38, 39, 71, 83, 84, 91-93, 100, 108-110, 112, 113, 115, 200, 201, 206, 207, 219, 220, 223-226, 230, 232
承認欲望　1, 78, 95, 98, 200, 207, 208, 218, 229, 233
承認欲求　8, 10, 12, 24, 26, 34, 77, 110, 220, 226, 231, 232
情念　16, 65, 207, 208, 211, 218, 219, 228, 229, 231
触媒　122, 126
震災ボランティア　15, 38, 203, 204-206, 208-213

新自由主義　6-8, 16, 21, 41, 72, 118, 203, 212, 214, 215, 225, 232, 233
シンボリック相互行為論　140, 165, 173
親密圏　3, 12-16, 19, 26, 28-33, 41, 77, 78, 80, 94, 95, 97, 100, 169-173, 176, 177, 182, 192, 196, 198, 199, 203, 205, 208, 211, 213, 222, 226-229, 232
親密性　1, 19, 27, 28, 30, 31, 42, 87, 93, 126, 166, 200, 203, 204, 208, 211, 217-219, 221, 222, 224, 226, 229, 231-233
親密な共同性　3, 9, 12-14, 16, 46, 106, 119, 126, 132, 203, 205, 207, 208, 214, 218, 220-222, 224, 225
鈴木重雄　52, 141-143, 146, 151, 152, 163, 165, 166
スティグマ　6
A. ストラウス　139, 165, 173, 175, 177
正義　8, 9, 11, 61, 72, 198, 205, 210-212, 215, 223
世界保健機関（WHO）　79, 82, 86, 99
セルフヘルプ　31, 101
P. セレゾール　47
洗心会　142, 143, 146, 148, 149
相互依存　16, 203, 214, 215, 217, 219, 221, 224, 225, 232
相互扶助　14, 68, 124-126, 130, 133, 220, 221, 224, 232
贈与　3, 13, 19, 34-38, 204, 230
S. ソンタグ　88-90

【タ行】
L. ターナー　38, 117, 230
谷川雁　54, 57, 62
〈地域の改善〉　192-196, 198, 200, 210
「チャオ」（Qiao）　11, 145, 175
中国　11, 14, 30, 41, 77, 81-84, 93, 95, 99, 100, 112, 118, 206, 208, 214, 218, 222, 223
──ハンセン病　83, 95, 97, 100, 226
〈つながり〉　3, 14, 15, 41, 138, 140-143, 146, 148-153, 155-167, 169, 176, 181, 183-201, 205, 207, 210
──の現地変革　137, 163, 165, 166, 208
鶴見俊輔　50, 53, 57, 58, 227
J. デューイ　170, 172, 181
デランティ　24

索　引

J. デリダ　13, 35, 36, 38
討議　216, 217
闘技　216, 217
道徳　8-10, 26, 61, 63, 133, 217, 219, 221-223, 228, 232
陶冶　34, 213
匿名的な「共同性」　209, 212

【ナ行】
中野敏男　2
ナショナリズム　6, 22, 23, 40, 216
名づけの力　3, 14, 77, 78, 93-95, 201
仁平典宏　2, 3, 13, 35, 36
人称的な「共同性」　209, 210
ネットワーク　27, 85, 141, 149, 152, 153, 166, 167, 205, 209, 212

【ハ行】
パースペクティヴ二元論　91, 93, 232
ハンセン病　6, 11, 13, 14, 21, 30-32, 46, 50, 51, 53, 57, 58, 64, 65, 77-101, 105, 112, 118, 137, 141, 142, 179, 206, 214, 220, 223, 229, 232
　——違憲国家賠償訴訟　77, 79, 86
　——差別　53, 224
J. ピエレ　87-89
被傷性　5, 15, 203, 214, 219, 221, 225, 230, 233
表象　7, 60, 87-91, 95, 96, 173, 219, 232
貧困　1, 3, 4, 6-8, 11, 13, 22, 23, 30-32, 40, 41, 45, 60, 67, 71, 72, 105, 110, 112, 127, 132, 134, 137, 206, 212, 219, 220, 223, 224, 232
フィリピン　11, 14, 16, 30, 42, 105, 106, 111-116, 118, 119, 123, 127, 132, 133, 206-208, 214, 218, 220, 222, 223, 226, 228
不幸　7, 72, 112, 171, 223
普遍主義　210, 212
普遍的理念　205, 209-211
P. ブラウ　35
振り返り　33, 97, 98, 144, 152, 156, 228
古市憲寿　2, 9, 32, 108, 169, 190, 200, 226
N. フレイザー　21, 38, 39, 69, 91, 92, 112, 224, 227, 232
文化コード　14, 78, 93-95

分配　21, 23, 39, 41, 91, 92, 196, 232
ホネット　83, 84
ボランティア　1-3, 8, 9, 11, 13, 15, 16, 19, 24, 26-29, 31, 33, 34, 36-38, 48, 53, 98, 100, 101, 105, 107, 108, 110, 119, 137, 138, 144, 147-153, 156-160, 163, 165, 166, 169, 175, 177, 180-183, 185, 188, 189, 192, 194, 195, 197, 204, 205, 209, 210, 212, 213, 221, 226, 228, 230, 231, 234
　——・コーディネーター　33, 34, 38, 39, 97, 98, 218, 226, 230

【マ行】
マイノリティ　6, 9, 21, 69, 90-92, 95
マトリクス四分割　38, 92
A. メルッチ　14, 24, 32, 33, 78, 94, 226, 233
M. モース　36

【ヤ行】
病い　4, 6, 13, 14, 69, 71, 72, 85-91, 93-96, 112, 118, 219, 220
J. ヤング　7, 24
ユートピア　11, 68, 69

【ラ行】
らい予防法　77, 79
リスク　4-6, 214, 215
理性　15, 16, 65, 201, 203, 204, 206-208, 211-213, 217-219, 226, 228, 229, 231, 233
ルール　55, 171-173, 176, 198, 200
ルサンチマン　6-9, 72, 221
劣位性　38, 132, 230
連帯　3, 14, 16, 45, 46, 57-60, 62-64, 69, 71, 109, 118, 125, 214-216, 219, 221, 224, 229, 231-233
労働　2, 3, 5, 6, 10, 11, 14, 15, 21-23, 27, 28, 30, 40, 41, 46, 48-50, 52, 56-58, 60-63, 67, 69, 71, 72, 107, 117, 122, 123, 128-130, 133, 179, 218, 220, 224-226

【ワ行】
〈ワークの意味づけの深化〉　154-156, 164, 191
若者　1-3, 9, 11-13, 26, 40, 41, 45, 46, 48,

52, 57, 71, 105, 107, 108, 110-112, 116, 117, 141, 145, 169, 170, 176, 177, 181, 182, 184, 200, 201, 207, 214
　——ボランティア　1-3, 10, 12, 15, 169, 176, 200
「私」の不安定化　20, 22, 23

【英】
AFSC　10, 27, 47, 48

FIWC　10-12, 16, 41, 45, 46, 48-50, 53, 55, 56, 58, 59, 61, 62, 105, 113, 123, 125-130, 137-141, 143-147, 151, 152, 163, 165, 175, 233
　——関西委員会　46, 49, 51, 95, 140, 141, 231
MDT（多剤併用療法）　79, 82, 86

執筆者紹介

西尾雄志（にしお　たけし）

日本財団学生ボランティアセンター所長，早稲田大学平山郁夫記念ボランティアセンター客員准教授，聖心女子大学非常勤講師。早稲田大学大学院社会科学研究科博士課程満期退学。専攻：社会運動論。
主な著作：『ボランティア論 ── 共生の理念と実践』（共著，ミネルヴァ書房，2009 年），『世界をちょっとでもよくしたい ── 早大生たちのボランティア物語』（共著，早稲田大学出版部，2010 年），『WAVOC 発大学生のためのボランティア入門講座』（早稲田大学平山郁夫記念ボランティアセンター，2013 年），『ハンセン病の「脱」神話化 ── 自己実現型ボランティアの可能性と陥穽』（皓星社，2014 年）。

日下　渉（くさか　わたる）

名古屋大学大学院国際開発研究科准教授。
九州大学大学院比較社会文化学府博士課程単位取得退学。博士（比較社会文化）。専攻：政治学，フィリピン研究。
主な著作：「秩序構築の闘争と都市貧困層のエイジェンシー ── マニラ首都圏における街頭商人の事例から」『アジア研究』第 53 巻 4 号（アジア政経学会，2007 年，第 6 回アジア政経学会優秀論文賞），「境界線を浸食する「癒しの共同性」── 接触領域としての在日フィリピン人社会」『コンタクト・ゾーン』第 5 巻（京都大学人文科学研究所人文学国際研究センター，2012 年），『反市民の政治学 ── フィリピンの民主主義と道徳』（法政大学出版会，2013 年，第 30 回大平正芳記念賞，第 35 回発展途上国研究奨励賞）。

山口健一（やまぐち　けんいち）

福山市立大学都市経営学部講師。
東北大学大学院情報科学研究科博士課程後期修了。博士（情報科学）。専攻：シンボリック相互行為論，共生社会論。
主な著作：「A・ストラウスの社会的世界論における「混交」の論理」『社会学研究』第 82 号（東北社会学研究会，2007 年），「多様な意見に開かれたコミュニケーションへ」「福山市立大学開学記念論集」編集委員会編『都市をデザインする』（児島書店，2011 年），「在日朝鮮人─日本人間の〈親密な公共圏〉形成」松田素二・鄭根埴編『コリアン・ディアスポラと東アジア社会』（京都大学学術出版会，2013 年）。

変容する親密圏／公共圏　11
承認欲望の社会変革 ―― ワークキャンプにみる若者の連帯技法
　　　　　　　© T. Nishio, W. Kusaka and K. Yamaguchi 2015

2015 年 3 月 20 日　初版第一刷発行

著　者	西　尾　雄　志
	日　下　　　渉
	山　口　健　一
発行人	檜　山　爲次郎

発行所　**京都大学学術出版会**

京都市左京区吉田近衛町 69 番地
京都大学吉田南構内 (〒606-8315)
電　話 (075) 761-6182
FAX (075) 761-6190
URL http://www.kyoto-up.or.jp
振　替 01000-8-64677

ISBN 978-4-87698-545-6
Printed in Japan

印刷・製本　㈱クイックス
定価はカバーに表示してあります

本書のコピー，スキャン，デジタル化等の無断複製は著作権法上での例外を除き禁じられています。本書を代行業者等の第三者に依頼してスキャンやデジタル化することは，たとえ個人や家庭内での利用でも著作権法違反です。